中國學術思想 研究輯刊

九 編

林慶彰 主編

第 20 冊

化經學爲心學
——論慈湖之經學思想與理學之開新

劉秀蘭 著

花木蘭文化出版社

國家圖書館出版品預行編目資料

化經學為心學——論慈湖之經學思想與理學之開新／劉秀蘭
著 — 初版 — 台北縣永和市：花木蘭文化出版社，2010〔民
99〕
目 2+264 面；19×26 公分
（中國學術思想研究輯刊 九編；第 20 冊）
ISBN：978-986-254-286-6（精裝）
1.（宋）楊簡　2.學術思想　3.經學　4.儒學　5.理學
125.79　　　　　　　　　　　　　　　　　99014473

ISBN - 978-986-2542-86-6

9 789862 542866

中國學術思想研究輯刊
九　編　第二十冊　　　　　　ISBN：978-986-254-286-6

化經學為心學——論慈湖之經學思想與理學之開新

作　　者　劉秀蘭
主　　編　林慶彰
總 編 輯　杜潔祥
出　　版　花木蘭文化出版社
發 行 所　花木蘭文化出版社
發 行 人　高小娟
聯絡地址　台北縣永和市中正路五九五號七樓之三
　　　　　電話：02-2923-1455／傳眞：02-2923-1452
網　　址　http://www.huamulan.tw 信箱 sut81518@ms59.hinet.net
印　　刷　普羅文化出版廣告事業
封面設計　劉開工作室
初　　版　2010 年 9 月
定　　價　九編 20 冊（精裝）新台幣 33,000 元　　版權所有·請勿翻印

化經學為心學
——論慈湖之經學思想與理學之開新

劉秀蘭　著

作者簡介

劉秀蘭，籍貫山東牟平，出生地高雄。政治大學中文系學士，台灣大學中文所碩士，高雄師範大學國文博士。研究領域為周易、宋明理學、老莊、詩經、中國歷史等方面。著有《宋代史事易學之義理分析》（博論）、《化經學為心學——論慈湖之經學思想與理學之開新》（碩論），及期刊論文〈程頤之學本於至誠〉的觀點論略〉、〈《詩經》愛情詩的表現方式——以男女交往為題〉、〈《莊子》的生死觀〉、〈《莊子》之知識論探究〉、〈《用易詳解》論述〉等。

提　　要

　　慈湖乃象山之高足，其學說思想固然深受陸九淵之影響，然有更多是來自於對經書之詮釋而建立起來的。其範圍之廣，幾遍及十三經，所以研究其思想也就很必然的應以其經學思想為基礎，否則便易落入蹈空而不切根本之弊。

　　「化經學為心學」意指慈湖於經學論述中，已不知不覺地將經學帶上了心學之路，使經學心學化，轉化經學為心學。並在他的全面性論述下，竟也於經學領域中開出了另一朵心學奇葩。

　　本論文大抵上分成二部分：前半部是探究慈湖經學與心學思想之內涵；後半部則納入宋明理學之體系中觀察，藉由宏觀角度而更加反映出慈湖思想之特質傾向與地位，期能有一立體式之探討。

　　本論文之撰寫，共分六章。首章敘慈湖之生平經歷，並主要配合其學術思想之成形為分期之依據。第二章言慈湖之經學觀點，為突顯其經學論述之特色，以其情感特質（由背離、趨近以至於創發）之傾向為分類之主軸。第三章論慈湖之心學思想，釋經之法，及與佛道間之融通交涉。第四章比較慈湖與象山陽明學之異同，期能反映出其心學之特質，及與大家間之離合。第五章則納入理學之框架中觀之，論述慈湖與當世理學間之差異為主，並以慈湖自覺之反離為中心。最後一章則總結慈湖學之成就影響與評價。

目次

緒　論
——理學範疇與南宋四明慈谿學風

一、理學範疇

理學是宋、元、明、清四代居於主導地位之學術體系，[註1] 其中又有「道學」、「性理學」、「宋學」、「心性之學」或「新儒學」等異稱。然依董金裕之見：「理學雖有多種異稱，惟皆不如理學之名的被廣泛採用，蓋因儘管程、朱與陸、王之間，有性即理與心即理的差異，然『理』始終爲其中心概念，以理來稱呼其所講究探討之學，應屬最爲恰當。」[註2]

〔註1〕　見陳來《宋明理學》，頁 10。
〔註2〕　見董金裕：〈理學的名稱與範疇〉，頁 24～25。對於異稱之不適當處，有作詳細之論述。首先，關於「道學」一語，他說：「先秦諸子皆曾使用道字，然對於道的觀念眞能建立其思想體系者，僅有以老、莊爲主之道家。故今人爲避免與道家學說相混淆起見，已少有使用道學之名以指稱理學者。」其次，關於「性理學」之名稱，他說：「理學家當中，程頤、朱熹倡言『性即理』，以性理名其學並無不當，但此名稱並無法賅括陸九淵，王守仁所講倡的『心即理』之說。而就性理群書、性理大全、性理精義等書的采輯內容而觀，其所收錄的範疇主要爲周敦頤、邵雍、張載、二程、朱熹等人及其弟子的著述，並無陸、王的作品。可見性理之名並不能代表理學的全部內涵，故今人亦多不採用。」另外，關於「宋學」的稱呼，他則認爲「一方面因有朝代的限定，無法概括元、明以至清代的理學，另方面宋代學術亦不僅止於理學而已。故以宋學稱理學顯然並不諦當，因此這一名稱遂爲眾所不取。」此外，「心性之學」之稱，他認爲「心性之名稱實能兼賅理學發展的兩大主流（性即理與心即理所談皆偏重心性），並無不適切之處，但終究不如理學二字的簡捷，故亦未能爲眾人所普遍接受。」最後，是「新儒學」，他說：「採用新儒學之名，

—1—

　　然而理學一詞的內涵亦有廣狹之分，狹義僅指程朱理學爲主（如《宋史》〈道學傳〉的認定），廣義則爲宋明理學之泛稱。因爲理學一語自明清以後已逐漸涵蓋道學和心學。張立文說：「自明清以來，『理學』之稱，便已流行。黃宗羲在《明儒學案·凡例》中說『從來理學之書，前有周海門（汝登）《聖學宗傳》，近有孫鍾元（奇逢）《理學宗傳》，諸儒之說頗備。……嘗謂有明文章事功，皆不及前代，獨於理學，前代之所不及也。』孫奇逢的《理學宗傳》，即包括『道學』和『心學』。清康熙年間編纂的《性理精義》，其中所選宋代『性理』學者三十九人，陸九淵即爲其一。清代所修《撫州府志》和《金谿縣志》，都將陸九淵放入《理學傳》，而與《儒林傳》分開。此時『理學』，已明確地作爲『道學』和『心學』的總名而被人們所理解和運用。」〔註3〕張立文又說自明清以來，理學包括狹義之理學與心學已然成爲約定俗成之語，而取得共識。至於道學一詞，或與人假道學之負面印象，更易與道家或道教之學相混淆，故未能妥貼切合。

　　至於理學的範疇及分系，近人論之甚多，如蔣伯潛分爲三系：象數（周敦頤、邵雍、張載），理氣（程、朱爲主），心性（陸、王等）。而陸、王心學雖崇主觀，不過亦不離理，故以心學爲理學之一支，可無異議。〔註4〕

　　其次，牟宗三亦分爲三系：五峰蕺山系（濂溪、橫渠、明道之圓教模式），伊川朱子系（只存有而不活動，順取之路），象山陽明系（以逆覺體證爲主，乃一心之朗現者）。〔註5〕

　　此外，陳來則分爲四系：氣學（張載），數學（邵雍），理學（程、朱），心學（陸、王）。並且由氣、數、理、心學，展現了宋明理學逐步深入發展的過程。〔註6〕

　　誠如牟先生所言，有其便利之處。惟吾人當知學術思想的發展，每隨時代而變改。同屬一家之學，時代遷移，姑不論其得失如何，必定有其新進境。……而且就儒學的發展而言，宋、明儒的創獲成就對先秦儒而言，雖然有相當程度的新境界，可是儒學發展並非至宋、明即就此停滯，以後的演變如何，吾人實難以逆料；尤其在西學的衝激之下，極有可能會有一番更爲深鉅的發展，屆時又當如何名斯學？此外，牟先生亦稱採用新儒學之名，『可避免就內容起名之麻煩』，可見新儒學一名並不能顧及理學的內容。綜上所述，可知新儒學的名稱仍有其未盡妥之處，恐亦未能爲學界所普遍接納採用。」頁22～24

〔註3〕見張立文：《宋明理學研究》，頁13～4。
〔註4〕見吳康：《宋明理學》，頁24。
〔註5〕見牟宗三：《心體與性體》，頁49。
〔註6〕見陳來：《宋明理學》，頁13。

　　以上關於理學的分法或者三種，四種，不過其中歧異較大的都是對於北宋初期周、張、邵的分類認定有所出入，大抵在程、朱及陸、王的分系上，他們是共通一致而無疑議的。所以孫振青說：「周子、張子代表初期的道學。他們一方面企圖發揚孔孟的道統，另一方面似乎有意為孔孟的人生哲學建立一個形而上的基礎，因而特別重視宇宙論的研究。但是他們的體系不夠完整。許多概念失於籠統。以後的道學發展為兩大派，伊川和朱子建立了理學派。象山和陽明建立了心學派。明道的思想不大明確，心學派可能是由他這兒發展出來。」〔註7〕這更加確立了理學與心學的兩大主流。

　　至於理學形成之因，多歸結於儒、釋、道三家之調和，淵源於經學、佛學和道家哲學。孫振青說：「宋明道學雖然大體上是以儒家哲學為骨幹，但是它卻吸收了道家和佛家的部份精華，然後加以分析、綜合、修正，而創造出所謂宋明道學。宋明道學家儘管表面上都在註釋並發揚前聖的思想，然而實際上，其內容大有創造的成份。張載的宇宙說，程朱的理氣論，陸王的主觀論，都超越了六經和孔孟的思想，而不只是他們的註釋或副本。後人稱宋明道學為『新儒學』，事實上，宋明道學也確有它新於儒學之處，這是相當明顯的。」〔註8〕

　　以經學而論，經學是理學最主要的依據，例如對《周易》（天道形上與變易思想），《尚書》（道心、人心之論），與《四書》（天人性命，與實踐哲學）思想的詮釋上面。關於理學所探討的主要概念與命題，陳來歸納出有「理氣、心性、格物、致知、主敬、主靜、涵養、知行、已發未發、道心人心、天理人欲、天命之性、氣質之性等。其中還可衍生出其它許多問題，如理氣問題又可衍生出理氣先後、理氣動靜、理氣同異、理氣強弱等。這些問題中，格物致知出自《大學》，知行出於《論語》，心性見於《孟子》，人心道心出於《尚書》，天理人欲出於《禮記》，已發未發出於《中庸》，這些經典問題經過新的不同詮釋獲得了新的意義。理學道德實踐中的各種修養工夫如存心養氣、戒慎恐懼、必有事焉、勿忘勿助等也都聯結不同的經典來源。此外，理學中的一些問題直接出自北宋以下道學傳統自身，如主靜、主敬、主一及天命氣質等。」〔註9〕這把理學與經學的連繫關係歸納得很清楚。

　　不過，雖然理學家都自以為是發揚經學的思想，也都有一個共通的目標，

〔註7〕　見孫振青：《宋明道學》，頁7。
〔註8〕　同上，頁1。
〔註9〕　見陳來：《宋明理學》，頁14。

就是發揚孔孟之學，爲孔孟之學建立系統。然而他們決不僅只是重複或講明經學的思想而已。他們融合了儒道佛三家的思想，並加上自己的反思，形成了新的哲學系統。基於此，宋明理學才成爲中國哲學史上的一個新學派。而這個「新儒學」的「新」字並非虛設，是確有其超越，不同於前人之處的。〔註10〕

關於這個「新」的底蘊，牟宗三認爲由外部言有二點是新的：一、是對先秦之龐雜集團齋頭並列，並無一確定之傳法統系，而確定出一個系統，藉以決定儒家生命智慧之基本方向，因而爲新。他們對於孔子生命智慧前後相呼應之傳承有一確定之認識，並確定出傳承之正宗，決定出儒家之本質。他們以曾子、子思、《孟子》、及《中庸》、《易傳》與《大學》足以代表儒家傳承之正宗。二、是對漢人以經傳爲儒而爲新，此則直接以孔子爲標準，直就孔子之生命智慧之方向而言成德之教以爲儒學，或直相應孔孟之生命智慧而以自覺地作爲道德實踐以清澈自己之生命，以發展其德性人格，爲儒學。宋以前是周孔共稱，宋以後是孔孟並稱。前者孔子只是傳經之媒介，從外部看孔子，孔子並未取得其應得之地位，其獨特之生命智慧並未顯出。但孔孟並稱，則以孔子爲主，孔子之所以爲孔子始正式被認識。〔註11〕

至於內部之新，牟宗三更舉了幾大點詳加論述，例如孔子踐仁知天，仁天尙未合一，宋明儒則仁與天合一。或者是孟子言盡心知性知天，心性未明顯與天合一，宋明儒則認爲心性與天是一。再者，即是《中庸》天命之謂性，但未明顯表示天命不已之性即是個人之性，宋明儒則謂天道性命通而爲一等等，皆表示了宋明儒的確在範疇或本質上已有了不少不同於儒家經典之固有意涵。故稱之爲新。〔註12〕

其次，在道家思想方面，理學家受到了不少的影響。道家以無爲宗，而道是形而上，無形無象，不可思議，不可言說的。宋代周子「太極圖說」中，第一句言「無極而太極」，此無極二字即是道家用語，而朱子也很贊成周子之意。另外，道家崇尙自然，反對有爲，無爲而無不爲，以虛靜恬淡，寂寞無爲爲要。這與明道主張「物來而順應」，「無將迎」，及理學家主靜的思想也有關係。再如，道家主張萬物皆出一源，即道生一，一生二，二生三，三生萬物，這種天地萬物出於一源之宇宙生成，萬物化生的思想，實隱然爲宋代邵

〔註10〕見孫振青：《宋明道學》，頁3～4。
〔註11〕見牟宗三：《心體與性體》，頁13～6。
〔註12〕同上，頁17～8。

雍的《先天圖》、周子的《太極圖》說導其先河，他們以太極為天地萬物的根源，此種追尋根源的思想，應該也受到了道家的影響。〔註13〕

在佛教方面，隋唐佛學興盛，數百年間已然深入民間信仰及知識份子的心靈。宋代理學家自不例外，他們大都有出入老釋多年的情況。理學家多數也對佛學有過研究，雖然他們排佛，不過佛學強調主觀，強調心性，重視修養心性的思想也對理學家產生了不少影響。例如理學家喜歡靜坐、主靜，這與佛家的禪定、坐禪有關；〔註14〕而朱子的理一分殊之說，也與佛教月映萬川，一月普照一切水，一切水月一月攝的思想相通。我們也可以說，超脫出世的高僧轉成了存天理、滅人欲的聖人；而觀心說與禪宗頓悟也與心學的直指本心，崇尚頓悟的簡易工夫相似。〔註15〕

以上所述，皆明理學襲取佛老之精華，而附會舊說，另成新貌。這使儒林風氣嶄然一新，而一代新學術應運而生。〔註16〕而儒學即以儒家倫理思想為核心，吸收道家有關宇宙生成，萬物生化之觀點，及佛教唯心主義哲學，改頭換面，從而彌補了原始儒家思想在嚴密體系有所不足之缺陷，建立了一套比較精緻、圓滑的思想體系。〔註17〕

另外，附帶說明的是，本論文在提及「理學」一詞時，一般是以廣義為主，然若涉及狹義之理學通常即以程朱理學名之。

二、南宋四明慈谿學風

南宋浙東地區之理學以朱熹、陸九淵與呂祖謙為中心。其中朱學最盛，陸學次之，惟四明弟子多宗陸氏，故成一脈；呂學則居殿。〔註18〕

陸學之學脈盛於四明，而江西反有所不逮。黃宗羲說：「陸子之在象山五年間，弟子屬籍者至數千人，何其盛哉！然其學脈流傳，偏在浙東，此外則傅夢泉而已，故朱子曰：『浙東學者多子靜門人，類能卓然自立，相見之次，便毅然有不可犯之色。』」〔註19〕其實象山及門弟子，大致分江西、浙東兩大

〔註13〕見孫振青：《宋明道學》，頁3～4。又吳康：《宋明理學》，頁22。
〔註14〕見孫振青：《宋明道學》，頁3。
〔註15〕見張立文：《朱熹哲學思想》，頁31。
〔註16〕見陳鐘凡：《兩宋思想述評》，頁8。
〔註17〕見張立文：《朱熹哲學思想》，頁28。
〔註18〕見宋晞：〈南宋浙東的理學〉，《宋史研究集》第二十七輯，頁228～232。
〔註19〕見〈槐堂諸儒學案〉，《宋元學案》卷七十七，頁2571～2。

派，江西諸賢，如傅夢泉（象山以之爲第一），鄧約禮，傅子雲，黃叔豐等，最爲象山所稱，而緒言流傳則渺。〔註20〕

浙東之學則首推甬上四先生，謂楊簡、袁燮、舒璘、沈煥也。沈受業復齋，楊、袁、舒三人，皆遊象山之門。以年輩言，楊、袁、後於舒、沈，但其傳反盛。論者疑舒、沈之名位，不及楊、袁；然舒、沈之言論較平實，故從之者少，亦其一因。楊、袁二人，慈湖尤以高年瑰行，唱本心之論，故其學說尤盛。〔註21〕

四明之爲府稱，是因境內有四明山而得名，又稱爲明州。宋寧宗即位後，升爲府，轄有鄞、奉化、慈溪、象山、定海、昌國六縣。〔註22〕

明州自宋以後，便已是文化高度發展地區，漸漸成爲浙東學術重鎮。北宋仁宗慶曆中有楊適、杜醇、王致、樓郁、王說五先生；南宋孝宗淳熙間有舒璘、沈煥、楊簡、袁燮四先生，對四明學風都有深遠影響。所以王應麟說：「四明鄉先生有九人焉：宋慶曆建學之初，楊、杜、二王樓公以道德文行師表後進，或授業鄉校，或講道閭塾，衣冠文獻益盛以大，五先生之功也。淳熙之舒、沈、楊、袁諸公，以尊德性求放心爲根本，闡繹經訓，躬行實踐，學者知操存持養以入聖賢之域，四先生之功也。」〔註23〕是知四明學術日盛，其來有自。

至於慈谿故句章地，自漢董孝子奉母大隱，而谿以慈名。自唐開元中，縣移今治，而縣以慈谿名，是爲浙東望縣，至清隸屬甯波府。〔註24〕

慈谿一邑，控古句章之域，唐代析鄮置縣，爲浙東勝區。枕臂江山，五磊若聚米所成，闞湖次灌漑之利。賢哲踵武，民氣靜謐，往往孝弟力田，不務商殖而輕去其鄉。故宦斯土者，開誠而政教易施；游斯鄉者，取友而學問有本。任侗、裴儆之嘉績，楊簡、黃震之好修，名宦鄉賢，千載而不墜廢！〔註25〕

論其俗，則一而不雜；其地無奇珍瑰貨，以來四方游販之民；其搢紳先達雖鼎貴，猶與里巷齒；其民力農務本，奉法畏長官；其士皆崇禮讓，勵廉隅，以文學風義相尚。鄉曲之閒，孝友廉潔，貞苦卓立之儔，不待開世而出，固其

〔註20〕以上見吳康：《宋明理學》，頁259。
〔註21〕以上見吳康：《宋明理學》，，頁259。
〔註22〕見〈敘錄〉，《四明叢書》，頁3。
〔註23〕見〈九先生祠堂記〉，《深寧文鈔摭餘編》卷一，頁11～12。
〔註24〕見〈序〉，《慈谿縣志》，頁2。
〔註25〕見〈序〉，《慈谿縣志》，頁2。

山川秀，鍾孕瑰奇，亦由往時慈湖、東發先生流風餘韻有以興起之故。〔註26〕

　　綜上所述，可知四明慈谿風景秀麗，人文薈萃，自古已然，而其風俗淳厚，實由其鄉先輩五先生倡之於前，而慈湖，東發和之於後所振興，故能孝友廉潔，千載不墜。

〔註26〕見〈序〉，《慈谿縣志》，頁1。

第一章　慈湖之學思歷程──成學三期

　　楊簡，字敬仲，浙江慈溪人。南宋高宗紹興十一年辛酉正月二日生（公元 1141），卒於理宗寶慶二年丙戌（公元 1226），享年八十六歲，以寶謨閣學士、慈谿縣男、太中大夫致仕，卒諡文元。又曾「築室德潤湖上，更名慈湖，遐方僻嶠，婦人孺子，亦知有所謂慈湖先生也。」〔註1〕先生「生有異稟，清夷古澹，淵乎受道之器。」〔註2〕自幼即善學善悟，及長，從學陸象山先生，能得心學旨要；自此修身、爲官、講學、著述無非以此心爲本。其啓迪人心，簡易明澈，化育後學，影響深遠。而流風餘韻，綿延不絕，歷久未衰，實爲甬上諸學者之冠。

　　慈湖之學思歷程，是一條體道內證的過程，其中主要環繞在經學與心的交互印證影響中，並且「心」始終居於最要關鍵。而整個過程，也就是一場對心的探索、體驗、確信與發揚的心靈工程，從而確立以心立說的基本宗旨。

第一節　第一期：經書之「啓蒙」與內心之「混沌」
　　　　　　（1～28）

一、家　傳

　　慈湖出自書門世家，其父楊庭顯乃心學大師象陸山之老友，〔註3〕對陸學甚爲推崇，甚至「盡焚所藏異教之書」。〔註4〕庭顯（人稱老楊），字時發，慈

〔註1〕　見〈慈湖學案〉，《宋元學案》卷七十四，頁 2467。
〔註2〕　見〈行狀〉，《慈湖年譜》卷一，頁 497。
〔註3〕　見〈象山學案〉，《宋元學案》卷五十八，頁 1926。
〔註4〕　見〈楊承奉墓碣〉，《象山全集》卷二八，頁 5。

溪人，其生平踐履乃十足理學家之風範者，聞有過則力改，躬行實踐；而律己甚嚴，不稍寬貸。老楊曾自述詢過自省爲其家風，他曾說：

> 吾家子弟，當于朋友之間，常詢自己過失，此說可爲家傳。〔註5〕

這說明楊氏子弟以反躬切己爲家傳。此外，在另一段文字中我們可以更明確的掌握到老楊先生的性情，他說：

> 少時嘗自視無過，視人有過。一日忽念曰：「豈其人則有過，而我獨無過？」于是省得一過，旋又得二三，已而紛如蝟之集，乃大恐懼。痛懲力改，刻意爲學，程督之嚴，及于夢寐。嘗曰：「如有樵童牧子有以誨我，亦當敬聽之。」……一夕被盜，翼日，諭子孫曰：「婢初告有盜，吾心止如此。張燈視笥，告所亡甚多，吾心止如此。今吾心亦止如此。」〔註6〕

這是一段很有趣的自白。老楊自述其幼時常視人有過，而己無過，直至一日忽省，方驚恐己之過失竟「紛如蝟之集」，由是「痛懲力改，刻意爲學。」且「程督之嚴，及于夢寐。」足見其修己之嚴恪與不怠是不分晝夜而不曾止息的。從這段自述中，我們可以眞切地感受出老楊那一份眞性情與眞我的呈顯，以及不假圓飾，勇於改過的認眞態度。然而律己之嚴恪並未使之自視奇高而苛刻待人；相反的，其求教於孺子之謙與心如止鑑之修養境界更顯示出老楊處世待人之純厚。而如此的戰戰兢兢，如臨深淵也使得老楊的確達到了「舊習日遠，新功日著。自其子識字，未嘗見其有過。」〔註7〕的修養境界。難怪象山先生說：「年在耄老而其學日進者，當今所識，四明楊公一人而已。」〔註8〕並志其墓曰：

> 四明士族，躬行有聞者，先生爲首。〔註9〕

這顯然是非過譽而見要之語。

此外，舒廣平也稱讚老楊說：

> 吾學南軒發端，象山洗滌，老楊先生琢磨。〔註10〕

廣平說明了老楊先生實踐踏實而足以「鼎足張、陸」〔註11〕之間。行文雖未

〔註5〕 見〈象山學案〉，頁1922。

〔註6〕 見〈象山學案〉，頁1921或1922。

〔註7〕 見〈象山學案〉，頁1921。

〔註8〕 見〈楊承奉墓碣〉，《象山全集》卷二十八，頁4。

〔註9〕 見〈象山學案〉，頁1921。

〔註10〕 見〈象山學案〉，頁1921。

〔註11〕 見〈象山學案〉，頁1922。

及於其子慈湖，然其風範已可由其父而略知一二。因爲在如此清明之家風涵育下，慈湖幼稟庭訓，濡染家學甚深，故能肖其父，而不失家傳。這在慈湖的自述中即可以窺見一二，慈湖說：

> 先公一日閒步到蔬園，顧謂園僕：「吾蔬聞爲盜者竊取，汝有何計防閑？」園僕姓余者曰：「須拌少分與盜者乃可。」先公因欣然顧簡曰：「余即吾師也。」吾意釋然。〔註12〕

> 孔子曰：「吾未見能見其過而内自訟者。」今見其人矣，先公有焉……
> 某親見先公自悔自怨，至於泣下，至於自拳如是者數數。〔註13〕

其實這段慈湖自述老楊就教於園僕之事是很耐人尋味的，因爲這不但表現出老楊異於常理的思考模式，更無疑是他謙卑與寬厚性情的最佳寫照。從中我們可以眞切的感受出老楊是如此的溫穩和善而慈祥，而其省過之嚴更使親見之慈湖爲之動容。故慈湖能在其父之薰染與默化下，性行均和，而自省甚嚴，想來這是理之宜然而無庸置疑的。因此，象山說：

> 四明士族多躬行有聞，公家（楊公）尤盛，閫門雍雍，相養以道義，仲子簡尤克肖。〔註14〕

至於慈湖弟子錢融堂也說：

> 通奉與物最恕，一言之善，樵牧吾師；省過最嚴，毫髮不宥，至于泣下。是慈湖過庭之教所自出也。〔註15〕

這就是老楊以身作則而慈湖過庭之教能如此成功之由。

二、求學與交游

慈湖自八歲，便知天下唯有道而已。《年譜》說：

> 簡自總角承先大夫訓迪，已知天下無他事，惟有道而已。〔註16〕

此外，〈行狀〉也載：

> 入小學便儼立若成人。書堂去巷陌隔牆一紙，凡遨遊事，呼謼過門，聽若無有。朔望例得假，群兒數日以俟走散相徵逐，先生凝靜如常

〔註12〕見〈象山學案〉，頁1927。
〔註13〕見〈内訟齋記〉《慈湖遺書》卷二，頁184。
〔註14〕見〈楊承奉墓碣〉，《象山全集》卷二十八，頁5。
〔註15〕見〈象山學案〉，頁1922。
〔註16〕見《慈湖年譜》卷一，頁498。

日課,未嘗投足戶外。〔註17〕

慈湖幼時即具獨特之性格,八歲便知天下惟有道而已。而早年也就表現出異於常人之性情,其年少早熟,處世持重,〔註18〕當書堂群兒呼譟,或得假走散相徵逐之時,慈湖都表現出如大人般成穩凝靜而內斂的性格。並且在求學的過程中也始終能專心一致,而勤勉力學。

幼時,慈湖承經書之啓蒙,然內心有許多疑議而不得其解,這些雖然在《年譜》中並沒有顯著詳細而直接的記載,不過在文集中我們可以經常發現到慈湖已於有意無意間透露出其年幼讀書,欲領略經書之意而致生許多困惑的情形。實際上這種困惑與不解在他所閱讀的典籍諸如《周易》《尚書》與《論語》《孟子》中都曾普遍發生過,而這種反證內心,務求心之安者的治學精神已隱約的告訴了我們,慈湖於日後成就其心學的確是其來有自的。這種先天性格也使他的心學更富有親切而自然的色彩。所以接下來我們就試著從文集中的記載來了解慈湖這一段爲學的歷程與心得:

> 少讀《易大傳》,深愛「無思也,無爲也,寂然不動,感而遂通天下之故。」竊自念學道,必造此妙。及他日,讀《論語》孔子哭顏淵至於慟,從者曰:「子慟矣!」曰:「有慟乎?」則孔子自不知其爲慟,殆非所謂無思無爲,寂然不動者?至於不自知,則又幾於不清明,疑懷於中,往往一二十年。〔註19〕

> 予幼讀《論語》,常病聖人不明以告人。〔註20〕

> 少時讀書,竊自念古聖人之道高明廣大,不可以心思,不可以意度,當寂然不動,感而遂通。如曰「惟精惟一」,如曰「一德」,略見深旨,其他大略。曰欽、曰敬、曰謹,……殊未省其實,豈聖人姑致其謹,循其常,而其中固自有廣大高明之妙耶?豈帝王之治理如此,而不及其精微,其精微不多見於書耶?至讀《論語》亦然,惟見孝弟忠信、力行學文,平平常語,所謂一貫之旨,亦未明白,無隱之誨亦不終告,豈聖人不輕出其祕耶,何其莫可曉也?〔註21〕

〔註17〕見《慈湖年譜》卷一,頁498。
〔註18〕見鄭曉江等:《楊簡》,頁28。
〔註19〕見《楊氏易傳》卷二十,頁378。
〔註20〕見〈家記五:論論語下〉,頁350。(案:凡《家記》者皆出自《慈湖遺書》)
〔註21〕見〈家記二:論書〉,頁275。

敬仲反富陽，……象山過之。問：「如何是本心？」象山曰：「惻隱，
仁之端也；羞惡，義之端也；辭讓，禮之端也；是非，智之端也，
即此是本心。」對曰：「簡兒時已曉得，畢竟如何是本心？」〔註22〕

某自弱冠而聞先訓啓道德之端，自是靜思力索者十餘年。〔註23〕

　　第一條資料是慈湖對《易傳》的疑惑。慈湖自述少時即深愛《易傳》無
思無爲，寂然不動之妙；並於日後讀《論語》至孔子哭顏淵而不自知其爲慟
之情形時，即深疑是否即《易傳》無思無爲之妙，而此種困惑也一直盤繞於
心一二十年而未得解。

　　另外，第二、三條資料是慈湖自述其少時讀《論語》，《尚書》常病聖人
不明以告人之惑。他懷疑經書之言看似平易（「至讀《論語》亦然，惟見孝弟
忠信，平平常語，所謂一貫之旨，亦未明白，無誨之隱，亦不終告」），卻另
藏玄機，所謂聖道高明，聖人欲有所隱，而不終告，更不輕出其祕，故莫可
知曉其意。

　　至於最後二條則是慈湖自述幼習《孟子》與先訓啓迪之疑議。因爲所謂
四端之本心在慈湖兒時即已曉得，然此曉得並未眞能明瞭其意，而此困惑一
直到了慈湖三十二歲，在遇象山先生之前都未能得解，故慈湖趁此機緣數問
象山先生，期能釋疑解惑。

　　綜上所述，可見年少時期的慈湖對於經書義理的理解未能完全透悟，而
只停留在一種表層的認知與了解，尚未能眞正與內心相契合，故時有格格不
入，未能貼切之感；然而最重要的是慈湖自己也並不以此爲滿足，並且察覺
了這種障礙與困窘，而他企圖打破心與經書義理之隔閡的目標也並未因此而
止息；相反的，這些疑惑往往就在他心中盤踞了一二十年的工夫，所謂「積
疑二十年」，〔註24〕最後才在偶然的機緣下經高人之指點，才能如打通經脈般
欣然與經書之道理相結合，而眞正開啓了由己身親切體驗所證悟的學問，不
過這要到第二階段了。

　　總之，在這個時期中，慈湖心志初明，所以對經書也只能作初層次的理
解，並且這種理解也往往只停留在模糊、疑惑、困擾而不甚確定的狀態。這
是因爲人生歷鍊、學識、經驗等各方面的不足，所以體會也就不能深刻。同

〔註22〕見〈象山年譜〉，《慈湖年譜》卷一，頁501。
〔註23〕見〈履卦〉，頁239。（案：六十四卦若無特別註明，皆出自《楊氏易傳》）
〔註24〕見〈二陸先生祠記〉，《慈湖遺書》卷二，頁192。

時由於心學的初開、混沌與朦朧使得他對經書的理解只能具備大致的輪廓，而無法作更深入而細緻的探索與發掘。這表示慈湖深具的心學潛力還沒有釋放出來、開發出來，所以日後那段沈潛思考的過程想來是必然的。

二十歲，慈湖爲學，務明聖經，〈行狀〉載：

> 既長，任幹蠱主，出入家用外，終日侍通奉公旁。二親寢，已揜鐙，默坐候熟寐，始揭衾，佔畢或漏盡五鼓。爲文清潤峻整，務明聖經，不肯規時好作俗下語。〔註25〕

慈湖處世嚴謹克己，不好戲弄，終日侍通奉公旁；爲文講究獨立清峻，不隨波逐俗，亦不規時好作俗下語；對學問的態度更是勤學勤思，兢兢業業。由是可知，慈湖不僅具有成聖的稟賦與氣度，更具備發揚聖學的耐力與才華。這些將在慈湖往後的學歷中逐步得到證明。〔註26〕

二十一歲，慈湖每試則魁，〈行狀〉有云：

> 瑜弱冠，入上庠，每試輒魁。聞耆舊言先生入院時，但面壁坐日將西，眾闃闃競寸晷，乃方舒徐展卷，寫筆若波注，無一字誤，寫竟復袖卷舒徐。俟眾出，不以己長先人。〔註27〕

慈湖入太學讀書，成績甚爲優秀，靜思有加，作文如注，而爲人謙雅，不以己長先人。〔註28〕

二十六歲，慈湖入太學，與四明學子以道義相切磨，〈眞德秀西山集袁燮行狀〉載：

> 乾道初，燮入太學，陸九齡爲學錄。同里沈煥、楊簡、舒璘亦皆聚於學，以道義相切磨。〔註29〕

另外，象山也說：

> 入太學，治《易》冠諸生。〔註30〕

在太學中，慈湖出類拔萃，尤深於治《易》；並與袁燮、陸九齡，及同里之沈煥、舒璘爲學，以道義切磋。其中陸九齡及其弟陸九淵爲心學大師，對於慈湖在心學方面的涵養應產生了不少的影響。

〔註25〕見《慈湖年譜》卷一，頁498。
〔註26〕見鄭曉江等：《楊簡》，頁28～29。
〔註27〕見《慈湖年譜》卷一，頁498。
〔註28〕見鄭曉江等：《楊簡》，頁29。
〔註29〕見《慈湖年譜》卷一，頁499。
〔註30〕見〈楊承奉墓碣〉，《象山全集》卷二十八，頁5。

第二節　第二期：心思之「豁朗」與經義之「驗證」
28～（43～47）

　　隨著年歲的增長與體驗的加深，慈湖對經書的疑惑與不解，也在此時逐一澄明而豁朗，所以這個階段在慈湖心學發展上，開啓了一連串覺悟的過程。

一、覺悟與師承

　　慈湖二十八歲於循理齋靜坐，忽覺「天地一體」，〈遺書續集僧炳求訓〉說：

> 簡行年二十有八，居太學之循理齋時，首秋入夜，齋僕以鐙至，簡
> 坐於床。思先大夫嘗有訓曰，時復反觀；忽覺空洞無內外、無際畔，
> 三才萬物萬化萬事幽明有無，通爲一體，略無縫罅。〔註31〕

這是慈湖學問上的第一次覺悟。他自述二八歲在太學循理齋時，因憶通奉公之訓，而默自反觀，此時忽覺天地萬物萬化有無，通爲一體而澄然一片，略無縫罅，此皆非吾心外之事。

　　三十一歲，慈湖覺此心之「清明虛朗」，〈永嘉郡治更堂亭名記〉云：

> 某二十有八而覺，三十有一而又覺。覺此心清明虛朗，斷斷乎無過
> 失。過失皆起乎意，不動乎意，澄然虛明，過失何從而有？〔註32〕

這是慈湖學問上的第二次覺悟。此次大覺使慈湖悟出「心」的空潔性，與清明無過失，並提出「意」的倫理意義與斥絕的必要性，從而爲慈湖修養論的開展創設了前提。〔註33〕

　　三十二歲，慈湖遇象山之指點而微覺，始信「心即道」，並因扇訟是非而定師弟子之禮，這是他第三次覺悟。在第一階段中，我們曾經介紹過慈湖對經書之疑惑與不解往往盤繞於心數十年，而這種困惑直要遇到象山先生之開悟方才得解，不過這些解套的過程下文再述。現在先來介紹「扇訟是非」這段神秘，而富有突破性的對話。因爲這在文集中多處見之，呈現多角度的反映，足見其對慈湖之影響是極爲深遠的。首先，是錢時〈行狀〉的敘述：

> 陸文安公新第歸來富陽，長先生二歲，素相呼以字爲交友。留半月，
> 將別去，則念天地間無礙者，平時願一見莫可得，遽語離乎，復留

〔註31〕見《慈湖年譜》卷一，頁499。
〔註32〕見《慈湖遺書》卷二，頁193。
〔註33〕見鄭曉江等：《楊簡》，頁30。

之。夜集雙明閣上，數提「本心」二字，因從容問曰：「何爲本心？」
適平旦，嘗聽扇訟，象山揚聲答曰：「且彼訟扇者，必有一是，有一
非，若見得孰是孰非，即決定爲某甲是某乙非矣，非本心而何？」
先生聞之，忽覺此心澄然清明，亟問曰：「止如斯耶？」公竦然端屬，
復揚聲曰：「更何有也？」先生不暇他語，即揖而歸拱，達旦質明，
正北面而拜，終身師事焉。每謂簡感陸先生由是再答一語，更云云，
便支離。〔註34〕

其次是〈象山年譜〉的敘述：

敬仲反富陽，……，象山過之。問：「如何是本心？」象山曰：「惻
隱，仁之端也；羞惡，義之端也；辭讓，禮之端也；是非，智之端
也，即此是本心。」對曰：「簡兒時已曉得，畢竟如何是本心？」凡
數問，象山終不易其說，敬仲亦未悟。偶有鬻扇訟至於庭，敬仲斷
其曲直。訖又問如初，象山曰：「聞適來斷扇訟，是者知其爲是，非
者知其爲非，此即敬仲本心。」敬仲忽大覺，始北面納弟子禮。象
山嘗語人曰：「敬仲可謂一日千里。」〔註35〕

最後則是慈湖自己的說法：

年三十有二，於富陽簿舍雙明閣下，侍象山陸先生坐，問答之間，
忽覺某心清明，澄然無滓。又有不疾而速，不行而至之神用。此心
乃我所自有，未始有間斷。〔註36〕

人之本心即道，故曰：「道心」。孔子曰：「心之精神是謂聖」，孟子
曰：「仁，人心也」。某年三十有二，而省此心之即道，至此交益驗。

〔註37〕

予自三十有二微覺已後，正墮斯病，後十餘年，念年邁而德不加進，
殊爲大害。〔註38〕

　　綜合上面的資料看來，這「扇訟是非」是由於慈湖不明孟子「本心」之意
涵而引發的。所以在象山過富陽時，慈湖見之而數問不已，然象山終不易其說，

〔註34〕 見〈行狀〉，《慈湖年譜》卷一，頁500～501。
〔註35〕 見〈象山年譜〉，《慈湖年譜》卷一，頁501。
〔註36〕 見〈家記三：論禮樂〉，頁313。
〔註37〕 見〈小畜卦〉，頁235。
〔註38〕 見〈家記九：汎論學〉，頁386。

而慈湖亦未能明徹其意。偶有鬻扇訟至於庭者，敬仲斷其曲直，象山隨機當下指點，才一語觸其機，慈湖方悟此心乃如此清明澄然，而有此神用妙用。

然而當慈湖欲復問時，象山厲聲言止，慈湖由是感聖言只可如此，若再答一語便是「支離」，從而省此「心之即道，非有二物」，〔註39〕而不復外求。對於三十二歲的這次開悟，慈湖稱之為「忽省」、「微覺」（猶非大覺大悟），是慈湖論學之關鍵轉折處，曾在文集中數次提及，足見慈湖本人對此次師徒之遇的重視。

其實這就是一個認識自己本心、本性的典型實例。起初慈湖所說的「簡兒時已曉得」的「曉得」，就是知解的「知」。這跟後來的「親切的直接體驗」（自己發現到真正的自己）是不同的。後面的這種認識，只有在許多機緣湊合的情況下才能獲致。〔註40〕而經過這次神秘的「扇訟」之誨，慈湖已具的心學潛覺也得到了提煉，成為其學歷中的重要里程碑。〔註41〕

然而，這「扇訟是非」到底解決了慈湖學問過程中的多少疑惑呢？這些心路歷程我們可由慈湖的自述中得知：

> 少讀《易大傳》，「深愛無思也，無為也，寂然不動，感而遂通天下之故。」竊自念學道，必造此妙。及他日，讀《論語》孔子哭顏淵至於慟，從者曰：「子慟矣！」曰：「有慟乎？」則孔子自不知其為慟，殆非所謂無思無為，寂然不動者？至於不自知，則又幾於不清明，疑懷於中，往往一二十年。及承教於象山陸先生，聞舉扇訟之是非，忽覺某心乃如此清明，虛靈妙用之應無不可者。〔註42〕

> 予幼讀《論語》，常病聖人不明以告人。自予微省，始悟古聖賢亦止可如此。告人如此，告人已詳矣！若復加諸言，則反失之矣！聖人言止於此，他日猶曰：「予欲無言」，而況欲詳說其所以然乎？〔註43〕

> 少時讀書，竊自念古聖人之道高明廣大，不可以心思，不可以意度，當寂然不動，感而遂通。如曰「惟精惟一」，如曰「一德」，略見深

〔註39〕見〈二陸先生祠記〉，《慈湖遺書》卷二，頁192。
〔註40〕見李日章：《程顥、程頤》，頁120。
〔註41〕見鄭曉江等《楊簡》，頁31。
〔註42〕見《楊氏易傳》卷二十，頁378。
〔註43〕見〈家記五：論論語下〉，頁350。

旨，其他大略。曰欽、曰敬、曰謹，……殊未省其實，豈聖人姑致
其謹，循其常，而其中固自有廣大高明之妙耶？豈帝王之治理如此，
而不及其精微，其精微不多見於書耶？至讀《論語》亦然，惟見孝
弟忠信、力行學文，平平常語，所謂一貫之旨，亦未明白，無隱之
誨亦不終告，豈聖人不輕出其祕耶，何其莫可曉也？及微覺後，方
悟道非心外，此心自善，此心自神，此心自無所不通。心無實體，
廣大無際，日用萬變，誠有變化無窮，不識不知之妙，而舊習尚熟，
乘間而起，不無放逸，於是方悟《尚書》、《論語》所載，止合如此，
放心之戒，果為要害。此心微動，百過隨之；此心不動，常一常明，
欽敬謹戒，常妙常一，治亂之機在此，古道在此。……孝弟忠信乃
此心之異名，力行學文乃此心之妙用，一貫之誨已詳矣，不可更言；
無隱之誨已詳矣，不可復說，萬務錯綜，無非大道。〔註44〕

某自弱冠而聞先訓啓道德之端，自是靜思力索者十餘年。至三十有
二，而聞象山先生之言，忽省此心之清明，神用變化，不可度思，
始信此心之即道。〔註45〕

第一條即是關於《易傳》「無思無為」之解惑。慈湖於象山先生扇訟是非
之開導下，忽覺某心之清明，而有如此之虛靈妙用。不過這還不是真正的了
解，而是直要到日後慈湖喪母之時才能完全領悟。

而第二、三、四條資料則是對於《尚書》，《論語》所謂聖道高遠，聖人
藏私之惑的開悟，以及對於先訓啓迪道德之端的思索。這些困惑亦因象山學
之開導，而悟道非心外之物，所謂聖道並不高遠難求，乃如此簡易，止合如
是，而吾心常清常明，自善自神，所謂聖人之言亦只可如此，不復詳說，若
復加諸言，則反失之，則支離，此即孔子欲「無言」之意。而對《尚書》的
另有開悟，慈湖自己也有說明，他說：

《書》首言〈堯典〉〈舜典〉，典，常也。舜曰「惟精惟一」，一亦常
也。……則常道之為道大矣！……古聖賢所以立德，所以出治，無
他奇巧，所以每相誨告，率不過典常之道。自後學觀古聖人之道德
事業，當有高深奇異之論，而《書》之所載，惟曰「常道」，豈古聖
賢未肯盡剖胸中之祕而政事之外復有精微之旨哉？是不然，……不

〔註44〕見〈家記二：論書〉，頁275。
〔註45〕見〈履卦〉，頁239。

　　常何以爲道，不一何以爲道。〔註46〕

慈湖認爲聖言平實，殊無奇巧詭異之論，因爲《書》所言「典」，「一」……者即「常」，「常道」之意；只是如此明明白白之論，後學卻往往不信而自起疑惑，終至失之。不過，這樣的思維模式其實從象山本人的學說中就可看出了，他說：

> 某讀書只看古註，聖人之言自明白，且如弟子入則孝，出則弟，是
> 分明說與你入便孝，出便弟，何須得傳註，學者疲精神於此，是以
> 擔子越重，到某這裡，只是與他減擔，只此便是格物。〔註47〕

象山認爲聖言自明白，如入孝出弟般的平凡無奇，然而人卻往往自起爐灶，以致於反而看不清原本清楚的面貌而盲目地追求外道。

　　三十四歲，慈湖歷經母喪，遂知《易傳》「無思無爲」之妙，並始大悟「變化云爲」之旨，成爲其學歷中之第四次大覺，慈湖說：

> ……及後居妣氏喪，哀慟切痛不可云喻。既久，略省察曩正哀慟時，
> 乃亦寂然不動，自然不自知。方悟孔子哭顏淵至於慟矣而不自知，
> 正合無思無爲之妙，益信吾心有此神用妙用。〔註48〕

> 春喪妣氏，去官居堊室，哀毀盡禮後，營壙車廠，更覺日用酬應未
> 能無礙；沈思屢日，偶一事相提觸，亟起旋草廬中，始大悟變化云
> 爲之旨。縱橫交錯，萬變虛明不動，如鑑中象矣。學不疑不進，既
> 屢空屢疑，於是乎大進。〔註49〕

前文我們曾談過慈湖少時對「無思無爲」的困惑，在象山之開導下已有稍悟，然真正的理解則是要到親居母喪之後，才能眞切地印證孔子哭顏淵至於不自知其慟，實正合「無思無爲」之妙。另外，慈湖也由此而大悟「變化云爲」之旨，並由動靜關係來解釋心物的關係，將萬變萬化視爲「鑑中象」，實動而未動，從而爲「心」的圓融無礙提供了一種新的解釋。〔註50〕而慈湖稱這次的覺悟爲「大進」，足見其對此之重視。

　　總之，在這個時期中，慈湖經歷了四次大悟。這是因爲年事漸長，體驗也隨之豐富；加以承象山之教，而開悟本心，所以對經文已能作較高層次的領悟，

〔註46〕見〈家記二：論書〉，頁284。
〔註47〕見〈語錄〉，《象山全集》卷三五，頁8。
〔註48〕見《楊氏易傳》卷二十，頁378。
〔註49〕見〈行狀〉，《慈湖年譜》卷一，頁502。
〔註50〕見鄭曉江等：《楊簡》，頁32。

至於前一階段的困惑、疑慮、不明也能逐一明朗。尤其是在喪母之後，其體會也更加深刻細微。這是由於心學的逐步成熟，慈湖對經義的內涵能作更深一層的認識、探討。而這種明澈是要在心學的提昇後才能達到的，這幫助他更能理解經書的道理，才能進一步對經義有更深入、透澈、而內化的了解與體會。

二、登弟從政

二十九歲，慈湖舉進士任富陽主簿，〈張津乾道圖經〉云：

> 乾道五年登鄭僑榜進士。〔註51〕

〈本傳〉云：

> 授富陽主簿，富陽民多服賈而不知學，簡興學養士，文風益振。〔註52〕

慈湖考中進士，同年亦任富陽主簿。然富陽人多好商賈，不喜讀書教化，慈湖至之數月間，竟無一士子來見，慈湖甚異之。〔註53〕後遂大力改革，興學養士，民方知好學，而文風益振。

三十六歲，慈湖爲紹興府司理，〈本傳〉說：

> 爲紹興府司理，犴獄必親臨，端默以聽，使自吐露。越陪都台府鼎立，簡中立無頗，惟理之從。一府吏觸怒帥，令鞫之，簡白無罪命鞫。平日簡曰，吏過詎能免，今日實無罪，必摘往事，置之法，簡不敢奉命。帥大怒，簡取告身納之，爭愈力。〔註54〕

慈湖能體恤百姓疾苦，他親理獄案，親臨以聽吐露，對於獄中之事，尤能執法公正，中立無偏，而且不畏上威，甚至不惜「趨庭抗辯」，〔註55〕循理力爭。

四十一到四十二歲之間，慈湖得丞相史浩及常平使者朱熹之薦而爲官，《宋史》說：

> 常平使者朱熹薦之，先是丞相史浩亦以簡薦，差浙西撫幹。白尹張枃，宜因凶歲戒不虞，乃令簡督三將兵，接以恩信，出諸葛亮正兵法肄習之，軍政大修，眾大和悅。〔註56〕

慈湖因朱熹之薦而作浙西撫幹，時因凶歲而督率兵將，以修諸葛亮兵法，使

〔註51〕見《慈湖年譜》卷一，頁499。
〔註52〕見《慈湖年譜》卷一，頁500。
〔註53〕見〈行狀〉，《慈湖年譜》卷一，頁500。
〔註54〕見《慈湖年譜》卷一，頁502。
〔註55〕見〈行狀〉，《慈湖年譜》卷一，頁502。
〔註56〕見《宋史》卷四百七，頁12289。

軍政大修，民心和悅。

第三節　第三期：心之「確認」與經學之「建構」（43 ～47）～86

一、覺悟與師承

　　四十三至四十七歲間，慈湖悟《孔叢子》「心之精神是謂聖」一語，這是他學問上的第五次覺悟，《遺書》載：

> 學者初覺，縱心所之，無不玄妙，往往遂足，不知進學，而舊習難遽消，未能念念不動。……予自三十有二微覺已後，正墮斯病，後十餘年，念年邁而德不加進，殊爲大害。偶得古聖遺訓，謂學道之初，繫心一致，久而精純，思爲自泯。予始敢觀省，果覺微進。〔註57〕

而〈四朝聞見錄〉說：

> 慈湖參象山學，猶未大悟，忽讀《孔叢子》至「心之精神是謂聖」一句，豁然頓解。自此酬酢門人，敍述碑記，講說經義，未嘗舍心以立說。〔註58〕

這是慈湖「由覺入道」〔註59〕之關鍵。因慈湖雖蒙象山之開悟，然始終尚未能「大悟」，故自三十二歲微覺以後，仍有舊習難以遽消，而始終「未能念念不動」，其間亦歷十餘年而德不加進（案：由三十二歲至十餘年後，今估計其可能爲十一至十五年中間，所以定爲四十三至四十七歲之間）。至於這個「未能念念不動」的十多年舊習到底是什麼情況，其實在《年譜》中並沒有直接而明確的答案，不過從文集中我們可以找到相關的資料，或者可藉窺慈湖困窘疑惑而不解的情形，慈湖曾說：

> 後因承象山陸先生扇訟是非之答，而又覺某澄然清明，安得有過，動乎意始有過，自此雖有改過之效，而又起此心與外物爲二見。一日，因觀外書，有未解而心動，又觀而又動，愈觀愈動，掩書夜寢，心愈窘，終不寐。度至丁夜，忽有如黑幕自上而下，而所謂窘者掃

〔註57〕見〈家記九：汎論學〉，頁385～386。
〔註58〕見《慈湖年譜》卷一，頁501。
〔註59〕見《慈湖遺書新增附錄》，頁489。

迹絕影，流汗霑濡，泰然，旦而寐，視外物無二見矣。〔註60〕

這顯示他在參象山學之後並未能完全豁解，仍時有疑議存於心，有時甚至「終夜坐不能寐」，直至「天曈曈欲曉」，才「忽覺灑然如物脫去」而益明。〔註61〕這些困惑，及心物的二見，直要到讀至《孔叢子》「心之精神是謂聖」一語，方始豁然頓解，並且更爲精純自泯。這雖然使慈湖在各方面，諸如講說經義，敘述碑記等都「未嘗舍心以立其說」，不過此亦尚未達到全體全妙的境界。不過這次大覺也有著極爲重要的意義，因爲這是慈湖正式確認宣布他「以心立學」的態度，是本著「心」爲立說之根據的，這使得「慈湖心學有了自己的框架特色，並漸次擴增、深化」〔註62〕而自成體系。

其次，在四十七歲那年，慈湖也曾向象山請教「精舍」二字之意，這是師徒二人的另一次書信往返：

> 淳熙十四年，象山登貴谿，應天山講學，建精舍居焉。與楊敬仲書云「精舍」二字出《後漢‧包咸傳》，事在建武前儒者講習之地，用此名甚無歉也。〔註63〕

此封信爲象山登天山講學並建精舍而書與慈湖之言，信中談論「精舍」命名之緣由，認爲「精舍」二字出於《後漢書》〈包咸傳〉，早在建武前已爲儒者所使用，非特爲佛氏之用語，故用此名無妨。

此外，在五十歲左右（應爲四十幾至六十歲之間），慈湖覺「泯然無際」，這是他學問上第六次覺悟，《遺書》載：

> 予自三十有二微覺已後，正墮斯病，……。偶得古聖遺訓，……。
> 後又於夢中獲古聖面訓，謂某未離意象，覺而益通，縱所思爲，全體全妙，其改過也不動而自泯，泯然無際，不可以動靜言。〔註64〕

這是慈湖繼悟《孔叢子》之後的另一次覺悟。（案：此次與前一次有先後之分，然《楊簡》一書將此二者混而爲一，今分別視之。）這次是慈湖於夢中獲「古聖面訓」，謂其未離於意象，爾後覺而益通，始能超越動靜，達到改過而不動，全體全妙，泯然無際的境界。

六十一歲，慈湖忽悟「勇者不懼」，這是他第七次覺悟，〈石魚偶記〉云：

〔註60〕見〈家記五：論論語下〉，頁361～362。
〔註61〕見〈行狀〉，《慈湖年譜》卷一，頁501。
〔註62〕見鄭曉江等：《楊簡》，頁34。
〔註63〕見〈象山年譜〉，《慈湖年譜》卷一，頁505。
〔註64〕見〈家記九：汎論學〉，頁386。

> 十一月九日清晨，忽覺子貢曰：「學不厭，知也；教不倦，仁也。」
> 孟子曰：「惻隱之心，仁也；羞惡之心，義也；恭敬之心，禮也；是
> 非之心，知也。」二子之言仁異乎孔子之言仁矣。十一日未昧爽又
> 忽醒孔子之言知者不惑，仁者不憂，必繼之以勇者不懼，何也？知
> 及之，仁能守之，知知道仁者，常覺常清明之謂，然而亦有常清明，
> 日用變化不動，忽臨白刃鼎鑊，猶未能寂然不動者，此猶未可言得
> 道之全，故必終繼之以勇者不懼。〔註65〕

慈湖對於子貢與孟子言仁皆迥異於孔子之言殊感困惑。所謂仁智已足，何乃繼之勇者不懼；直至某日方醒其義，唯能捨身取之，臨白刃而不動者，方為得道之全，而平日清明著實難論。所謂時窮節乃見，而患難見真章。

這是慈湖用心學方法去解釋仁、知等古典儒學範疇，認為知知道仁者，猶可能未能達寂然不動之境界，只有「勇」才是一種可融仁、知於一體的精神與氣質。〔註66〕

六十六歲，慈湖悟〈大禹謨〉，這是他第八次覺悟，《遺書》載：

> 簡自以為能稽眾舍己從人矣，每見他人多自用，簡不敢自用。一日
> 偶觀〈大禹謨〉，知舜以克艱稽眾，舍己從人，不虐無告，不廢困窮，
> 惟帝堯能是，是謂己不能也。三復斯言，不勝歎息。時簡年六十有
> 六，平時讀〈大禹謨〉未省及此。〔註67〕

這一覺的內容是兩個字，即「克艱」。「克艱」是一種律己而能耐苦的精神狀態。慈湖悟此，表明其心學理論中增加了重要內容，同時意味著慈湖自我道德境界的提高。〔註68〕此後，慈湖雖也另有心得及體悟，不過基本上都屬於較小的領悟，今不再縷舉。

總之，這個時期中，慈湖對《孔叢子》「心之精神是謂聖」的大悟，及夢中所謂的「古聖面訓」，使他全然頓解，在心學上有更進一層的跳躍，從而確立以心為本的經學思想。全面性的以心詮釋儒家經典，從酬酢門人，敘述碑記，到講說經義，皆未嘗舍心以立其說。這表明了他對「心」的確認、肯定及積極信任的態度。而我們也可以說在這個時期中，其心學顯然已居於領控、

〔註65〕見《慈湖年譜》卷一，頁514～515。
〔註66〕見鄭曉江等：《楊簡》，頁34。
〔註67〕見〈遺書家記二〉，《慈湖年譜》卷一，頁517。
〔註68〕見鄭曉江等：《楊簡》，頁35。

主導的地位了。

二、從　政

慈湖仕途歷任了不少職務，在此主要參考《年譜》，及《楊簡》一書作大略的介紹：

慈湖於四十四歲時任浙西撫幹，〈本傳〉云：

> 差浙西撫幹，白尹張杓宜因凶歲戒不虞，乃令簡督三將兵，接以恩信，出諸葛亮正兵法，肄習之，軍政大修，眾大和悦。〔註69〕

時值凶歲，爲戒不虞，乃督率三軍習諸葛兵法，遂使軍政大修，百姓和悅。由此可見慈湖文韜武略兼善，尤能施政得宜，深獲民心。

五十二至五十三歲間，慈湖知樂平縣，〈本傳〉云：

> 楊石二少年爲民害，簡置獄中，諭以禍福，咸感悟，願自贖。由是邑人以訟爲恥，夜無盜警，路不拾遺。〔註70〕

樂平縣有二惡少賊害良善，慈湖趣提圖中責罰，並曉以大義，咸感悟，由是邑人大化，以訟爲恥，風俗歸厚，慈湖可謂善諭民也。此外，面對饑荒，慈湖也處置得宜，《樂平縣志》載：

> 自夏徂秋不雨，年穀大損，令楊簡憂盜起。講聚民之政，以關郊內自任，稍采鄉譽，分鄉職，曰糶、曰貸、曰濟，次弟具舉。邑無可糶責之民廩、邑無可貸請之倉臺、邑無可濟移之上供，歲雖饑不害。
>
> 〔註71〕

慈湖面對天旱不雨，穀物大損的災害，能事先規劃出解決之道，以糶、貸、濟三種政策防範於未然，遂能解民之困，使饑害減輕。足見慈湖深謀遠慮，善於爲政之要。

五十四歲，慈湖奉詔爲國子博士，〈行狀〉云：

> 楊石二人者，大率眾相隨出境外，呼楊先生楊父，泣拜戀戀不忍離。
>
> 〔註72〕

慈湖離樂平時，楊石二少稱其楊父，戀戀不忍不離去。

〔註69〕見《慈湖年譜》卷一，頁504。
〔註70〕見《慈湖年譜》卷一，頁507。
〔註71〕見《慈湖年譜》卷一，頁508。
〔註72〕見《慈湖年譜》卷一，頁510。

五十五歲，慈湖遭罷斥主管崇道宮，〈本傳〉云：

> 會斥丞相趙汝愚，祭酒李祥抗章辨之。簡上書言昨者危急，軍民將潰
> 亂，社稷將傾危，陛下所親見。汝愚冒萬死，易危爲安，人情妥定。
> 汝愚之忠，陛下所心知，不必深辨。臣爲祭酒，屬日以義訓諸生，若
> 見利忘義，畏害忘義，臣恥之。未幾亦遭斥，主管崇道宮。〔註73〕

慈湖爲丞相趙汝愚遭罷斥而上書，其伸張正義，殺身成仁，爲同僚「拚一死
耳」〔註74〕的無畏精神更另人感佩，但也因此遭斥而主管崇道官。

六十八歲，慈湖上書極言經國之要，〈本傳〉云：

> 寧宗更化，授秘書郎轉朝請郎，遷秘書省著作佐郎，兼權兵部郎官。
> 轉對極言經國之要，弭災屬消禍變之道，北境傳誦爲之涕泣。〔註75〕

慈湖以祕書省著作佐郎，兼權兵部郎官，轉對極言經國之要，極論擇賢久任，
嚴懲贓吏而濟民之道。

六十九歲，慈湖上書言旱蝗根本近在人心，〈本傳〉云：

> 詔以旱蝗求直言，簡上封事，言旱蝗根本近在人心。兼考功郎官，
> 兼禮部郎官，授著作郎，將作少監。〔註76〕

慈湖提出了旱蝗根本近在人心，以人心治害蟲的觀念。此正是他中年悟《孔
叢子》「心之精神是謂聖」後未嘗舍心以立說的表現。

七十歲，慈湖兼國史院編修官、兼實錄院檢討官。上書奏陛下自信此心
即道，及時務莫先於擇賢久任，次言改過。後以面對所陳未行，求外補知溫
州，而首罷妓籍判從良、並首訪賢者，尊敬賢士。〔註77〕

七十二歲簡遷駕部員外郎，工部員外郎，上書言盡掃私情，〈本傳〉載：

> 簡在郡廉儉自將，奉養菲薄，常曰：「吾敢以赤子膏血自肥乎？」閭
> 巷雍睦無忿爭聲，民愛之如父母，咸畫像祀之。〔註78〕

〈行狀〉云：

> 五年除駕部員外郎，去之日，老稚纍纍，爭扶擁緣道曰：「我阿翁去

〔註73〕見《慈湖年譜》卷一，頁512。
〔註74〕見〈行狀〉，《慈湖年譜》卷一，頁512。
〔註75〕見《慈湖年譜》卷二，頁519。
〔註76〕見《慈湖年譜》卷二，頁520。
〔註77〕見〈本傳〉，《慈湖年譜》卷二，頁522～523。
〔註78〕見《慈湖年譜》卷二，頁526。

矣，將奈何？」傾城出，盡哭。有機戶曾遭徒，亦手織錦字爲大帷，
頌德政。〔註79〕

〈行狀〉又云：

> 改除工部，上殿言：「臣有當今第一急務告於陛下：世俗常情喜順惡
> 逆，故其相與率多奉承，雖於同官，明知其過而不敢言，恐拂其意，
> 終將害己。習以成俗，牢不可破，故雖明知吏部注授，不問賢不肖
> 而不敢革，恐拂不肖者之情也。」〔註80〕

慈湖在溫州爲官廉儉，奉養菲薄，深得人心；於離任，遷駕部員外郎之時，
其郡之老幼男女，緣道相送，泣不成聲，而頌其德政。並於工部員外郎時，
上書言陛下當盡掃喜順惡逆之私情，端正世俗之敝習，使善政盡舉，敝政盡
消，而禍亂不作，於中我們可以體會出慈湖憂國憂民，以天下爲己任的胸懷。

七十三歲以擇賢久任爲言，遷軍器監、兼工部郎官，轉朝奉大夫。又遷
將作監、兼國史院編修官、兼實錄院檢討官。

七十四歲轉朝散大夫、金人大饑來歸者日以數千萬計、以直謨閣主管玉
局觀。

七十九歲直升寶文閣，主管明道宮。

八十一歲除祕閣修撰，主管千秋鴻禧觀。

八十二歲特授朝請大夫，右文殿修撰，主管鴻慶宮，賜紫衣金魚。

八十三歲進寶謨閣待制，提舉源慶宮，賜金帶。

八十四歲理宗即位，進寶謨閣直學士，賜金帶。

八十五歲轉朝議大夫，慈溪縣男，尋授華文閣直學士，提舉佑神觀，奉
朝請詔入見，簡屢辭。

八十六歲授敷文閣直學士，累加中大夫，仍提舉鴻慶宮，尋以太中大夫
致仕，卒贈正奉大夫。

三、講學與著述

慈湖在講學與著述方面也頗有成就：

〔註79〕見《慈湖年譜》卷二，頁527。
〔註80〕見《慈湖年譜》卷二，頁527。

四十九歲，慈湖講學於「碧沚書院」，〈全祖望鮚埼亭集外編楊文元書院記〉云：

> 文元之講學於碧沚以史氏也。先是史忠定王館，沈端憲於竹洲，又延文元於碧沚，袁正獻時亦來預。湖上四橋，遊人如雲，木鐸之聲相聞，竹洲在南，碧沚在北。〔註81〕

碧沚書院在鄞之西湖，是文元講學處。其間木鐸之聲相聞，足見學風之盛。

五十二歲，慈湖講學於「樂平講堂」，〈本傳〉云：

> 知樂平縣，興學訓士，諸生聞其言有泣下者。〔註82〕

〈王應麟撫餘編慈湖先生傳〉云：

> 宰樂平，為講堂。訓曰：「學者孝而已矣！時有古今，學無古今；時有古今，性無古今；聞者興起。」〔註83〕

慈湖知樂平縣時，不僅興修故學宮，並登講席，訓勉士子要有真賢實能，砥礪士行，莫要失聖人之意，而負國家教養之恩，堂下諸生聞其言有泣下者，而「遠近為之風動。」〔註84〕

五十三歲撰〈二陸先生祠堂記〉。

五十四歲興學於「慈湖學舍」，刪定《己易》：

> 先生宰樂平時，嘗刪訂《己易》，以年月未詳，姑隸於此。〔註85〕
>
> 慈湖書院在長樂坊。危素記曰：昔楊文元公之宰樂平，日首倡士民興修學舍，闡明心學，以崇教化。未幾，民翕然應之，囂訟馴服至今，號為詩書之邦。向之蒙公惠澤者，由今觀之，皆其高曾祖父矣，餘澤在，人尚感念之不泯。〔註86〕

慈湖宰樂平時，撰〈節庵記〉，〈象山行狀〉，刪定《己易》，並興學修舍，闡明心學，以崇教化，而民受公惠澤者猶感念之不已。

五十五歲撰〈內訟齋記〉。

五十六歲撰〈磬齋記〉，〈東山賦〉。

〔註81〕見《慈湖年譜》卷一，頁506。
〔註82〕見《慈湖年譜》卷一，頁507。
〔註83〕見《慈湖年譜》卷一，頁507。
〔註84〕見〈行狀〉，《慈湖年譜》卷一，頁507。
〔註85〕見〈曾熠己易序〉，《慈湖年譜》卷一，頁510。
〔註86〕見〈樂平縣志〉，《慈湖年譜》卷一，頁510。

五十七歲撰〈曾子序〉,《遺書》載:

取曾子之書,參古本而釐正之,釋其疑義,四月序。〔註87〕

六十三歲講學於「慈湖館」,撰《先聖大訓》。〈行狀〉云:

築室德潤湖上,更名慈湖館,四方學子於熙光詠春之閒而啓迪之。於是始傳《詩》,《易》,《春秋》,傳《曾子》,始取先聖大訓,閒見諸雜說中者,刊訛剔誣,萃六卷而爲之解。〔註88〕

《四庫全書提要》云:

築室德潤湖上,始取《先聖大訓》,閒見諸雜說中者,刊僞別誣,萃成六卷而爲解,即此書也。〔註89〕

慈湖講學於慈湖館之地,今仍可想見其流風餘韻。並撰成《先聖大訓》六卷。

六十四歲,慈湖講道於「石魚亭館」,撰成《石魚偶記》。〈戴良鄞遊集沈明大墓誌〉云:

沈文彪以奧學峻行與楊文元爲忘年交。嘗別築亭館,招文元講道其中,命子民獻壻、劉厚南執經座下。〔註90〕

〈雍正慈谿縣志〉云:

石魚山在縣西三里,有石如魚形。今山麓有靈巖庵,相傳爲石魚樓舊址。《石魚偶記》一書當著於此,《遺書》〈登石魚樓詩〉三首,當亦是時作。〔註91〕

沈文彪自號清遐居士,嘗築亭館石魚之麓,名曰槃隱,招慈湖講道其中。而《石魚偶記》一書亦應撰於此時。

六十五歲序《象山集》,〈象山年譜〉云:

開禧元年,象山長子持之伯微編遺文爲二十八卷、外集六卷,楊簡序。〔註92〕

六十八歲門人曾熠刊〈己易〉、〈孔子閒居解〉二書。

六十九歲撰〈著庭記〉、〈參前記〉、〈昭融記〉。

〔註87〕見〈遺書〉,《慈湖年譜》卷一,頁514。
〔註88〕見《慈湖年譜》卷一,頁515,或頁443。
〔註89〕見《慈湖年譜》卷一,頁515。
〔註90〕見《慈湖年譜》卷一,頁515〜516。
〔註91〕見《慈湖年譜》卷一,頁516。
〔註92〕見《慈湖年譜》卷一,頁517。

七十歲撰〈詠春堂記〉、〈鄉記序〉。

七十一撰〈永嘉郡治更堂亭名記〉，〈永嘉郡學堂記〉。慈湖根據「心之精神是謂聖」（「既曰聖矣，何俟乎復清之」，意指心已聖矣，不俟乎人爲之清洗），視「清心堂」之「清心」二字爲徒費工夫，而「養源堂」爲分本末，裂大道爲二。故更「清心堂」爲「詠春堂」，而「養源堂」爲「永堂」。〔註93〕

七十五歲始傳〈古文孝經〉，傳〈魯論〉，而釐正其篇次。

七十八歲撰〈臨安府學記〉。

七十九歲撰〈敬止記〉。

這些是慈湖在心學成熟後所從事的著作論述，基本上也是其心學思想的反映，所以在這些文章中我們可以明確的掌握到慈湖以心立說的基本宗旨。

附　表

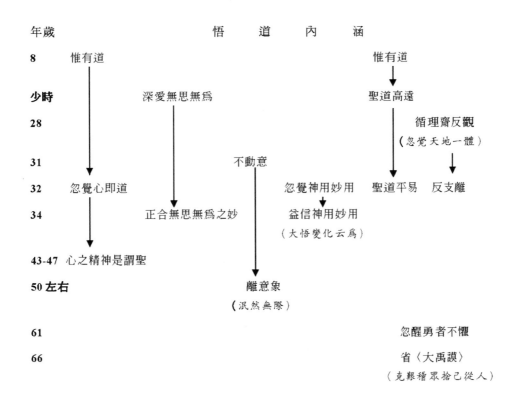

〔註93〕見《慈湖年譜》卷二，頁 524～525。

結　論

　　從慈湖的生平簡歷，我們已可大略把握住其性格、論學與爲政上的某些特色及風格。在仕途方面，慈湖雖然官做得不大，但基本上他終生仕宦，從二十九歲舉進士任富陽主簿到八十六歲以敷文閣直學士致仕，這其間五十幾年的仕宦生涯，可說是大半輩子都在從政中渡過。且爲官種類多，文、武、法、政等都曾經歷過，不過以文官最多最大。其間雖曾因趙汝愚事件被罷，不過並不影響其兼善天下的心願。而從做官時的言論、行爲，更足以讓我們領略其氣象的偉大。不僅嚴謹務實，正直敬業，而政績卓著；更是屢屢上書皇帝，冀以百姓憂患爲念，而明確指出旱蝗根本近在人心之論，是善於在施政中貫徹自己的學術思想，而處處體現出注重踐履躬行，講求實效的心學精神。這是一種學仕兼於一身，學以養仕，仕以顯學的人格典型。〔註94〕

　　在成學方面，慈湖基本上是沿著象山心學方向而發展，更因爲勤於思考，所以能在學問過程中屢屢有大覺創見。〔註95〕其間從對經書義理的蒙昧、困惑與不解到能逐漸體悟、明徹，就歷經了數十年的沈潛與思考，方得象山先生之啓迪，之後又在《孔叢子》「心之精神是謂聖」一語的觸發下，而大覺大悟，從而確立了以心立學的心學規模與論學方向，也使得其學有了自己的框架及特色，而儼然成就一家之學。然而若論慈湖何以能成就其心學，我想原因有幾項：

1、本身性格──

　　若問慈湖何以能成就心學，則其本身之性格實居於決定而主導的因素。因其自身敏覺、流暢的思辨力與思考能力使他善於捕捉心靈意識，洞悉心智活動，所以能在不斷地反觀、透視、領悟，與察覺的過程中，更加確認對心的解析、掌握與認識。

2、家風及象山學的引導──

　　在任何人成學的過程中，師友的開導、指正，時代風氣的熏染都是十分重要而不可或缺的，這便是環境的造就與影響。這在慈湖當然也不例外，尤以三十二歲與象山面晤，其間數提本心，扇訟是非，而悟得此心乃如此清明、靈淨而纖塵不染，始信此心之即道，這即是慈湖直接師承象山學的地方。而

〔註94〕見鄭曉江等：《楊簡》，頁23，27。
〔註95〕見鄭曉江等：《楊簡》，頁36。

這次的開悟對慈湖來說是有著極爲重要的意義，因爲這大致確立了慈湖學的軌跡與發展面向，並且主要朝三個方向發展：一是把道納入「心」中。慈湖自幼即知天下唯有道而已矣（不過此時之道似乎高明而難知），然此道尚游離在心之外，並未與心結合。直至象山之指點之下，心道合一，道成爲心的內涵。二是「道」的人間化，道下凡人世。這是由道就在心中的親近性從而體悟出道乃如此平易近人而不高遠。三是「一」思想的成形。在象山之斥責與反支離下，慈湖體貼出一論的完整性與不可割裂外推性。此外，在家學方面，其父楊庭顯就是象山之老友，甚爲推崇象山之學。而庭顯本身之踐履躬行更是傳統儒學成就下的最佳人格典範；又時訓慈湖以反觀自省，這些對幼年之慈湖而言，都是有著極爲深遠而默化之影響的。

3、經典中的心學成份——

經學之範疇，自慈湖而言，已歷數千餘年而日益廣大。故其思想內涵包含了各個層面，有政治、社會、風俗等外在制度或原理原則的探討，更有宇宙天道、性理、心靈層次的關照。而學者不同，各依其性之所近，或汲汲於事功之考察，或傾心於玄遠之思辨，或關切於經學之流衍，或究竟於心性之探索。而慈湖當然也可以就其性情偏向來吸收其中的心學成份，或看起來符合其心學意識的論述，以作爲其立說之根據，而成就其學說之義旨。

附錄：著作、版本、存佚

慈湖之師陸象山倡「簡易」學風，述而不作；慈湖雖宗象山心學，卻有豐富的著述。《宋史・楊簡本傳》和《藝文志》共錄慈湖著述十二種，《慈谿縣志》錄有二十四種，今人張壽鏞《慈湖著述考》稱有三十種，其存者多收錄在《四明叢書》中，〔註96〕今即據張壽鏞所考訂者爲主，並參酌今尚易見之版本略述如下：

一、存　者
　　（一）《楊氏易傳》
　　　　　1、四庫全書本二十卷
　　　　　2、四明叢書本二十卷
　　（二）《五誥解》

　　　　1、四庫全書本四卷

　　　　2、墨海金壺本

　　（三）《慈湖詩傳》

　　　　1、四庫全書本二十卷

　　　　2、四明叢書本二十卷附錄一卷

　　（四）《石魚偶記》

　　　　1、四明叢書本一卷

　　（五）《先聖大訓》

　　　　1、四庫全書本六卷──子部儒家類

　　　　2、四明叢書本六卷（有《孔子閒居解》）

　　　　3、復性書院叢刊六卷──儒林典要第二輯

　　　　4、山東友誼書社本五卷（明・鄭光弼　俞汝楫訂）

案：此五卷較先前的少了第六卷。

　　（六）《慈湖遺書》

　　　　1、四庫全書本──慈湖遺書十八卷續集二卷

　　　　2、四明叢書本──

　　　　　　慈湖先生遺書十八卷續集二卷（明・周廣輯）

　　　　　　慈湖先生遺書補編一卷（清・馮可鏞輯）

　　　　　　慈湖遺書新增附錄一卷（民國・張壽鏞編）

　　　　　　慈湖先生年譜二卷（清・馮可鏞　葉意深輯）

　　　　　　慈湖著述考（民國・張壽鏞編）

　　　　3、山東友誼書社本──

　　　　　　慈湖先生遺書十八卷

案：以四明叢書收錄最齊全。其中已包含《己易》一卷，《孔子閒居解》
　　一卷，《論語解》二卷，《石魚家記》十卷，《紀先訓》，訓語，誨語
　　等。

　　（七）《慈湖小集》

　　　　1、四庫全書本一卷

二、佚　者

　　（一）《春秋解》十卷

　　（二）《古文孝經解》一卷

（三）《冠記》,《昏記》,《喪禮家記》

（四）《家祭記》,《釋菜禮記》

（五）《鄉記》

（六）《曾子注》二卷

（七）《誨語》

（八）《律解辨疑》一卷

（九）《詠春詩稿》（僅存一部份於《遺書》中）

（十）慈谿甲稿二卷，乙稿

第二章　慈湖之經學觀點

　　心學家很少大規模註解經傳。因爲「六經皆我註腳」，〔註1〕他們多半認爲經典只是「明、證吾心之理」；故爲學之要不在於埋首典籍，皓首窮經，而是明心之理。當吾心之理既明，則典籍不過是個輔證而已。在這種情形下，典籍成了附屬，變成次要，而無舉足輕重之地位。

　　這種現象普遍存在於心學家當中，以二程論之，其性格就顯然不同，伊川重格物致知，故入手處偏向一物一物格其理，其論經典亦復如此，故能終生成其《易傳》一書；然明道則渾然一體，不尚分裂，其論經義舉大要而不尚細末，重精神而不論煩瑣，務求統合，所以只有零散的觀點而無全面之註解。及至象山、陽明更進一步，甚至認爲爲學不過在印證吾心之理而已，象山說：

> 開卷讀書時，……平心定氣。詁訓章句，苟能從容勿迫而諷詠之，
> 其理當自有彰彰者。縱有滯礙，此心未充未明，猶有所滯而然耳！
> 姑舍之以俟他日可也。不必苦思之，苦思則方寸自亂，自蹶其本。
> 失己滯物，終不明白。……使德日以進，業日以修，而此心日充日
> 明，則今日滯礙者，他日必有冰釋理順時矣，如此則讀書之次，亦
> 何適而非思也。……若固滯於言語之間，欲以失己滯物之智，強探
> 而力索之，非吾之所敢知也。〔註2〕

陽明也說：

> 六經者非他，吾心之常道也。故《易》也者，志吾心之陰陽消息者
> 也：《書》也者，志吾心之紀綱政事者也：《詩》也者，志吾心之歌

〔註1〕見〈語錄上〉，《象山全集》卷三十四，頁1。
〔註2〕見〈與劉深甫〉，《象山全集》卷三，頁2。

詠性情者也；《禮》也者，志吾心之條理節文者也；《樂》也者，志
吾心之欣喜和平者也；《春秋》也者，志吾心之誠僞邪正者也。……
故六經者，吾心之記籍也，而六經之實則具於吾心。……不知求六
經之實於吾心，而徒考索於影響之間，牽制於文義之末，硜硜然以
爲是六經矣。〔註3〕

象山認爲讀書是爲了讓書上之理更明白如實地印證吾心。若書中之理不明，
便是吾心之理不明。故爲學若有不解處，便是此心「未充未明」，解決之道並
非求證於典籍中，而是返回於心，使此心「光潤日著」；當德進心明，再觀經
書時，自能怡然理順，渙然冰釋，而昭昭清朗。若一味地由書中強探力索，
只是愈求愈遠，終於失己滯物。

　　所以象山便提出了所謂「六經註我」，〔註4〕「學苟知本，六經皆我註腳。」
的主張。若知本知心，則六經就似乎是可有可無了。至於陽明則更認爲六經就
是源於吾心，志吾心之種種，而求六經即應求之於心。在這種立論下，極少有
人能像慈湖那樣，既是心學家，卻又同時具備著理學家篤實註書之性格的。

　　慈湖於諸經皆有所論及，而尚存全書之專註者只存《楊氏易傳》，《慈湖
詩傳》二書。今論其經學觀點，則首要界定經書之範疇，而後始行分解。如
以經學史觀論之，歷代有五經、七經、九經、十三經……等不同之認定，然
今即以十三經爲範疇而探究之。

　　關於慈湖經學觀點之探析，則首論疑改，次言維護與轉化，終敘偏愛與
新見。其間期能由「背離」、「趨近」與「創發」之內思過程（至於其解經之
方法與旨趣，我們留待下一章討論）而突顯出慈湖經學論述之獨特風貌。

第一節　慈湖對經疏之「疑改」——變古批判　疑經改經

　　宋學的疑經改經造成經學界風雲變色。這是由於宋人論學喜棄舊說而另
創新見，此尤見於對傳統經學的詮釋理解與認定上。這種大膽求新，放言而
論，且攻伐異端的態度雖不一定皆能合乎邏輯或常理；然其挑戰權威，打破
成說，而另立新義的精神卻無疑的是一種進步，一種開創，與一種突破，而

〔註3〕　見〈稽山書院尊經閣記〉，《王陽明全集》卷七，頁254～255。
〔註4〕　見〈語錄上〉，《象山全集》卷三十四，頁4。

讓千餘年來的經學論述揭開另類的面紗。

宋人善於挑戰經典的權威，疑經以外，往往繼之以改經。他們對傳統經學從事改造，於此發揮得最淋漓盡致。在這種風氣下，常令諸經改頭換面，自然形成各家版本的出現，如雨後春筍般，萬象崢嶸。〔註5〕其中最著名的《大學》古本之爭也就是這種思潮下的典型產物。

對慈湖而言，這當然也不例外。其對前人的評論、批叛與疑改也反映了他的治學態度與立場。

一、抨《易傳》

慈湖認爲《易大傳》非聖人作，乃不知道者推測聖人之意而妄論者。所以其中無「子曰」者即非聖人之言，慈湖說：

> 《易大傳》曰：「古者包犧氏之王天下，仰則觀象於天，俯則觀法於地，觀鳥獸之文，與地之宜。近取諸身，遠取諸物，於是始作八卦。」某嘗謂《大傳》非聖人作，於是乎益驗。此一章乃不知道者推測聖人意，其如此甚矣！夫道之不明也久矣！未有一人知《大傳》之非者，惟「子曰」下乃聖人之言，餘則非。何以明此章之非？舜曰：「道心」，明此心之即道，動乎意則失天性而爲「人心」。孔子曰：「心之精神是謂聖」，禹曰：「安汝止」，正明人心本寂然不動。動靜云爲，乃此心之神用。如明鑑照物，大小遠近，參錯畢見，而非爲也，非動也。天象地法鳥獸之文，地之宜，與凡在身及在物，皆在乎此心光明之中，非如此一章辭氣之勞也。〔註6〕

〈繫辭下傳〉言包犧氏仰觀俯察，始作八卦之文，慈湖認爲其言法象天地，近取諸身，遠取諸物者，過於煩勞外索，實不明在身在物者，無非皆在吾此心之中，非如此章辭氣之勞。因爲所謂的「道心」，「安汝止」，與「心之精神是謂聖」者皆明此心即道，此心寂然不動，而有神用妙用，故不勞外索而自明。

再者，慈湖對〈說卦〉立天、立地之道亦頗有微詞：

> 許愼……曰：「惟初太始，道立於一。」嗚呼！謬哉！道無始終，何必言太始。道非可以物言，何以爲立。〈說卦〉「立天之道，立地之道。」非聖人之言也。先儒不知道，故意其爲孔子之言，是誣汙聖

〔註5〕 可參見葉國良《宋人疑經改經考》。可知宋人疑改風氣之盛行。
〔註6〕 見《楊氏易傳》卷二十，頁379。

人。〔註7〕

慈湖認爲〈說卦〉言立天與立地之道，實是誣蔑聖人太過。因道無始終，不必言太始；道亦非物，何可言立，此乃先儒不曉道而意爲孔子之語。其次，是對〈繫辭上傳〉「裂道與器」的批評，他說：

> 汲古問：「形而上者謂之道，形而下者謂之器。道隨寓而有，如何分上下？」先生曰：「此非孔子之言，蓋道即器，若器非道，則道有不通處。」〔註8〕

> 作〈繫辭〉者已失孔子大旨，……曰形而上者謂之道，形而下者謂之器，裂道與器，謂器在道之外邪？自作〈繫辭〉者，其蔽猶若是，尚何望後世之學者乎！〔註9〕

慈湖否定《易傳》的道器關係說，反對割裂道與器，分別形而上與形而下。他認爲道即器，器即道，形上、形下皆爲道，而萬事萬物即統一於道，因此並無所謂的道外之器。〔註10〕所以他說形上形下之分實「非聖人之言」。〔註11〕

最後，慈湖也認爲〈文言〉之語不當而改之，慈湖說：

> 謂元爲善則無害，謂爲善之長則害道。道一而已矣。元亨利貞雖四而實一。……今謂元爲善之本則可，枝葉皆生乎根本。今謂之長，則截然與次少異體，即害道矣！〔註12〕

慈湖爲學不尚分裂而務統合，所以他認爲〈文言〉所謂「元者，善之長也」，其長字截然異分而害道。因爲一樹雖有枝葉，然皆生乎根本，是看似不同而實一，就如同元亨利貞那樣，雖四而實爲一也。今若言長，則與次少分隔，所以慈湖認爲「善之長」者不如言「善之本」者恰當，故宜改之。

二、攻《詩序》與批鄭孔

對毛、鄭與《詩序》的不滿與攻擊，是宋代論《詩》者的一大突破與開展，這比起漢唐學者對之亦步亦趨，奉爲圭臬的態度誠不可同日而語。〔註13〕而宋

〔註7〕 見《石魚偶記》，頁81。
〔註8〕 見〈家記一：汎論易〉，頁264。
〔註9〕 見〈家記三：論禮樂〉，頁315。
〔註10〕 參見張立文：《中國哲學範疇精粹叢書——道》，頁245。
〔註11〕 見〈家記九：汎論學〉，頁386。
〔註12〕 見〈乾卦〉，頁201。
〔註13〕 可參見(1)、《四庫全書總目・詩類・毛詩本義提要》，頁1-326，「自唐以來，

代學者先後對《詩序》作出評論攻擊的有歐陽修〔註14〕、蘇轍〔註15〕、鄭樵〔註16〕、王質〔註17〕、朱子〔註18〕等人，疑《序》蔚然成風，循致盡掃《詩序》，自立《詩》旨，《詩序》的地位至此強烈動搖。〔註19〕諸家中尤以朱子最為激烈，他認為《詩序》不過是山東老學究迂腐之作，誠不足信，他說：

> 《詩序》多是後人妄意推想詩人之美刺，非古人之所作也。古人之
> 詩雖存，而意不可得。序《詩》者妄誕其說，……初無其實。……
> 看來《詩序》當時只是個山東學究等人做，不是個老師宿儒之言，
> 故所言都無一事是當。〔註20〕

不過朱子主要是承繼鄭樵的《詩傳辨妄》而來的。然雖說如此，朱子本人亦非句句皆攻《詩序》，很多時候也還是擺脫不了《詩序》的影響，難出其左右。〔註21〕只是在某些詩的認定上，出於衛道的立場，朱子明顯的認為有淫詩存在，並持攻擊貶抑的心態。

　　其次，我們試看慈湖對《詩序》的觀點。基本上，慈湖認為《詩》可以無《序》。慈湖據《後漢書》的記載，認為《詩序》乃衛宏所作，其失甚著。因衛宏源自子夏、毛萇之說。而子夏已失孔氏之旨，遑論衛《序》，慈湖說：

> 毛氏之學自言子夏所傳，而史氏又謂衛宏作《序》。自子夏不得其門
> 而入，而況毛萇、衛宏之徒歟！子夏之失未必至如此甚，蓋毛衛從

　　說詩者莫敢議毛鄭，雖老師宿儒，亦謹守小序，至宋而新義日增，舊說俱廢。」
　　（2）、皮錫瑞：《經學歷史》，頁264。
〔註14〕《四庫全書總目·詩類·毛詩本義提要》，頁1-326，「推原所始，實發於修。……本出於和氣心平，以意逆志，故其立論，未嘗輕議二家，而亦不曲徇二家。」
〔註15〕《四庫全書總目·詩類·詩集傳提要》，頁1-327，「以詩之小序反復繁重，類非一人之詞。疑為毛公之學，衛宏之所集錄。……轍於毛氏之學亦不激不隨，務持其平者。」案：歐陽修及蘇轍二人，其態度尚屬平和。
〔註16〕作《詩傳辨妄》，已佚。
〔註17〕《四庫全書總目·詩類·詩總聞提要》，頁1-329，「南宋之初，廢詩序者三家，鄭樵、朱子及質也。……質說不字字詆小序，故攻之者亦稀。然其毅然自用，別出新裁，堅銳之氣，乃視二家為加倍。」
〔註18〕《四庫全書總目·詩類·詩總聞提要》，頁1-329，「南宋之初，廢詩序者三家，鄭樵、朱子及質也。鄭朱之說最著，亦最與當代相辨難。」
〔註19〕汪惠敏：《宋代經學之研究》，頁186。
〔註20〕見《朱子語類》卷八十，頁2207。
〔註21〕參見李家樹：《詩經的歷史公案》，56～71。案：其中的數字統計可反應出朱子的立場。

而益之。〔註22〕

> 《東漢書》謂衛宏作《毛詩序》，夫不聞子夏爲書，而毛公始有《傳》。
> 衛宏又成其義而謂之《序》。蓋子夏親近聖人無敢支離，毛公衛宏益
> 差益遠，使聖人大旨沈沒於雲氣塵埃之中。〔註23〕

慈湖認爲子夏親近聖人，尚不敢支離，而毛公亦不遠，及至衛宏則益差益遠，
遂使聖人大旨埋沒而不明。他說：

> 孔子不作《詩序》，旨在於《詩》無《序》可也。〔註24〕

> 《詩》之有《序》，如日月之有雲、如鑑之有塵，學者愈面牆矣！

慈湖認爲《詩》可以不必有《序》的，因爲《序》如雲氣能障日月之明，就
如同水鑑之有塵埃一般，能障蔽水之清明，而令學者面牆而立。

慈湖批駁《詩序》之處不勝枚舉，今試就其大者歸納如下。首先是「支
離穿鑿，詩外贅辭。」慈湖認爲《詩序》之論，頗多支離穿鑿、外求旁說。
其引伸他義，枝蔓轉涉，多不合詩旨，實非詩之本情，詩人之本義，如慈湖
釋〈周南‧葛覃〉云：

> 《毛詩序》曰「〈葛覃〉，后妃之本也。后妃在父母家，則志在於
> 女功之事。躬儉節用，服澣濯之衣，尊敬師傅，則可以歸安父母，
> 化天下以婦道也。」夫人善心即道心，婦人志於女功，躬節儉，
> 服澣濯，念父母而歸寧。方是心油然而興，互見錯出，無非神用，
> 何本何末？而爲《詩序》者判本末而裂之。……是詩初無是情，
> 不省詩情，贅立己意，使天下後世平夷純正質直之心，鑿而穿之，
> 支而離之。〔註25〕

其次，在〈小雅‧漸漸之石〉云：

> 《毛詩序》曰：「下國刺幽王也。……」是詩本無刺王之情而《序》
> 誣之。不明本詩之正情，不明正情之即道，故支離旁說，徒亂後學，
> 況《序》文多意度，妄謬不可盡信。〔註26〕

另外，在〈魏風‧葛屨〉云：

〔註22〕見〈家記二：論詩〉，頁287。
〔註23〕見〈周南‧關雎〉，頁55~56。（案：凡三百篇若無特別說明，皆出自《慈湖
　　　　詩傳》。）
〔註24〕見〈周南‧關雎〉，頁54。
〔註25〕見〈周南‧葛覃〉，頁57~58。
〔註26〕見〈小雅‧漸漸之石〉，頁258。

《毛詩序》曰：「〈葛屨〉，刺褊也。魏地陝隘，其民機巧趨利，其君
儉嗇褊急，而無德以將之。」夫本詩刺魏俗也，刺魏俗之褊心也。
而《序》必推及其君，以〈園有桃〉觀之，其君誠褊嗇陋甚，而葛
屨之詩，辭情不及其君，衛宏不知道，率爲贅辭。〔註27〕

《詩序》認爲〈葛覃〉之詩言「后妃之本」，慈湖則認爲此心即道心，油然而
興，何本何末，《詩序》言「本」是判本末而裂之，所以是贅立己意，而支離
穿鑿。另外，〈漸漸之石〉、〈葛屨〉皆無刺王，推及其君之情，而《詩序》竟
推求外說，徒爲贅辭，所以是臆度妄謬，不可盡信。

此外，在〈魏風‧陟岵〉慈湖也說：

《毛詩序》曰：「〈陟岵〉，孝子行役，思念父母也。國迫而數侵削，
役乎大國，父母兄弟離散而作是詩也。」所謂國迫而數侵削，役乎
大國，皆詩外之贅辭也。不知父母兄弟之至情，乃天下之大道，故
爲是贅也。〔註28〕

慈湖認爲〈陟岵〉不過是描述家人離散之情，而《序》言國迫侵削皆是詩外
求意，不足爲訓。最後，我們再來看看兩條資料：一者是在〈王風‧中谷有
蓷〉云：

《毛詩序》曰：「〈中谷有蓷〉，閔周也。……」……詩中初無閔周之
情，衛宏贅辭也。〔註29〕

另外在〈召南‧羔羊〉云：

《序》曰：「〈羔羊〉，鵲巢之功致也。召南之國，化文王之政，在位
皆節儉正直，德如羔羊。」比德羔羊，容或有之；而詩旨不甚明著，
惟見舒遲雍容。雖無義之可尋，而庸常即道。〔註30〕

慈湖認爲《詩》本無《序》所說之情，而《序》無病呻吟。總之，慈湖認爲
《詩序》穿鑿之失，不僅是無中生有，更是妄生臆度，而胡亂推測。

第二是「與《毛詩》異義」。慈湖心思縝密，能於細微處分辨出《毛傳》
與《詩序》之間的落差不同，而證成衛宏的謬誤。例如在〈陳風‧宛丘〉，慈
湖說：

〔註27〕見〈魏風‧葛屨〉，頁131。
〔註28〕見〈魏風‧陟岵〉，頁133。
〔註29〕見〈王風‧中谷有蓷〉，頁110。
〔註30〕見〈召南‧羔羊〉，頁71。

《毛詩序》曰：「〈宛丘〉，刺幽公也。淫荒昏亂，遊蕩無度焉。《史記》無所考，鄭《箋》亦云子者，幽公也。《毛傳》曰：「子，大夫也。」于此益驗衛宏作《序》與《毛》異義。〔註31〕

慈湖認爲《毛傳》釋「子」爲「大夫」並非「幽王」，而《序》則言刺幽王，故衛宏與《毛傳》異義。再者，慈湖釋〈魯頌・駉〉說：

《毛傳》不言僖公，而衛宏作《序》曰：「〈駉〉，頌僖公也。」〔註32〕

慈湖認爲〈駉〉不言僖公而《序》自稱之，故亦與《毛傳》有異。此外，慈湖更以爲衛宏於《毛傳》之外，又成「己意」以釋之，慈湖釋〈衛風・考槃〉云：

《毛詩序》曰：「〈考槃〉，刺莊公也。……」《毛傳》亦不言刺莊公，……宏雖多祖毛説，而又以己意成之歟！〔註33〕

慈湖認爲這是衛宏「以己意成之」，而曲釋經義之處，故當予以正之。另外，在〈周南・螽斯〉慈湖也說：

是詩以螽斯羽喻子孫眾多爾。《毛傳》亦未嘗言后妃不妒忌。惟《序》乃言「不妒忌」，《序》所以必推原及於不妒忌者，意謂止言子孫眾多，則義味不深，故推及之。吁！此正學者面牆之見。不悟道不離于平常，故曰「百姓日用而不知」。孔子以一言蔽《詩》曰「思無邪」而已。初無高奇幽深，今子孫眾多，如螽斯羽，何邪之有？……何必外求其義。不妒忌雖爲善，而於螽斯之詩言之，則爲贅，則爲不知道。於以驗衛宏之學又不逮毛公遠甚，衛宏作《序》往往亦本毛義，而又多置己意焉，故益差。〔註34〕

慈湖認爲《毛詩》不曾言「后妃不妒忌」，而《詩序》言之，此是益驗衛宏作《序》雖本毛義，然又置己意焉，故有差錯。

第三是「不知道（心）」，「不知平正無邪之即道」。孔子於《詩》三百，一言以蔽之，曰「思無邪」而已。慈湖承之，故論《詩》一以「無邪」爲主。慈湖釋〈王風・采葛〉云：

毛、衛不知平正無邪之即道，遂曲推其義，以爲懼讒。〔註35〕

〔註31〕見〈陳風・宛丘〉，頁152。
〔註32〕見〈魯頌・駉〉，頁311。
〔註33〕見〈衛風・考槃〉，頁100。
〔註34〕見〈周南・螽斯〉，頁61。
〔註35〕見〈王風・采葛〉，頁111。

慈湖認爲無邪即道，故凡推求外說者皆非明道之人，皆是不明道之平易近人而不遠求。另外，在〈王風·中谷有蓷〉、〈唐風·葛生〉及〈王風·君子于役〉中，慈湖也說：

> 詩中初無閔周之情，衛宏贅辭也。惡不淑正也，憂苦非邪也。宏不達無邪平正之道，故多贅說。〔註36〕

> 《詩序》曰：「〈葛生〉，刺晉獻公也，好攻戰則國人多喪矣。」夫本詩婦思其夫也。衛宏不知夫婦之道正大，故外推其說，以及於君焉，既失詩人之情，又失先聖之旨。〔註37〕

> 是詩婦人思念其君子而已，……衛宏不知道，不知婦念其君子之心非邪僻之心，即道心，故外推其說，殊爲害道。〔註38〕

總之，慈湖認爲衛宏不達無邪平正之道，亦不達夫婦之正道與道心，故多贅說贅辭而語不及要。

第四是「音詩不辨」。慈湖認爲《詩序》論詩頗有音詩不分，不得其要的弊端，他說：

> 孔子曰：「〈關雎〉，樂而不淫、哀而不傷。」此言〈關雎〉之音也，非言〈關雎〉之詩也。爲《序》者不得其說，而謂〈關雎〉樂得淑女以配君子，憂在進賢，不淫其色，哀窈窕、思賢才，而無傷善之心。今取〈關雎〉之詩讀之，殊無哀窈窕、無傷善之心之意。
> 〔註39〕

慈湖認爲《詩序》作者論〈關雎〉，不明孔子所謂「樂而不淫，哀而不傷」，實是評其「音」而非言其「詩」。再者，《序》言〈關雎〉「哀窈窕、無傷善之心」更是差誤。因爲慈湖由〈關雎〉觀之，殊無哀窈窕，無傷善之心，其非詩中之情，皆是由於衛宏音詩不分而導致的差謬。

第五是「美者非美」。因爲慈湖對《詩序》之美者，時有不滿之論。其釋〈大雅·皇矣〉即曰：

> 《毛詩序》曰：「〈皇矣〉，美周也。天監代殷，莫若周世；周世修德，莫若文王。」此《序》未爲全非，大抵贅語，無所發明。是詩言天

〔註36〕見〈王風·中谷有蓷〉，頁110。
〔註37〕見〈唐風·葛生〉，頁143。
〔註38〕見〈王風·君子于役〉，頁108。
〔註39〕見〈家記二：論詩〉，頁286。

> 人無二，不識不知，閑閑安安，非聖人豈能作。爲《序》者固不識
> 也，又本詩惟言過密伐崇，而伐殷之意尚隱。〔註40〕

慈湖認爲《詩序》所美者不僅不得其要，而且無所發明，儼然形成贅語。〈皇矣〉之詩言天人無二，不識不知，而《序》者不識其意也，未適詩旨，而妄加附會。另外，在〈召南・甘棠〉中慈湖也說：

> 爲《序》者未明乎道，乃外求其義曰：召伯之教，明於南國，美召
> 伯也。召伯誠可美，而是詩念賢感德不已，乃國人之道心。不明本
> 詩之道心，而徒求外說。〔註41〕

慈湖認爲〈甘棠〉乃國人感念賢德，思念召伯之心，是美國人之道心，而非美召伯，故《詩序》不明其旨，不識本詩之道心而徒求外說。

第六是「刺者非刺」。《詩序》論刺，以慈湖觀之，有些的確是諷刺之語，然有更多實是衛宏無中生有，妄加推論之辭。其中以刺君最爲慈湖所詬病，因慈湖認爲國君即使有過，亦不能言刺，即「君不言刺」。故凡《詩序》中言及刺君者，慈湖幾乎全批駁之。其釋〈衛風・考槃〉云：

> 《毛詩序》曰：「〈考槃〉，刺莊公也。不能繼先公之業，使賢者退而
> 窮處。」……君雖有過，豈可以刺言。〔註42〕

另外，在〈邶風・雄雉〉云：

> 《毛詩序》曰：「〈雄雉〉，刺衛宣公也。淫亂不恤國事，軍役數起，大
> 夫久役，男女怨曠，國人患之，而作是詩。」君不可以言刺。〔註43〕

再者，於〈王風・君子于役〉云：

> 《毛詩序》曰：「〈君子于役〉，刺平王也。君子行役無期度，大夫思
> 其危難以風焉。」君不可以言刺，而況于王乎！〔註44〕

以上論述中，我們得知慈湖實是尊君思想的維護者，可反映其思想中較爲守舊的一面。

另外，除了刺君不當之外，慈湖更舉例說明《詩序》言刺有不合詩旨之處。其釋〈小雅・白駒〉云：

> 《毛詩序》曰：「〈白駒〉，大夫刺宣王也。」言刺大悖，是詩雖中有

〔註40〕見〈大雅・皇矣〉，頁276。
〔註41〕見〈召南・甘棠〉，頁69。
〔註42〕見〈衛風・考槃〉，頁100。
〔註43〕見〈邶風・雄雉〉，頁79。
〔註44〕見〈王風・君子于役〉，頁108。

諷朝廷之義，而不明指王。此詩大旨惜賢者之去而已。〔註45〕

他認為〈白駒〉大抵惜賢者之去而已，並無明指刺王，故言刺實大悖。其次，在〈小雅・漸漸之石〉云：

《毛詩序》曰：「下國刺幽王也。……」是詩本無刺王之情而《序》誣之。〔註46〕

此外，在〈豳風・伐柯〉云：

《毛詩序》曰：「〈伐柯〉，周大夫刺朝廷之不知也。」……詩人致意含隱不露如此，而《序》曰刺焉，可謂誣屈，可謂悖屬。〔註47〕

又在〈小雅・蓼莪〉也說：

《毛詩序》曰：「〈蓼莪〉，刺幽王也，民人勞苦，孝子不得終養爾。」本詩怨辭甚微，而《序》云刺王，誣矣悖矣！〔註48〕

再者，於〈陳風・東門之池〉曰：

《毛詩序》曰：「〈東門之池〉，刺時也。疾其君之淫昏而思賢女以配君子也。」疾之為言甚矣、犯矣！非詩人之情也。是詩含隱不露，詎敢曰疾之耶？〔註49〕

慈湖認為〈漸漸之石〉無刺王之情，而〈伐柯〉、〈蓼莪〉、〈東門之池〉隱含不露，故言刺盡皆失當。另外，在〈齊風・東方之日〉云：

《毛詩序》曰：「〈東方之日〉，刺衰世，君臣失道，男女淫奔，不能以禮化也。」夫不刺淫奔而國衰，是長淫奔者之惡也。本詩惟刺淫奔，而《序》旁推其說，衛宏不知道，其作《序》率類此。〔註50〕

慈湖認為〈東方之日〉乃刺淫奔，非如《詩序》所言之刺國衰，因此乃長淫奔者之惡。

第七是「年代不符」。慈湖認為《詩序》不妥處，尚有在年代上的疑慮，因其與史事有諸多不合處。如釋〈小雅・雨無正〉云：

韓、毛之《序》咸謂幽王詩。未安，蓋拘於刺也。是詩曰「周宗既

〔註45〕見〈大雅・白駒〉，頁198。
〔註46〕見〈小雅・漸漸之石〉，頁258。
〔註47〕見〈豳風・伐柯〉，頁171。
〔註48〕見〈小雅・蓼莪〉，頁225。
〔註49〕見〈陳風・東門之池〉，頁153。
〔註50〕見〈齊風・東方之日〉，頁125。

滅」，又曰「謂爾遷于王都」，則平王時事也。〔註51〕

慈湖認爲詩中既言「周宗既滅」，與「謂爾遷于王都」之語，則應爲平王而非幽王時事。又釋〈小雅・楚茨〉云：

> 《毛詩序》曰：「〈楚茨〉，刺幽王也。政煩賦重，田萊多荒，饑饉降喪，民卒流亡，祭祀不饗。故君子思古焉。」然是詩辭氣頗不迫切，疑非幽王時人心，或平王時詩歟。〔註52〕

慈湖以爲本詩辭氣並不迫切，應爲平王而非幽王之詩。此外，在〈齊風・敝笱〉慈湖也說：

> 《毛詩序》曰：「〈敝笱〉，刺文姜也。齊人惡魯桓公微弱，不能防閑文姜，使致淫亂爲二國患焉。」此非魯桓時詩也。何以明之？魯桓公娶齊僖公女文姜。魯桓十四年，齊僖卒。十五年魯桓雖嘗與齊襄會盟，而文姜不行。至十八年，魯桓始與文姜如齊，申繻諫焉，齊襄于是通文姜。魯桓謫文姜，姜以告。夏四月，齊人殺魯桓。夫齊人未殺魯桓之前，齊襄與文姜爲淫之跡，未至于若是詩所述肆行而無忌也。是詩其魯莊二年，姜氏會齊襄于禚，四年姜氏享齊襄于祝丘已後之詩歟！是詩齊人譏襄公，并譏魯莊微弱，及文姜也。〔註53〕

慈湖由史跡來反駁《詩序》之非。因本詩所述齊襄通文姜之行，似放肆而無忌憚，此於魯桓之時，尚未至於如此之甚。其中文姜會齊襄于禚、祝丘等亦皆事出魯莊王之時，故此詩所述之事應爲魯桓卒後之事。由此益可明此詩非譏魯桓，乃譏魯莊王之微弱，并譏齊襄文姜之淫行醜事也。

另外，在〈小雅・甫田〉云：

> 諸儒咸以「今適南畝」爲成王之時，殊未安。《毛傳》初不以爲成王，亦無思古之說。自衛宏作《序》曰：「〈甫田〉，刺幽王也。君子傷今而思古焉。」康成惑於《序》說，故以今爲成王。孔疏同之，其實牽合文理，不然，殆平王之時歟！平王末年始作《春秋》，東遷之初，禍難之餘，宜其尚遵《周禮》，當有此詩。宏《序》差謬多矣，康成不知《序》乃宏作，謂《序》作於毛公之先，故尊信之。又康成不

〔註51〕 見〈小雅・雨無正〉，頁210。
〔註52〕 見〈小雅・楚茨〉，頁237。
〔註53〕 見〈齊風・敝笱〉，頁128。

善屬文，故於此牽合，「今適南畝」，平王之時歟！〔註54〕

慈湖認爲「今適南畝」之今實指平王之時，而《序》言成王並不可信，至康成又惑於《序》說而不善屬文，故多牽合乖離而差謬。

由以上所論，我們可知慈湖對《詩序》的觀點。然慈湖雖如此攻《序》，而實不全然廢之，他說：

今《序》文亦不必盡廢。削其太贅者，與其害於道者，置諸其末，

毋冠諸首或可也。〔註55〕

慈湖雖對《詩序》頗有微詞，不過在某些解釋的觀點上仍然脫離不了《詩序》的影響，依然採用其說，例如刺淫詩即是。所以慈湖說《詩序》「亦不必盡廢」，只要「削其太贅者」，或「害於道者」，而「置諸其末」即可。

至於鄭注與孔疏，慈湖亦有指其訛誤差失者，如〈商頌・那〉云：

鞉則楬鼓之小者，……此那與專指鞉鼓，非謂大鼓也。而《箋》謂鞉與鼓爲二，未安。下文奏鼓簡簡，則大鼓矣。康成不善屬文而好拘，故分鞉鼓爲二。〔註56〕

慈湖認爲鞉鼓即小鼓，非鞉與鼓，而鄭分爲二是未能妥切而不善屬文。其次，在〈小雅・賓之初筵〉云：

《箋》云：「鐘鼓於是言既設者，將射改縣也。」鄭以天子宮縣，四面皆縣，將避射當改縣；然《禮》無正文可考，惟鄉射禮未旅將射，樂正命弟子贊工遷樂於下。孔疏云琴瑟猶遷之，明鐘鼓之縣改之矣。然大射，諸侯之禮不言，改縣何以知天子之禮，必改縣，鄭爲意說，孔因之；況大射禮亦不遷瑟，天下事理，不可固執，況他無改縣正文。鄭《禮》學雖詳，亦間有差誤，改縣之說未可信也。……《毛傳》曰：「大侯，君侯也。抗，舉也。有燕射之禮。」《箋》云：「將祭而射，謂之大射，下章言烝衎烈祖，其非祭歟？」鄭更《毛傳》燕射之說，改爲大射，非也。康成不善屬文，屢屢而見。是詩言因烝衎烈祖，以洽百禮，百禮既至，於是乎燕射。詩言醉舞，其爲燕射甚明，豈有將祭，擇士大射，而有舞傞傞僛僛者乎？……大射禮張三侯，〈夏官・射人〉云：「若王大射，則以貍步張三侯。」是詩

〔註54〕見〈小雅・甫田〉，頁239。
〔註55〕見〈家記二：論詩〉，頁287。
〔註56〕見〈商頌・那〉，頁321。

惟言大侯，益以驗其言燕射。孔疏云：「燕射之禮，自天子至士皆一
侯，上下共射之。」《箋》云：「射夫，眾射者也。」〔註57〕

慈湖認爲鄭將射改縣之說未可信，此其爲意說而孔因之；此外，鄭更《毛傳》
燕射之說，以爲大射禮，亦有未愼之處。因本詩所言百禮之至與醉舞，其明燕
射甚著，而非大射；況大射禮乃張三侯，與本詩僅言大侯而上下共射之實不類，
是即燕射張一侯之制，故此爲鄭說之失。〔註58〕最後，在〈大雅‧綿〉亦云：

《書》天子有應門，《春秋》魯有雉門，《禮記》魯有庫門，《家語》
衛有庫門，皆無云諸侯有皋應者，則皋應爲天子之門明矣。意者大
王之時未有制度，作二門，其名如此；及周有天下，遂尊以爲天子
之門，而諸侯不得立也。《箋》云：「諸侯之宮，外門曰「皋門」，朝
門曰「應門」，內有路門，天子之宮，加以庫雉。」《箋》義殊未安，
孔疏云：「襄十七年傳，宋人稱『皋門之晢』」，遂謂諸侯有皋門，而
《左傳》乃曰「澤門之晢」，非皋門也。《杜注》亦曰「澤門」，非訛
誤也。然則疏謂「皋門之晢」者，其心記之訛歟？〔註59〕

慈湖認爲鄭以皋門爲諸侯之門殊未安，因皋應之制爲天子之門，諸侯實不得
立，此鄭與《毛傳》異義。此外，《孔疏》言「皋門之晢」亦與《左傳》、《杜
注》不類，或其心記之訛而未察。〔註60〕

　　總之，對《詩序》與鄭孔之舊說，慈湖並不全然遵從，而是參證諸文，
詳考於史，欲達詩之本情本義，務求其文理通達爲要。

三、議《小戴》

　　宋代批評《禮記》者不乏其人，例如二程即是，二程子說：

《禮記》之文多謬誤者。〈儒行〉、〈經解〉，非聖人之言也。夏后氏
郊鯀之篇，皆未可據也。〔註61〕

二程子認爲〈儒行〉，〈經解〉二篇非聖人之言。而慈湖也認爲《禮記》多非
孔子之語、聖人之言。慈湖釋「〈隱而〉」（爲《小戴》之〈表記〉篇）說：

〔註57〕見〈小雅‧賓之初筵〉，頁248。
〔註58〕此可參見〈小雅‧賓之初筵〉，《毛詩注疏》卷十四，《十三經注疏》第二冊，
　　　　頁490～491。
〔註59〕見〈大雅‧綿〉，頁266。
〔註60〕此可參見〈大雅‧綿〉，《毛詩注疏》卷十六，頁549～550。
〔註61〕見《河南程氏粹言》卷一，《二程集》，頁1201。

其害道之甚著，人皆可曉知，斷非孔子之言者。如曰：「仁，天下之表。」夫仁，不可得而言也。仁，覺也。……孔子欲言仁者之所樂，不可得而言，姑取象於山，使人默覺，而可以表言乎？覺非思慮之所及，故門弟子問仁者不一，而孔子答之每不同。以仁即人心，人心自仁，唯動意生過故昏。今隨群弟子動意生過而啓之，使過消則心自明，實無可言者，不可生微意，奚可言表？又曰：「畏罪者強仁」，仁豈可強爲也。又曰：「仁者，右也；道者，左也。」仁言覺，道言通，名殊而實一，豈可分？仁有用，道無爲，裂而爲二。又曰：「以德報怨，寬身之仁也。」夫仁，不可思，不可言，不可知，而可以寬身言哉！「以德報怨」，孔子不取，而謂子言之乎？誣聖人太甚。又曰：「以怨報怨，則民有所懲。」孔子曰：「以直報怨」，聖言奚可改？「以怨報怨」，小人之亂也，而以誣聖人乎？餘不甚明著，姑置不備論。〔註62〕

慈湖認爲《小戴》〈表記〉之失如下：

（1）仁不可言表。

（2）仁不可強爲。

（3）「仁右道左」分裂爲二。

（4）「以德報怨」及「以怨報怨」皆非孔子之意，此誣聖人太甚，因爲孔子主張「以直報怨」。

以上是慈湖對〈表記〉篇之不滿處，遂將〈表記〉之名改爲「〈隱而〉」。另外，慈湖也批評《小戴》「文勝失眞」〔註63〕等。

其次，我們要談的是慈湖改本《小戴》的容貌。我們知道慈湖增刪移動經文的地方比比皆是，屢見不鮮。此尤見於《先聖大訓》一書中，關於此舉，慈湖亦於《自序》中自述其爲學之目的與方法，他說：

聖言則一而記者不同也，又無惑乎？承舛聽謬，遂至於大乖也。夜光之珠，久混沙礫；日月之明，出沒雲氣，不知固無。責有知焉，而不致其力，非義也。是用參證群記，聚爲一書，刊誣闕疑，發幽出隱，庶乎不至滋人心之惑，非敢以是爲確也，敬俟哲人。〔註64〕

〔註62〕見〈隱而〉，《先聖大訓》卷三，頁428。

〔註63〕見〈蜡賓〉，《先聖大訓》卷一，頁342。

〔註64〕見〈自序〉，《先聖大訓》，頁339。

《先聖大訓》是慈湖因懼聖道之不明，故參證群記，聚爲一書；更刊誣闕疑，對於誣衊聖人語者正之，而疑惑者則闕之不錄，務求發皇出隱，明示大道。於此心意及目的下，慈湖頗能挑戰經典之權威，而突破傳統經學之界限，進行大規模的移改經文，增刪文句的舉動，而幾乎完全不管原典的束縛。

　　其中最顯著的就是對於《小戴禮》的移天換日，全面改造。這是由於對《小戴》的懷疑、批判與不滿所致，而其不以爲然處即採納《家語》或《大戴記》之言予以修改。因此是參酌各說，自成體系，而形成慈湖版之《禮記》。

　　關於慈湖改版的《禮記》與原經有何不同，我們將分成幾個部份來討論，第一是「改篇名」的部份。首先是將〈禮運〉爲改「〈蠟賓〉」之名，慈湖云：

> 《小戴記》、《家語》並名此篇曰〈禮運〉。此名學者所加，非聖人本言。蓋謂禮其迹爾，必有妙者運之。不悟道實無二，孔子言禮本大一，分爲天地，轉爲陰陽，變爲四時，列爲鬼神。……皆謂名殊而實一，道無精粗，今名「蠟賓」，庶不分裂害道。〔註65〕

慈湖認爲〈禮運〉之名，意指禮爲粗、爲迹，而另有精妙者運之，此無異裂道爲二。因爲「禮本於大一」，豈能有二者，殊爲不當害道，所以慈湖以爲此乃學者所加，非聖人本言。故依文中「孔子爲魯司寇，與於蠟賓」之語，更名爲「〈蠟賓〉」篇。

　　其次，是改〈表記〉爲「〈隱而〉」之名。慈湖釋「〈隱而〉」：「大事有時日，小事無時日，有筮。外事用剛日，內事用柔日。子曰：『君子敬則用祭器，上不瀆於民，下不褻於上』」曰：

> 已上皆出〈表記〉，皆稱子所言，其可疑者多，……斷非孔子之言者……。孔子欲言仁者之所樂，不可得而言，姑取象於山，使人默覺而可以「表」言乎？……人心自仁，……不可生微意，奚可言「表」？〔註66〕

慈湖認爲〈表記〉言「表」不合孔子論仁之特性。因仁只能默識體會，不可言傳，遑論言「表」？故據文中首句「君子隱而顯」，更其名曰「〈隱而〉」篇。

　　再者，是〈仲尼燕居〉改爲「〈孔子燕居〉」之名。《小戴禮》中有〈仲尼燕居〉一篇，慈湖更其名爲「〈孔子燕居〉」，〔註67〕文中「仲尼」一語亦改爲

〔註65〕見〈蠟賓〉，《先聖大訓》卷一，頁341。
〔註66〕見〈隱而〉，《先聖大訓》卷一，頁428。
〔註67〕見〈孔子燕居〉，《先聖大訓》卷一，頁365。

「孔子」。此外，《孔子家語》亦有〈論禮〉一篇，上半部內容與此同。

　　最後是〈哀公問〉改爲「〈哀公問禮〉」與「〈哀公問〉」二篇。《先聖大訓》之「〈哀公問禮〉」及「〈哀公問〉」二篇即是分裂《小戴》之〈哀公問〉而成。

　　第二是「改經文」的部份。首先是〈檀弓〉篇的「弁」改爲「卞」字。慈湖釋〈檀弓〉「卞人有其母死，而孺子泣者」云：

　　　　《家語》弁作卞，《小戴記》作弁。〔註68〕

慈湖據《孔子家語》將「弁」改成「卞」。

　　其次，是〈曾子問〉中的「魯昭公」改爲「魯孝公」。慈湖釋〈曾子問〉：「昔魯孝公少喪其母，有慈母良，及其死，公弗忍也，欲喪之。」云：

　　　　《孔子家語》「魯孝公」，《小戴記》作「魯昭公」。按昭公居喪而不
　　　　哀，在感而有嘉容。比及葬，三易衰，年十九而即位，猶有童心，
　　　　則安能不忍於慈母？即位十一年，其母齊歸始薨，則公已年三十矣，
　　　　不爲少。〔註69〕

慈湖據《孔子家語》及史籍考證推斷，認爲昭公之母逝時，昭公已年三十，不爲少，因此古無慈母之服，而「練冠以喪慈母」者，應自魯孝公始之，而非魯昭公之時。《小戴》於此有誤，故據《家語》修正。

　　再者，是〈檀弓〉「予惡夫涕之無從也」改爲「予惡夫涕而無以將之」。慈湖釋〈檀弓〉：「予惡夫涕而無以將之，小人行焉。」云：

　　　　聖人遇於一哀而出涕，出涕而說驂。猶天地之變化，四時之錯行，
　　　　陰陽寒暑，不無過差，而皆妙也、皆神也、皆不可測也、皆善也。
　　　　此不可測之神，不惟聖人有之，愚夫愚婦咸有之，而不自知也。……
　　　　《小戴記》曰：「予惡夫涕之無從也。」不如《家語》曰：「惡夫涕
　　　　而無以將之」。〔註70〕

慈湖以爲孔子「遇於一哀而出涕」乃出於「不可測之神」，是自然而然，不假思爲而來。故《孔子家語》「惡夫涕而無以將之」實比《小戴》「予惡夫涕之無從也」更能明示孔子之意。

　　第三是「經文錯置顛倒」的部份。由於慈湖「參證群記，聚爲一書」，所以對經文的次序隨意更動，錯置顛倒，這是務求文意之流暢一貫，如慈湖釋

〔註68〕見〈檀弓〉，《先聖大訓》卷二，頁400。
〔註69〕見〈曾子問〉，《先聖大訓》卷二，頁389。
〔註70〕見〈檀弓〉，《先聖大訓》卷二，頁399。

〈檀弓〉即是，茲錄其文於下：

> 卞人有其母死，而孺子泣者。孔子曰：「哀則哀矣，而難爲繼也。夫禮，爲可傳也，爲可繼也。故哭踊有節，而變除有期。」（頁 142）仲憲言於曾子曰：「夏后氏用明器，示民無知也。殷人用祭器，示民有知也。周人兼用之，示民疑也。」曾子曰：「其不然乎！其不然乎！夫明器，鬼器也；祭器，人器也。夫古之人，胡爲而死其親乎？」（頁 146）子游問於孔子，孔子曰：「之死而致死之不仁而不可爲也；之死而致生之不知而不可爲也。」（頁 144）爲明器者，知喪道矣，備物而不可用也。（頁 172、檀弓下）是故竹不成用，瓦不成膝，水不成斲，琴瑟張而不平，竽笙備而不和，有鐘磬而無簨虡。其曰明器，神明之也。（頁 144）哀哉！死者而用生者之器也，不殆於用殉乎哉！」（頁 172、檀弓下）子游問於孔子曰：「葬者，塗車芻靈，自古有之，然今人或有偶，是無益於喪」。孔子曰：「爲芻靈者善矣，爲偶者不仁，不殆用人乎？」（頁 172、檀弓下）季桓子死，魯大夫朝服而弔，子游問於孔子曰：「禮乎？」夫子不答。他日又問，夫子曰：「始死，羔裘玄冠者，易之而已。女何疑焉？」子游問喪具，夫子曰：「稱家之有亡。」子游曰：「有無惡乎齊？」夫子曰：「有母過禮，苟亡矣，斂首足形，還葬，縣棺而封，人豈有非之者哉！」（頁 148）〔註71〕

按：引文所加注頁碼乃據藝文版《十三經注疏》中之《禮記注疏》。

　　142→146→144→172（檀弓下）→144→172（檀弓下）→148（餘爲檀弓上）

　　從頁碼的跳動上，我們可看出經文的參差錯落。此外，慈湖也把〈檀弓〉上下篇的經文顛倒，顯然是打破了經典原有的秩序作了重新的組合綴集，而另成新貌。

　　第四是「刪裁經文」的部份。慈湖註解經書，對於不合意者，便刪裁減除，以成其意，而另成其文。例如「〈蜡賓〉」篇即是。慈湖釋「〈蜡賓〉」（本《小戴》之〈禮運〉篇）：「孔子爲魯司寇，與於蜡賓，事畢，出游於觀之上，喟然而歎」云：

> 《小戴記》於是曰：「仲尼之歎，蓋歎魯也。」殊爲害道。孔子曰：「吾道一以貫之」，孔子之心即道，其言亦無非道。……「喟然而歎」，歎道之不行也。後雖言魯之郊禘非禮，亦所以明道也。爲道而歎，非爲

〔註71〕見〈檀弓〉，《先聖大訓》卷二，頁 400。

魯而歎。《小戴》不知聖人之心，今無取，取《家語》所載。〔註72〕
《小戴》之文：「昔者仲尼與於蜡賓，事畢，出遊於觀之上，喟然而歎。仲尼之歎，蓋歎魯也」，比《家語》多出「仲尼之歎，蓋歎魯也」。慈湖認為孔子與於蜡賓之歎非歎魯也，而是歎道之不行，所以是「為道而歎」，而「非為魯而歎」，故《小戴》不知聖人之心，著實害道。因此，慈湖不取此段經文，適《家語》有之，而改取《家語》之言代之。

其次，是〈檀弓〉篇。慈湖改版如下：

子路有姊之喪，可以除之矣，而弗除也。孔子曰：「何弗除也？」子路曰：「吾寡兄弟而弗忍也。」孔子曰：「先王之禮，行道之人皆弗忍也。」子路聞之，遂除之。(刪1) 伯魚之母死，期而猶哭。夫子聞之曰：「誰與哭者？」門人曰：「鯉也。」夫子曰：「嘻！其甚也！」伯魚聞之，遂除之。(刪2) 伯高之喪，孔氏之使者未至，冉子攝束帛乘馬而將之。孔子曰：「異哉！徒使我不誠於伯高。」〔註73〕

慈湖刪除《檀弓》之經文如下：

刪1：大公封於營丘，比及五世，皆反葬於周。君子曰：「樂樂其所自生，禮不忘其本。古之人有言曰：『狐死正丘首，仁也。』」

刪2：舜葬於蒼梧之野，蓋三妃未之從也。季武子曰：「周公蓋祔。」曾子之喪，浴於爨室。大功廢業。或曰：「大功誦可也。」子張病，召申祥而語之曰：「君子曰終，小人曰死，吾今日其庶幾乎？」曾子曰：「始死之奠。其餘閣也與？」曾子曰：「小功不為位也者，是委巷之禮也。子思之哭嫂也為位，婦人倡踊；申祥之哭言思也亦然。」古者冠縮縫，今也衡縫。故喪冠之反吉，非古也。曾子謂子思曰：「伋！吾執親之喪也。水漿不入於口者七日。」子思曰：「先王之制禮也，過之者俯而就之，不至焉者，跂而及之。故君子之執親之喪也，水漿不入於口者三日，杖而后能起。」曾子曰：「小功不稅，則是遠兄弟終無服也，而可乎？」

以上是慈湖刪除而未註解者，此等情況於《先聖大訓》中亦可屢屢見之。

第五是「增補文句」。慈湖往往參校各本，截長補短，且綴集經文，東拼一段，西湊一句，務使文意統合完善。故其常用《家語》之言彌補《小戴》

〔註72〕見〈蜡賓〉，《先聖大訓》卷一，頁341。
〔註73〕見〈檀弓〉，《先聖大訓》卷二，頁398。

之不足。這在〈檀弓〉篇中即多見之：

> 卞人有其母死，而孺子泣者。孔子曰：「哀則哀矣，而難爲繼也。夫
> 禮，爲可傳也，爲可繼也。故哭踊有節，而變除有期。」(**據《家
> 語》:〈曲禮子貢問〉)……哀哉！死者而用生者之器也，不殆於用殉
> 乎哉！」子游問於孔子曰：「葬者，塗車芻靈，自古有之，然今人或
> 有偶，是無益於喪。」孔子曰：「爲芻靈者善矣，爲偶者不仁，不殆
> 用人乎？」(**據《家語》:〈曲禮公西赤問〉)季桓子死，魯大夫朝
> 服而弔，子游問於孔子曰：「禮乎」？夫子不答。(**據《家語》:〈曲
> 禮子夏問〉)他日又問，夫子曰：「始死，羔裘玄冠者，易之而已，
> 女何疑焉？」〔註74〕

按：此段三處分據《家語》〈曲禮子貢問〉、〈曲禮子夏問〉、〈曲禮公西赤問〉
三篇增入。蓋謂《小戴》文字脫落，或文意不全而增飾者，故務其完備而明
示聖人之心。

　　總之，慈湖「移經改經」，把《小戴禮》改得體無完膚，而面目全非。形
成眞僞相錯，自成一格的情況，變成「慈湖版」之〈禮運〉,〈檀弓〉,〈曾子
問〉，與〈仲尼燕居〉等篇。

四、非《大學》

　　理學家中甚少不推崇《大學》的，因爲整個理學的思想體系有一大部份
就是透過《學》《庸》而建立的。數百年間，學者環繞在《大學》「格致誠正」、
「愼獨」的內涵上立說，他們莫不把《大學》奉爲修身的典範及標準。甚至
著名的朱陸《大學》古本之爭，也是以此書爲中心而展開的思想性辨論。所
以理學家對之推崇備至，程頤就說：

> 《大學》，孔子之遺言也。學者由是而學，則不迷於入德之門也。
> 〔註75〕

其次，象山也肯定《大學》格致誠正的重要性，他說：

> 爲學有講明，有踐履。《大學》致知格物，……此講明也。《大學》
> 脩身正心……此踐履也。物有本末，事有始終，知所先後則近道矣。
> 欲脩其身者，先正其心，欲正其心者，先誠其意，欲誠其意者，先

〔註74〕見〈檀弓〉,《先聖大訓》卷二，頁400。
〔註75〕見《河南程氏粹言》卷一，《二程集》，頁1204。

致其知，致知在格物，自《大學》言之，固先乎講明矣。〔註76〕

另外，王龍溪亦同樣推崇，他說：

《大學》一書乃孔門傳述古聖教人爲學一大規矩。〔註77〕

這表示《大學》一書在理學家心中是受到重視，而有著舉足輕重的地位。然而，在慈湖眼中，這種推崇的心態不再，取而代之的是批評與攻擊。慈湖認爲《大學》非聖人之言，然其盛行於今，未有能指其疵者，甚不明道，故慈湖才不得已起而論之，他說：

自近世二程尊信《大學》之書，而學者靡然從之。伊川固出明道下，明道入德矣，而尤不能無阻，惟不能無阻，故無以識是書之疵。……《大學》之書，盛行於今，未聞有指其疵者，不可不論也。〔註78〕

某少時不知《大學》非聖人語，甚喜「有所忿懥則不得其正」一章，後因有覺，卻於此章知其非知道者作。〔註79〕

慈湖自述幼時甚喜《大學》之語，後因有覺才悟此章之非。並因此而不滿近世二程子之論，認爲實是誣害學子而禍人不淺。

至於慈湖是如何非議《大學》的，可約歸其說如下，第一，慈湖認爲《大學》過於支離，而聖人亦無此言，他說：

《大學》曰：「欲治其國者，先齊其家，欲齊其家者，先脩其身，欲脩其身者，先正其心。」判身與心而離之，病已露矣，猶未著白。

至於又曰：「欲正其心者，先誠其意，欲誠其意者，先致其知。致知在格物。」噫！何其支也。孔子無此言、顏曾亦無此言、孟子亦無此言。〔註80〕

慈湖認爲《大學》治國齊家而脩身正心，無疑是分裂身心，過於支離，況且古聖諸如孔孟、顏曾等皆無此論，故實可疑。之後慈湖又說：

孔子曰：「忠信。」曾子曰：「忠恕。」孟子亦曰：「天下之本在國，國之本在家，家之本在身」而已。他日又曰：「仁，人心也。」未嘗於心之外起故作意也。……豈於心之外必誠其意，誠意之外又欲致知，致知之外又欲格物哉！取人大中至正之心，紛然而鑿之，豈不

〔註76〕見〈與趙詠道〉，《象山全集》卷十二，頁3。
〔註77〕見〈大學首章解義〉，《王龍溪先生全集》卷八，頁517。
〔註78〕見〈家記七：論大學〉，頁368～369。
〔註79〕見〈家記七：論大學〉，頁370。
〔註80〕見〈家記七：論大學〉，頁368。

爲毒！〔註81〕

慈湖認爲《大學》要誠意，要致知，又要格物，已是心外作意，紛然鑿之，如此傷害心之圓融渾一，是爲毒害人心之作，所以當然要反對。

第二是與聖言不合。慈湖認爲《大學》之論頗多與聖言乖違，他說：

> 又曰：「有所恐懼則不得其正，有所好樂則不得其正，有所憂患則不得其正。」孔子臨事而懼，作《易》者其有憂患。好賢樂善，何所不可而惡之也，是安知夫恐懼、好惡、憂患乃正性之變化，而未始或動也。〔註82〕

慈湖認爲《大學》論恐懼，好樂，憂患等皆不得其正之論，與孔子臨事而懼，與作《易》者有憂患之論皆不相合，故其非聖人之語。這也可從另一段陳述中得到更明白的了解，慈湖說：

> 夫忿懥則斷不可有，至於恐懼，特不可屈於威武而恐懼爾。或君父震怒而恐懼，何不可？好樂而好色好貨則不可，若好善好學，何不可？憂患而爲貧而憂患失而憂則不可，若憂道憂國，何不可？蓋不知道者，率求道於寂靜，不知日用交錯無非妙用。〔註83〕

以常理論之，慈湖認爲忿懥斷不可有；然恐懼，好善好學，與憂道憂國則何不可，而不必全然非之，然《大學》卻一一反之，此甚不明道。另外，慈湖也說：

> 孔子曰：「心之精神謂聖。」孟子道性善。心未始不正，何用正其心？又何用誠其意？又何須格物？〔註84〕

慈湖舉出孔子之言「心之精神是謂聖」來證明心未嘗不善，又何須如此耗力窮神。並以此反駁《大學》誠意正心之論。因爲所謂正其心，誠其意，與格物者，無非皆指人心非善，所以與孔氏之學不類。

第三是「意」之流毒，戕害人心。慈湖認爲《大學》之論似是而非，似精而粗，足以蠱惑學者之心，不可不慎，他說：

> 言有似是而非、似深而淺、似精而粗，足以深入學者之意，其流毒淪肌膚、浹骨髓，未易遽拔者。〔註85〕

〔註81〕見〈家記七：論大學〉，頁368。
〔註82〕見〈家記七：論大學〉，頁368。
〔註83〕見〈家記七：論大學〉，頁370。
〔註84〕見〈家記七：論大學〉，頁370。
〔註85〕見〈家記七：論大學〉，頁368。

慈湖認為《大學》流毒淪肌膚，浹骨髓。因為其「以作意為善」，慈湖認為這是蔽本心之明與善，他說：

> 《大學》之書……曰：「無所不用其極」，曰：「止於至善」，曰：「必正其心」，曰：「必誠其意」，反以作意為善，反蔽人心本有之善。
> 〔註86〕

慈湖認為《大學》「無所不用其極」者造作意念。此外，《大學》提倡「誠意」又與《論語》之「毋意」相違背，他說：

> 孔子大聖，其啟佑學者當有造化之功，而三千之徒猶尚勤。聖人諄諄「絕四」之誨，有意態者則絕之曰「毋意」。有必如此必不如此者，又絕之曰「毋必」。……如是者不勝其眾，故門弟子總而記之曰：「子絕四：毋意，毋必，毋故，毋我。」然則學者難乎脫是四者，自古則然，而況後世乎？然則無訝乎《大學》之書盛行於今，未聞有指其疵者。〔註87〕

慈湖認為孔子諄諄教導學者要絕四，然《大學》卻反而提倡之，使學者翕然宗之，實是令人訝然而不解。另外，《大學》「欲脩其身者，先正其心。」者亦與「毋意」乖違，慈湖說：

> 又曰：「心不在焉，視而不見，聽而不聞，食而不知其味。」孔子謂心莫知其鄉，而此必曰在「正」云者，正意象之凝結。孔子所以止絕學者之意者，謂是類也。〔註88〕

慈湖認為《大學》「正其心」之「正」字即是「意」象之凝結，與孔子言「心不在焉」者不類。接著慈湖又云：

> 又曰：「在止於至善。」夫所謂至善即明德之別稱，非有二物，而又加「止於」之意。禹曰：「安女止。」非外加「止於」之意也。「穆穆文王，於緝熙敬止。」渾然圓貫，初無心外作意之態也。而《大學》於是又繼之曰：「為人君止於仁，為人子止於孝，為人父止於慈。」……何其局而不通也？又曰：「無所不用其極。」是又意說也。致學於性外，積意而為道。〔註89〕

〔註86〕見〈家記七：論大學〉，頁369。
〔註87〕見〈家記七：論大學〉，頁369。
〔註88〕見〈家記七：論大學〉，頁368。
〔註89〕見〈家記七：論大學〉，頁368～369。

慈湖認為《大學》「止於至善」之「止於」二字與《書》之「安汝止」、《詩》〈大雅‧文王之什〉之「穆穆文王，於緝熙敬止」不合，因為《詩》《書》只言「止」，而《大學》則言「止於」二字。此「止於」二字已有「作意之態」，傷害心之渾然圓貫。至於「無所不用其極」也是「意」說。而「作意」之失，其原就在於「致學於性外」，「積意而為道」，不能如同子思一樣「無入而不自得」的自在。

最後，《大學》言「道盛德至」者，慈湖亦有所批評，他說：

> 又曰：「道盛德至」，德可以言至也，道不可以言盛也。於道言盛，是又積意之所加而非本也。〔註90〕

慈湖認為道不可言盛，言盛即是「積意」而外加，並非其本。另外，關於「意」之失，慈湖則引〈洪範〉箕子之言以明「作意則非道」，他說：

> 胡不觀箕子為武王陳〈洪範〉乎？箕子之言極曰：「無偏無陂，遵王之義。無有作好，遵王之道；無有作惡，遵王之路。無偏無黨，王道蕩蕩。……」論極如箕子，誠足以發揮人心之極矣！蓋人心即道，作好焉，始失其道；作惡焉，始失其道。微作意焉輒偏、輒黨，始為非道，……所以明起意之為害。〔註91〕

慈湖認為〈洪範〉無偏無黨，無有作好，無有作惡等皆明起意之亂，而人心即道，豈可作意而害之，故慈湖以之明《大學》之非。

總之，慈湖認為「誠意」、「正心」、「格物」、「止於至善」、「無所不用其極」，與「道盛德至」等皆是起意而害道。這可以算是慈湖攻擊《大學》最嚴屬的地方。

第四是「靜定安慮得」裂道。慈湖認為《大學》對道之體認不清，他說：

> 又曰：「知止而後有定，定而後能靜，靜而後能安，安而後能慮，慮而後能得。」吁！此膏肓之病也。道亦曷嘗有淺深，有次第哉！淺深次第，學者入道自為是不同耳，是人也，非道也。……道無淺深、無次第，而反裂之。〔註92〕

《大學》本文：「大學之道，在明明德，在親民，在止於至善。知止而后有定……。物有本末，事有終始，知所先後，則近道矣！」慈湖認為學者入道

〔註90〕見〈家記七：論大學〉，頁369。
〔註91〕見〈家記七：論大學〉，頁369。
〔註92〕見〈家記七：論大學〉，頁369。

有層次的不同，然道本身並無所謂的淺深、次弟之分，而《大學》主張定靜安慮得，反裂而分之，實是不妥。

　　關於慈湖之論，同時稍後的南宋學者葉紹翁即曾指出其立說之本，他說：

> 慈湖楊氏讀《論語》，有「毋意」之說。以爲夫子本欲「毋意」，而《大學》乃欲「誠意」，深疑《大學》出於子思子之自爲，非夫子之本旨。〔註93〕

關於孔子「毋意」，而子思、朱子卻主《誠意》之說，葉紹翁則提出不同的觀點來爲這二人申辯，他說：

> 子思、考亭先生而欲盡去意則不可，心不可無則意不容去。〔註94〕

葉紹翁主張有心則有意，心意並存的必然性，心既不可無，則意當然不容去。因此慈湖「不起意」之論實強人所難。

　　另外，葉紹翁也認爲「毋意」與「誠意」能相爲發明，他說：

> 然夫子之傳、子思之論、考亭先生之解，是已於意上添一誠字，是正慮意之爲心累也。楊氏應接門人，著撰碑誌，俱欲去意，其慮意之爲心累者，無異於夫子。……既曰誠意矣，則與《論語》之「毋意」者相爲發明，又何疑於《大學》之書也？（同上）

葉紹翁認爲《大學》「誠意」已於「意」上添一「誠」字，此即正慮「意」之爲心累，故實可與《論語》「毋意」相通。所以考亭之「誠意」，與慈湖之「去意」，二者實無不同，能互爲發明。此楊世思亦有同論，他說：

> 慈湖先生之學，……以不起意爲宗。……意者，心之所發。意從心發，意乃心之用，離心起意，意乃心之賊，故意不可起，起則爲妄。子絕四，首言「毋意」，「毋意」則念念皆天。不言「誠意」而意無不誠矣，故曰「毋意之意乃爲誠意。」先生之學，誠意之學也。〔註95〕

楊世思認爲「毋意」即是「誠意」，不言誠意而意無不誠矣，故慈湖之學即是誠意之學。不過這似乎與慈湖之原意不合，因朱子論誠意，所謂「誠者，實也。意者，心之所發也。實其心之所發，欲其一於善而無自欺也。」〔註96〕並非如慈湖之全然否定意念之發。朱子認爲意有實與不實、誠與不誠之別，

〔註93〕見〈慈湖疑大學〉，《四朝聞見錄》卷一，頁 1039-649。
〔註94〕見〈慈湖疑大學〉，《四朝聞見錄》卷一，頁 1039-649。
〔註95〕見〈楊世思書慈湖遺書節鈔略〉，《慈湖遺書補編》，頁 485～486。
〔註96〕見《大學章句》，（宋）朱熹著：《四書章句集注》，頁 5。

而善惡之幾即存乎此。因此誠意即是於心之所發處實之，使能意念之出皆達善之境界，而不扭屈變樣。故朱子不排斥意念之發，然必誠之，使能存「誠」之意而去其「不誠」者，則「誠意」與「毋意」顯然不同，若強加合論則有失實。

五、反《中庸》

不只對《大學》的不滿，對《中庸》，慈湖也同樣議論其非，批評其說，並且透過經文的比對整合，發現《中庸》有不合聖道之處。在疑經方面，慈湖釋《中庸》「子曰：「素隱行怪，……唯聖者能之。」說：

> 本文於此有：「君子之道費而隱，夫婦之愚可以與知；及其至也，雖聖人亦有所不知」云云。《詩》云：「鳶飛戾天，魚躍于淵。言其上下察」云云。簡深疑皆子思之辭。〔註97〕

慈湖對於《中庸》言君子之道費而隱，及其至也，雖聖人亦有所不知焉。以及《詩》云上下察也之語皆表不滿，並深疑其為子思自作之辭。而懷疑之由如下：

> 孔子曰：「心之精神是謂聖。」初無至不至之分。費即隱，上即下，何必加察，此惟覺者心通，非告語所可及。〔註98〕

慈湖認為孔子言「心之精神是謂聖」，就表示並無所謂至不至，與上下察之分。且道乃自覺心通者能識，非訴諸言語，加察所能致，因此慈湖不認同《中庸》之語。

其次，慈湖對於《中庸》「中和」之論亦頗不以為然，因為他認為《中庸》言「中和」裂道，不能一貫，他說：

> 子思分喜怒哀樂之未發為中，為大本；發而皆中節為和，為達道。夫子未嘗如此分裂。〔註99〕

> 子思曰：「喜怒哀樂之未發謂之中，發而皆中節謂之和。中也者，天下之大本也；和也者，天下之達道也。」孔子未嘗如此分裂，子思何為如此分裂？此乃學者自起如此意見，吾本心未嘗有此意見，方喜怒哀樂之未發也，豈曰此吾之中也？謂此為中，則已發之於意矣，

〔註97〕見〈中庸〉，《先聖大訓》卷三，頁422。
〔註98〕見〈中庸〉，《先聖大訓》卷三，頁422。
〔註99〕見〈中庸〉，《先聖大訓》卷三，頁422。

非未發也。〔註100〕

慈湖認爲夫子未嘗如此裂道，而子思竟分裂之。因爲《中庸》把心分成已發未發。又說「中」，又說「和」的，把心強加分裂，甚不明道。而所謂的「喜怒哀樂之未發爲中」雖說「未發」，其實已發之於意了，所以不可名爲「未發」。所以慈湖又說：

> 及喜怒哀樂之發也，豈曰吾今發而中節也，發則即發，中則即中，皆不容私，大本達道，亦皆學者徐立此名，吾心本無此名，學者放逸馳騖於心外，自起藩籬，自起限域。孔門惟曰：「吾道一以貫之」，未嘗分裂也。《書》曰：「善無常主，協于克一。」吾心渾然無涯畔，無本末。其未發也，吾不知其未發；其既發也，吾不知其既發，故孔子曰：「吾有知乎哉？無知也。」……油然而生，忽然而止。生不知所生，而是非自明，利害自辨，止不知所止，止無其所止。……子思覺焉而未大通者也。〔註101〕

他認爲《中庸》強分「中和」也與事實不然，因心體渾然無際畔、無本末，其未發已發，吾皆不能預知，甚而如孔子之言「無知」，而又怎能割裂分別視之，如此豈不自起藩籬，自定限域，而放逸馳騖於心外？

再者，是對於《中庸》「無聲無臭」的致疑。慈湖認爲《中庸》言「無聲無臭至矣」非洞達者之言，他說：

> 其卒章曰：「上天之載，無聲無臭，至矣。」此又分裂之意也。孔子之言則不然，曰：「夫孝，天之經也，地之義也。」明乎孝即天之經、地之義，未嘗分本末也。又曰：「哀樂相生，是故正明目而視之，不可得而見也；傾耳而聽之，不可得而聞也。」即哀樂而發明其至，未嘗外哀樂而發明其至也。眾人自以爲哀樂之可見，可聞也，孔子則以爲實不可見，不可聞也。此惟洞達者知之，未至於洞達者終疑也。〔註102〕

孔子言孝乃天之經，地之義者，未嘗分本末視之。且哀樂相生即爲至矣，並非一定要到「無聲無臭」才能爲至，故孔子未嘗外哀樂而發明其至。此慈湖說：

> 末又特指無聲無臭爲至，不知孔子言哀樂相生，明目不可見，傾耳

〔註100〕見〈家記七：論中庸〉，頁371。
〔註101〕見〈家記七：論中庸〉，頁371。
〔註102〕見〈家記七：論中庸〉，頁371。

不可聞。即喜怒哀樂，未嘗不至。何必特指無聲臭爲至？故此疑皆
子思之言，豈子思以意會而誤記歟？或自爲之歟？疑故闕，亦深恐
誤後學。〔註103〕

孔子言哀樂相生，目視耳聽而不可見，不可聞者，意指喜怒哀樂皆至，不必
特指無聲無嗅爲至。因此，慈湖遂疑此段經文或乃子思之言，或乃子思誤會
孔子之意而記者，然又不甚確定，故闕疑不錄，以免深誤後學。

其次，我們看看疑改的部份。首先，慈湖認爲《中庸》言「忠恕違道」
此語有病，他說：

曾子曰：「夫子之道，忠恕而已矣！」此語甚善。子思曰：「忠恕違
道不遠。」此語害道，忠恕即道，豈可外之？以忠恕爲違道，則何
由一貫？〔註104〕

慈湖認爲子思言「忠恕違道不遠」，與《論語》曾子語「孔子之道，忠恕而已」，
及「一貫之道」，實有乖違不合者。因爲一者言「忠恕是道」，忠恕就是道，
一者卻言「忠恕違道」，表示忠恕尚不全然是道，這二者實有矛盾，故慈湖認
爲「忠恕違道」是子思之語，非聖道之言。

第二是對於《中庸》「民鮮『能』久矣」的不滿，慈湖說：

《論語》載孔子之言曰：「中庸之爲德也，其至矣乎！民鮮久矣！」
及子思所記，則曰：「民鮮能久矣！」加一「能」字，殊爲失眞，已
爲起意。有意則必有所倚，非中庸。夫事親從兄，事君事長上，……
心思力行，無非中庸，而曰不可能者，何也？……本心常虛，曰我
能則失之，微起意則失之。〔註105〕

汲古問：「子曰：『中庸其至矣乎，民鮮能久矣！』又曰：『中庸不可
能。』何謂『鮮能』與『不可能』？」先生曰：「《中庸》能字，此
子思聞孔子之言不審，孔子未嘗云能。在《論語》止曰：「民鮮久矣。」
無「能」字，如子曰：「中庸不可能也。」此「能」是用意矣，道無
所能，有能即非道。〔註106〕

慈湖認爲《中庸》「民鮮能久矣」比《論語》「民鮮久矣」多了「能」字，而

〔註103〕見〈中庸〉，《先聖大訓》卷三，頁421～422。
〔註104〕見〈家記四：論論語上〉，頁334。
〔註105〕見〈中庸〉，《先聖大訓》卷三，頁420。
〔註106〕見〈家記七：論中庸〉，頁371～372。

「能」即是起「意」，有「意」便有所倚而非中庸，且已失道。再者，孔子並不言「能」，不僅《論語》「民鮮久矣」如此，《中庸》之言「中庸不可能也」亦是，是明孔子皆不云「能」，因為道無所能，有能即非道，故慈湖認為《中庸》言「能」不合聖道。所以在《中庸》裡，慈湖把「能」字刪掉，即是把「民鮮能久矣」改成「民鮮久矣」。《中庸》原文如下：

> 子曰：「中庸其至矣乎，民鮮久矣！」……孔子曰：「天下國家可均
> 也，爵祿可辭也，白刃可蹈也，中庸不可能也。」

慈湖認為「能」字為起意害道，故刪之。

以上是慈湖對《中庸》的批評與疑改處。總之，慈湖認為《中庸》言「上下察也」，「無聲無臭至矣」、「中和」、「忠恕違道」與「民鮮能久矣」等，皆是不合聖言之處，所以加以疑改，以求合其自所領會之理。

六、論《論》《孟》

慈湖批評《論語》把道、德、仁、藝並列為四的觀點。〔註107〕他說：

> 子曰：「志於道，據於德，依於仁，游於藝。」孔子當日啓誨門弟子
> 之時，其詳必不如此，記錄者欲嚴其辭而浸失聖人之旨也。然而聖
> 言之大旨，終在孔子之本旨，非並列而為四條也。敘事先後淺深云
> 爾，通三才惟有此道而已。……依猶據也，非仁在彼而我依之也，
> 一也，亦猶何莫由斯道也，非謂我與道為二也，達其旨可也。藝謂
> 禮樂射御書數，亦非道外之物。〔註108〕

慈湖認為宇宙的本原只是一個道，而德、仁、藝都不能離開道而獨立存在。這是他根據他的哲學邏輯而對《論語》的大膽懷疑。於是德、仁、藝三者都統一於道了，而不是與道並列為四。〔註109〕故孔門弟子記之而反失聖人之旨。

此外，慈湖對《孟子》亦頗有不滿之處，認為不由一貫，他說：

> 性即心，心即道，道即聖，聖即睿。言其本謂之性，言其精神思慮謂
> 之心，言其天下莫不共由於是謂之道，皆是物也。……《孟子》有存
> 心養性之說，致學者多疑惑心與性之為二，此亦孟子之疵。〔註110〕

〔註107〕見張立文：《中國哲學範疇精粹叢書——道》，頁245。
〔註108〕見〈家記五：論論語下〉，頁346～347。
〔註109〕參見張立文：《中國哲學範疇精粹叢書——道》，頁246。
〔註110〕見〈家記二：論書〉，頁280～281。

《孟子》謂「志至焉,氣次焉,持其志,無暴其氣,配義與道。」
與「存心養性」之說同,孔子未嘗有此論,惟曰忠信篤敬,參前倚
衡,未嘗分裂本末,未嘗循殊名而失一貫之實也。〔註111〕

慈湖認爲「孟子將『心』與『性』,『志』與『氣』加以區別,也正是其庇瑕
失誤之處。」〔註112〕因爲心是渾然的,不可加以分裂支解,歧心與性爲二,
即是分裂心之整體,這是對心之認識尙未明晰。〔註113〕另外,慈湖也認爲孟
子誤讀了孔子之書,致生差謬,他說:

先生謂汲古曰:「孔子言『操則存,舍則亡,出入無時,莫知其鄉。』
惟心之謂與,此說如何?」汲古對曰:「此言人心操則存在此,舍則
失之,所以出入無定處。孟子引此說以明此心之不可失也。」先生
曰:「孔子此言,蓋謂操持則在此,不操持而舍之,則寂然無所有,
忽焉而出,如思念外物外事則遠出,直至於千萬里之外,或窮九霄
之上,或深及九地之下;又忽焉而入,如在乎吾身之中。然而心無
形體,無形體則自然無方所,故曰『莫知其鄉』,言實無鄉域也。聖
人此旨未嘗貴操而賤舍,孟子誤認其語,每每有存心之說,又有存
神之說,失之矣!使果有所存,則何以爲神?」〔註114〕

孟子對於孔子言「操存舍亡」之說,認爲人當努力操持此心而勿失之,然慈
湖則認爲孔子此言不過是在陳述心體操存舍亡時的狀態,當其外出時,能至
千萬里九霄九地之外,而無方所;入時則又如在吾身之中,此言心體之無形
體,而神妙靈用(因爲「心之精神是謂聖」),並非如孟子之「貴存而賤舍」,
因爲若眞有所「存」,則此心並不足爲神。

第二節　慈湖對經說之「維護」──護衛前說　張皇墜緒

在宋代疑古辨僞的風氣下,經書的權威一落千丈,不復以往。其或眞或
僞,或是或非,眾論紛紜,遽難論定。這種對經書的撤防與還原,卻也讓我
們更能直透前賢,而探其本心。不僅打破經書高高在上的迷思,更可以了解

〔註111〕見〈家記八:論孟子〉,頁377。
〔註112〕見崔大華:《南宋陸學》,頁152。
〔註113〕參見董金裕師:〈楊簡心學及其評價〉,頁37。
〔註114〕見〈家記八:論孟子〉,頁378。

聖言之平實，未必盡屬放言高論，不求實際。有時對學術的來龍去脈，也有更接近真相的理解。其中如《詩經》淫詩說的大倡，以至《周禮》的辨偽，使二者地位頗受影響，然而慈湖卻爲之護防辯說，其意則欲存其本然之善。

一、周公作《周官》與「周制之漸復」

　　《周禮》之疑，宋歐陽修首揭之，而王安石新法之亂所引發的軒然大波，遂使《周禮》成爲眾矢之的〔註115〕，爾後疑者紛紜，攻伐不斷。歐陽修即云：

> 周之治跡所以比二代而尤詳見於後世者，《周禮》著之故也。然漢武以爲瀆亂不驗之書，何休亦云六國陰謀之說，何也？然今考之，實有可疑者。〔註116〕

歐陽修認爲其制過煩，況且又不見於秦漢之制，故甚有可疑者。其次，蘇轍也懷疑《周禮》之作，他說：

> 言周公之所以治周者，莫詳於《周禮》。然以吾觀之，秦漢諸儒以意損益之者眾矣！非周公之完書也。何以言之，周之西都，今之關中也；其東都，今之洛陽也。二都居北山之陽，南山之陰，其地東西長，南北短，短長相補不過千里，古今一也；而《周禮》王畿之大，四方相矩千里，如畫棋局，近郊遠郊，甸地稍地，大都小都相距皆百里，千里之方，地實無所容之，故其畿內遠近諸法，類皆空言耳。此《周禮》之不可信者一也。《書》稱武王克商而反商政，列爵惟五，分土惟三，故《孟子》曰「天子之制，地方千里，公侯百里，伯七十里，子男五十里，不能五十里，不達於天子，附於諸侯曰附庸。」鄭子產亦云古之言封建者蓋若是；而《周禮》諸公之地方五百里，諸侯四百里，諸伯三百里，諸子二百里，諸男百里，與古說異。……此《周禮》之不可信者二也。王畿之內，公邑爲井田，鄉遂爲溝洫，此二者。一夫而受田百畝，五口而一夫爲役，百畝而稅之十一，舉無異也。然而井田自一井而上，至於一同而方百里，其所以通水之利者，溝洫澮三，溝洫之制，至於萬夫方三十二里有半，其所以通水之利者，遂溝洫澮川，五利害同，而法制異，爲地少而用力博，此亦有國者之所不屬也。……此《周禮》之不可信者三也。三者既不可信，則凡《周禮》之詭異，

〔註115〕見姚瀛艇著：〈宋儒關於《周禮》的爭議〉，頁 107。
〔註116〕見〈問進士策三首〉，《歐陽文忠公集》卷四十八，頁 347。

遠於人情者，皆不足信也。古之聖人因事立法，以便人者有矣；未有
立法以強人者也。立法以強人，此迂儒之所以亂天下也。〔註117〕

蘇轍認爲《周官》乖違周制者不下有三：第一，《周官》所描繪的王畿相距千里
百里，事實上決無可能，完全是空言。第二，《周官》所說之制與《尚書》，《孟
子》諸書不合。第三，《周官》所說井田之制與實際情況不符。〔註118〕這三點
所言其實都是指出《周官》有誇大不實的嫌疑，所以蘇轍說它是詭異，不近人
情，此乃強人所難，更是立法以亂天下，故著實不足採信。至於程頤也說：

《周禮》不全是周公之禮法，亦有後世隨時添入者，亦有漢儒撰入
者。如〈呂刑〉、〈文侯之命〉，通謂之《周書》。〔註119〕

《周禮》之書多訛闕，然周公致太平之法亦存焉，在學者審其是非
而去取之爾。〔註120〕

程頤大抵懷疑《周官》之作並非周公，或雖有周公之遺法，然已多諸儒竄入
者。另外，二程門人如楊時，胡宏，及朱熹弟子魏了翁等亦同樣抨擊《周官》。
〔註121〕總之，這種趨於眞相之辨使得《周官》一書受到質疑，而地位顯然是
大不如前。

雖然疑反的聲浪此起彼落，不絕如縷；然堅信《周官》實爲周公致太平
之書者，甚而大力推行者，亦不乏其人，如李覯、王安石即是。〔註122〕而慈
湖亦然，他認爲《周官》乃周公所作，然未及實行之書，他說：

夫《周官》，周公所作之書。道明義詳，非他人所能爲。〔註123〕

《周官》乃周公所爲，有所損益，而成王未之行歟！遷都洛邑，
封建益地，成王皆不能行。以此類知之，《記》曰：「〈覲禮〉不下
堂而見諸侯，由夷王以下。」諸儒率以周家所行之禮，與周公所
著之書合而論之，故多不通。或者又過，疑〈覲禮〉漢儒所爲，
則又不然。〔註124〕

〔註117〕見〈周公第三〉，《欒城後集》卷七，頁3～5。
〔註118〕見姚瀛艇著：〈宋儒關於《周禮》的爭議〉，頁108。
〔註119〕見《河南程氏外書》卷十，頁404。
〔註120〕見《河南程氏粹言》卷一，頁1201。
〔註121〕見姚瀛艇著：〈宋儒關於《周禮》的爭議〉，頁108～110。
〔註122〕見姚瀛艇著：〈宋儒關於《周禮》的爭議〉，頁101～107。
〔註123〕見〈定公問郊〉，《先聖大訓》卷三，頁437。
〔註124〕見〈家記三：論禮樂〉，頁316。

慈湖對於他人懷疑周代之制多不符《周官》制度的疑慮，提出了辨護澄清，他認爲這是因爲《周官》或未被成王採納而施行的緣故，故周代沒有施行之。所以後儒或疑《周官》，或疑〈覲禮〉之僞，皆出於妄論推說，不足爲據。

其次，慈湖更認爲《周官》之制可漸復於今，他說：

> 士大夫讀《周官》，輒以爲古制無用於今，不復詳思複慮。周制誠難遽行於今，熟講漸圖，亦可漸復。〔註125〕

慈湖認爲周制誠難遽行於今，然可漸復，故慈湖不以爲無用而廢之。並且對於前朝王安石新法之失的負面效應，致使學者多歸咎於《周官》之非，而以爲不可行者，慈湖也頗不以爲然而提出新見，他說：

> 《周官》凡民之貸者，以國服爲之息，凡國之財用取具焉。近世王安石用此致亂，學士大夫於是爭言其非，反其說曰服事也，任服役之事以爲之息爾。而不考下文國之財用取具焉，然則安石所釋未爲非。……特以安石引用諛己之小人，而斥遠君子。《周官》有大要大務未之行，而用眾小人首行取息之法，故適足召亂。因其召亂而學士大夫又率然爲說，不考經文，良可笑也。〔註126〕

慈湖以爲王安石變法失敗，其原在於用人之失，不是《周官》一書的問題，更非《周官》一書有所疏失，因爲王安石等人並沒有確實實行《周官》；而學者因此而率言其非又不詳考經文，其不明事理至於此亦良可笑。

因此，慈湖又舉出慶曆年間「親從之亂」即是未行周制所造成的後果，他說：

> 親從之亂，由不行《周官》士庶子、八次八舍之制故也。古者宮衛皆士庶子，後世則皆武夫悍卒，孰安孰危？從後世之制而偶安者，幸也，非常也；從後世之制，而至於慶曆八年，有親從之亂者，乃其勢之常也，非不幸而偶然也。〔註127〕

慈湖認爲《周官》中「士庶子」，及「八次八舍」之制乃是安定國勢之要，更是爲國者甚不可輕忽的，如此觀之，則慶曆之亂乃勢之必然，非不幸之偶發。此外，慈湖所上之治務中，「急五次八」即有若干點是依據《周官》而來，並懇切期望宋主能慎思採行，他說：

〔註125〕見《石魚偶記》，頁76。
〔註126〕見《石魚偶記》，頁68。
〔註127〕見《石魚偶記》，頁76。

今廟堂之上，胡不用《周官》？內外擇賢久任，罷科舉、鄉舉，里
選賢者、能者，有不以公而以私，則罷黜終其身。君相一德，誠意
下孚，則此令朝下，人心夕變矣！會諸賢，取《周官》之書及古書，
熟議其可行者，使比閭族黨之教行，則成人有德、小子有造，何獨
見於文王之時？人性本善，感之斯應。行文王周公之政，亦可以寖
致文王周公之治，亦可以鞏國祚於數百年之永。〔註128〕

由此可知慈湖的善心美意，他期望朝政可以重現文武周公太平之治，而立國
祚於不墜。這之中除了「擇賢久任」、「罷科舉」、及「行《周官》之可行者」
外，慈湖在〈論治務〉中也提及要「罷設法導淫，痛禁群飲」，〔註129〕以徹底
改善人心。

《周官》是慈湖心目中治國之理想藍圖。在其上書的內容中，我們可以
想見其憂國憂民，以天下為己任的胸懷。他力排眾論，希望君上可以推行其
制，實是欲致君堯舜上而再使風俗淳的理想。上書之外，慈湖最重視的還是
能以身作則，躬行實踐。為官任內，更是愛民如子，施政得宜，以行動來回
復周制之精神、古代之遺德，而不是高談闊論，懸空置之，故慈湖能得鄉民
之沿道擁護，視之如父，感念不已，這是一點都不令人訝異的。因為德政的
廣大影響是絕非僅有其表的，在這一點上，我們可以說慈湖已展現了中國古
代為政者的最高典範。

二、「思無邪」與「美刺」

（一）孔子論《詩》與「淫詩」之辯

孔子之詩教，於《論語》中多處見之，例如：

1：子曰：「小子！何莫學夫《詩》？《詩》，可以興，可以觀，可以群，
　可以怨。邇之事父、遠之事君，多識於鳥獸草木之名。」〔註130〕

2：子謂伯魚曰：「女為」〈周南〉〈召南〉矣乎？人而不為〈周南〉〈召南〉，
　其猶正牆面而立也與？」〔註131〕

3：子曰：「誦《詩》三百，授之以政，不達；使於四方，不能專對；雖

〔註128〕見《石魚偶記》，頁77。
〔註129〕見〈家記十：論治務〉，頁400。
〔註130〕見〈陽貨篇〉，《論語注疏》卷十七，《十三經注疏》第八冊，頁156。
〔註131〕見〈陽貨篇〉，《論語注疏》卷十七，頁156。

多，亦奚以爲？」〔註132〕

　　4：不學《詩》，無以言。〔註133〕

　　5：子曰：「興於《詩》，立於禮，成於樂。」〔註134〕

　　6：子曰：「〈關雎〉，樂而不淫，哀而不傷」。〔註135〕

　　7：子曰：「《詩》三百，一言以蔽之，曰：『思無邪』。」〔註136〕

在這七條之中，就有五條是專門針對《詩經》的功用，政治價值而論的。孔子不僅強調要「學《詩》」，更重要的是要會「用《詩》」；否則，背再多也沒有用。顯然，這是就《詩經》立身處世的實際價值而言；只有最後一條才稍稍論及其思想內容的特質，「思無邪」可說是孔子對整部《詩經》思想內容的總評價。〔註137〕不過卻因其辭簡要而致後人疑議叢生，因爲「思無邪」到底是針對作者還是讀者，或者是詩的本文而言，往往見仁見智，因人而異的。

　　所以這些疑議就引起宋代所謂的「淫詩」之辯。這主要是就《詩經》中〈國風〉的內容而論。起因於孔子曾評論過「鄭聲淫」的話：

　　　　顏淵問爲邦。子曰：「行夏之時，乘殷之輅，服周之冕，樂則韶舞，放鄭聲，遠佞人。鄭聲淫，佞人殆。」〔註138〕

　　　　子曰：「惡紫之奪朱也，惡鄭聲之亂雅樂也。惡利口之覆邦家者。」

〔註139〕

孔子認爲鄭聲淫，並亂雅樂。所以宋代學者就在這句話底下大做文章，認爲〈國風〉中的確有些篇章是有不當之男女戀情的，其不合禮教，蔑視倫理，並且敗壞風俗。而這「淫詩說」就在北宋歐陽修〔註140〕的發起，與南宋朱熹

〔註132〕見〈子路篇〉，《論語注疏》卷十三，頁116。

〔註133〕見〈季氏篇〉，《論語注疏》卷十六，頁150。

〔註134〕見〈泰伯篇〉，《論語注疏》卷八，頁71。

〔註135〕見〈八佾篇〉，《論語注疏》卷三，頁30。

〔註136〕見〈爲政篇〉，《論語注疏》卷二，頁16。

〔註137〕見夏傳才：《詩經研究史概要》，頁52。

〔註138〕見〈衛靈公篇〉，《論語注疏》卷十五，頁138。

〔註139〕見〈陽貨篇〉，《論語注疏》卷十五，頁157。

〔註140〕歐陽修著有《毛詩本義》，《四庫提要》：「至宋而新義日增，舊說俱廢，推原所始，實發於修。」（台灣商務印書館，頁1-326），此外，程元敏師：《王柏之詩經學》，（嘉新水泥文化基金會研究論文），頁34「謂國風中有淫詩，先秦學者已有是說，而漢儒繼之，惟因小序託言美、刺，詩義爲所晦。至有宋諸儒去序言詩，……遂得以緣詩求義，解爲淫詩矣。……論後世倡言國風有淫篇者，謂實濫觴於歐陽修。……視女史所執之『朱筆』爲『美色之管』，男

〔註141〕及門弟子王柏〔註142〕的附和下，蔚然成風，儼然成爲當世潮流，而影響深遠，爾後說詩者亦多有承其說者。〔註143〕

不過經過近代學者的廣泛討論，我們大致可以確定在宋代理學家眼中所謂的「淫詩」應是出於道學家的門戶偏見的有色眼鏡，原非孔子的意思。因爲孔子講「鄭『聲』淫」卻非「鄭『風』淫」，「鄭風」與「鄭聲」應屬不同的範疇，實不能一概而論，等同論之〔註144〕。再者，孔子頗爲注重詩教及其政治社會之功用，又怎會拿「淫詩」來教弟子呢？可見宋人之說實在是於理難全。

然而在這場爭辨之中，並不是無的放矢，其中朱子與其好友呂祖謙正好形成新舊二派的對立。二人的互唱反調，讓爭論的焦點更加明確而清晰。而綜括言之，二人對「思無邪」的看法是：朱子認爲：一、作詩者有正有邪。二、作品有正有邪，故有淫詩。三、讀詩者應該思無邪。所以依據朱子之論，所謂的「思無邪」意指讀詩者應以「無邪」之思讀之，並非指作詩者之心或作品而言。

至於呂祖謙則認爲：一、作詩者思無邪，故爲刺淫詩。二、作品思無邪。三、讀詩者也要思無邪。所以據呂氏之說，「思無邪」指詩人以無邪之思作之，而學者亦以無邪之思讀之，故皆無邪也。〔註145〕

總之，二人之論大有不同，朱子主張國風中有淫詩，呂氏則以爲其非淫詩，乃刺者之詞，是刺淫詩。故一者有邪，一者無邪。不過到底是邪或無邪，我們以近代學者論「思無邪」的意見作結，黃永武便以〈詩大序〉所謂「發乎情，止乎於禮」者來傳達孔子之意，他說：

其實孔子以「思無邪」三字標明其詩觀以後，孔門中學習《詩經》

女用之，『相遺以通情結好』，則永叔爲第一。」

〔註141〕見李家樹：《詩經的歷史公案》，頁83～94。

〔註142〕見程元敏師：《王柏之詩經學》。內有詳細論述。

〔註143〕見（1）、皮錫瑞：《經學歷史》，頁308：「元仁宗延祐，定科舉法，……《詩》用《朱子集傳》」。（2）、李家樹：《詩經的歷史公案》，頁108～109：「元代學者研究《詩經》大都依傍朱《傳》。」注：如許謙《詩集傳名物鈔》、劉瑾《詩傳通釋》、梁益《詩傳旁通》、朱公遷《詩經疏義會通》、劉玉汝《詩纘緒》等。

〔註144〕參見（1）、文幸福：《詩經周南召南發微》，頁33～34。（2）、李家樹：《詩經的歷史公案》，頁83～94。（3）、詹秀惠：〈孔子思無邪說體認詩的純粹性〉，頁13～14。

〔註145〕以上可參考李家樹《詩經的歷史公案》，頁72～94。

最有心得的子夏，已將這種《詩》觀進一步地發揮講明。子夏在〈詩
大序〉中說：「變風發乎情，止乎禮義」，「發乎情」就是「思」；「止
乎禮義」就是「無邪」，變風尚且思無邪。則推論之，正風乃是「發
乎情，合乎禮義」，不必「止」而自然能「合」，更是思無邪。雅頌
也可以類推，所以三百篇都可以用「思無邪」三字來涵蓋了。〔註146〕

黃永武認為變風、變雅皆能「發乎情，止乎禮」。則正風理所當然更是「思無
邪」了。所以《詩》三百應如孔子所言之「思無邪」。

（二）慈湖論「思無邪」與「美刺」

在朱子與呂祖謙的爭論中，慈湖是偏向呂氏的觀點。慈湖直取孔氏《詩》
教「思無邪」作為三百篇一貫之旨。故對當時「淫詩」之論深不以為然。他
並且採取《詩序》「美刺」的看法，認為〈國風〉中某些詩乃刺淫邪，而非淫
詩。這無非是要直探「作詩者之心」，而不要單單只看作品的內容，便斷然取
義為淫思者之作。所以慈湖以「思無邪」之旨反覆論述，務破「淫詩論」的
荒誕不明，因此《四庫提要》評《慈湖詩傳》說：

是書大要本孔子無邪之旨，反覆發明。〔註147〕

《提要》謂慈湖本無邪之旨以釋《詩經》。至於「思無邪」與「美刺」的關係，
慈湖論述如下：

1、美

首先，慈湖認為「思無邪」即「平正無邪」，他說：

子曰：「《詩》三百，一言以蔽之，曰『思無邪』。」學者觀此，往往
竊疑三百篇當復有深義，恐不止此，不然則聖言所謂無邪必非常情
所謂無邪。是不然，聖言坦夷，無勞穿鑿。無邪者，無邪而已矣，
正而已矣，無越乎常情所云。……有正而無邪，有善而無惡，有誠
愨而無詐偽，有純而無雜。〔註148〕

慈湖指出當代學者多疑孔子言「思無邪」恐別有深意，不止於此，而非常情
之所謂「無邪」；慈湖則認為不然，他認為聖言坦夷，無勞穿鑿，只無邪一語
即足，而不必外求推說。因此「思無邪」就是無邪，正，善，純誠，不踰越
常情，即不必外求推說，而支離穿鑿。另外，無邪與孔門其它詩教之關連，

〔註146〕見黃永武：〈釋「思無邪」〉，頁26。
〔註147〕見《慈湖詩傳》，頁50。
〔註148〕見〈家記二：論詩〉，頁285。

慈湖則以爲：

> 孔子曰：「《詩》三百，一言以蔽之，曰：『思無邪。』」又曰：「興於
> 詩。」又曰：「人而不爲〈周南〉，〈召南〉，其猶正牆面而立也與。」
> 思無邪即興，興則不面牆，一旨也。〔註149〕

慈湖認爲「無邪」即「興」即「不面牆」，三者同爲一旨。此外，慈湖也認爲
無邪有無邪之妙，醇然粹然，他說：

> 孔子刪《詩》三百篇，……惟以一言蔽之曰「思無邪」。某取《詩》
> 詠歌之，不勝和樂融暢，如造化發育，醇然粹然。不知天地之在彼，
> 萬物之不齊也，不知其所始，不知其所終也。……《詩》中無邪之
> 妙，自足自全，雖不知何世何人所作，無損於斯妙也。〔註150〕

慈湖認爲「思無邪」自足自全，和樂融暢，其妙不可勝言，雖不知作者何世
何人，亦無損其妙。

　　而《詩》何以能夠無邪？慈湖認爲聖人並非照單全收，是有取捨依據的，
慈湖說：

> 《詩》三百篇多小夫賤婦所爲，忽然有感於中，發於聲，有所諷，
> 有所美。雖今之愚夫愚婦亦有忽諷忽美之言，苟成章句，苟非邪僻，
> 亦古之詩，夫豈難知？惟此無邪之思，人皆有之，而不自知其所起，
> 不知其所自用，不知其所終，不知其所歸。〔註151〕

> 人能知徐行後長之心即堯舜之心，則知之矣！……此心人所自有，故
> 三百篇或出於賤夫婦人所爲，聖人取焉，取其良心之所發也。〔註152〕

慈湖認爲三百篇皆良心所發，所以聖人美焉。而此「無邪之思，人皆有之。」
故三百篇中儘管出自村夫村婦，賤夫愚婦所作，然其或諷或美，一皆出於「無
邪之思」，皆出自「本心」，「良心」之所發者，故能純正無邪惡，使人不難知之。

　　不過，儘管慈湖認爲「思無邪」之旨並不難知，然孔門諸賢及後世學者
知之者卻甚少，其中唯曾子知之而已，慈湖說：

> 「思無邪」一語，孔門諸賢盡聞之，後世學者亦盡聞之，而某謂曾
> 子則知之，餘難其人。〔註153〕

〔註149〕見〈家記二：論詩〉，頁286。
〔註150〕見〈家記二：論詩〉，頁287。
〔註151〕見〈家記二：論詩〉，頁286。
〔註152〕見〈家記二：論詩〉，頁285～286。
〔註153〕見〈家記二：論詩〉，頁286。

何以慈湖認爲「思無邪」之旨唯獨曾子知之，而非孔門傳《詩》之子夏，〔註154〕
慈湖則說：

> 此旨非子夏所能知也。子夏、子張、子游以有若似聖人，欲以所事
> 孔子事之，強曾子，曾子獨不可，曰：「江漢以濯之，秋陽以暴之，
> 皜皜乎，不可尚巳！」曾子則知無邪之旨矣！子夏使西河之民，疑
> 其於夫子，其於無邪之旨乖矣！〔註155〕

慈湖認爲子夏以有若似聖人而欲事其若孔子，此斷不可，而唯曾子知之。以
及西河之治，民疑子夏即猶孔子，此亦甚有不當，故慈湖認爲子夏實未得於
無邪之旨。

其次，慈湖認爲「無邪之心」即「道心」。其釋〈召南・羔羊〉云：

> 無邪即道。〔註156〕

另外，在〈鄭風・叔于田〉云：

> 〈叔于田〉之詩，愛叔美叔，人之善心也，道心也，……《毛詩序》
> 乃皆曰「刺莊公」，大失本旨矣，〈大叔于田〉詩中曷嘗有不義之意，
> 惟不知是詩平正無邪之即道心。〔註157〕

這是慈湖和《詩序》美刺主張完全相反之處。《詩序》認爲〈叔于田〉乃「刺」
莊公；慈湖則認爲是詩在「美」叔于田之道心，因爲「平正無邪」之心即是
「道心」，所以《詩序》大失本旨。不過，不只無邪之心爲道心，慈湖認爲「畏
忌之心」亦是道心，在〈鄭風・將仲子〉中，他說：

> 畏忌之心非慢易之心也。夫不忍殺其弟之心，畏忌之心，此即道心。
> 而《序》以爲刺。近世蘇氏亦推及他日隱微未著之情，與夫其後欲
> 殺其弟之志，而盡掩是詩之善。〔註158〕

這也是慈湖與《詩序》論點相背之處。《詩序》認爲〈將仲子〉是「刺」莊公
不勝其母，而縱其弟失道弗制以致於大亂；然慈湖則不以爲然，他認爲是詩
乃言莊公不忍殺其弟之「畏忌之心」，此即人之善心，道心，亦是其「美」善
之處，更是三百篇之通旨所在。

最後，慈湖認爲「反正之心」即「無邪之心」。慈湖闡釋人們反過求正之

〔註154〕見皮錫瑞著：《經學歷史》，頁36。
〔註155〕見〈家記二：論詩〉，頁286。
〔註156〕見〈召南・羔羊〉，頁71。
〔註157〕見〈鄭風・叔于田〉，頁114。
〔註158〕見〈鄭風・將仲子〉，頁113。

心即是無邪之心。其釋〈衛風・氓〉云：

> 《毛詩序》曰：「〈氓〉，刺時也。宣公之時，禮義消亡，淫風大行。男女無別，遂相奔誘。華落色衰，復相棄背。或乃困而自悔，喪其配耦，故序其事以風焉，美反正刺淫泆也。」陳曰：「見棄而悔，乃人情之常，何美之有？」呂伯恭取陳說而載之記。異哉！諸儒之爲論也，《序》辭差謬多矣！獨此《序》庶幾焉。……《春秋》雖誅魯桓之大逆，而亦書其告於廟之合於禮。《易》曰：「其吉則困而反則也。」正〈氓〉詩悔過反正，可美之道也。……夫人心即道，……一能反正即復道心。……有能信此心之即道，悟百姓日用之機，則三百篇平正無邪之妙，昭如日月矣！〔註159〕

> 〈氓〉詩悔過，孔子取其反正之心。聖人無私善，無私怒，平心是非，皆以明道。〔註160〕

慈湖認爲《春秋》書魯桓之大逆，因其合於禮故載之。就如同〈氓〉詩中「悔過反正之心」亦爲「道心」，故可「美」之。而此「道心」即是「無邪之心」，故能合乎三百篇無邪之妙。

另外，在〈鄭風・丰〉慈湖云：

> 《毛詩序》曰：「昏姻之道缺，陽倡而陰不和，男行而女不隨。」觀詩意，誠有之，然今悔矣！悔過之心，聖人取焉。《序》總曰：「刺亂也。」則差矣！此悔而作詩，求復諧者也。〔註161〕

慈湖認爲〈丰〉中悔過之心乃聖人所取焉者，取其無邪之道心，而求復諧合之美。

2、刺──「刺淫詩」即「思無邪」

慈湖認爲「刺好色」，「刺淫詩」即是「思無邪」。其釋〈邶風・新臺〉云：

> 《毛詩序》曰：「〈新臺〉，刺衛宣公也。納伋之妻，作新臺于河上而要之。國人惡之，而作是詩也。」……是詩深惡淫邪，是爲「思無邪」。」〔註162〕

另外，在〈邶風・谷風〉云：

〔註159〕見〈衛風・氓〉，頁 103～104。
〔註160〕見〈鄭風・將仲子〉，頁 113。
〔註161〕見〈鄭風・丰〉，頁 119。
〔註162〕見〈邶風・新臺〉，頁 87～88。

《毛詩序》曰：「衛人化其上，淫于新昏，而棄其舊室。」……是詩
刺邪，所思無邪。〔註163〕

慈湖認爲是詩刺淫邪即爲「思無邪」。此外，在〈鄘風・桑中〉慈湖還批評朱
子之語，他說：

或曰：桑中、溱洧幾於勸矣，何以「思無邪？」曰：此非淫者之辭
也，刺者之辭也。淫者畏人之知，託以爲采期於幽遠，詎敢明言姜、
弋、庸乎？使果淫者之辭，將敘事實以紀其情。縱桑中之地闊遠，
相期之處或同，豈一一皆要見於上宮，豈一一皆送於淇水之上，豈
於姜必託以采唐，於弋必託以采麥，皆人協韻爾。以是知皆刺者之
辭也，總言淫者之情狀，而非的也。故《序》曰：「刺奔。」〔註164〕

這是慈湖與《詩序》，呂祖謙同一觀點而對抗朱子淫詩說之處。慈湖認爲朱子
因誤認〈桑中〉即〈樂記〉「桑間」之地，故誤斥〈桑中〉爲淫詩之錯，因此，
這是朱子似是而非之論。〔註165〕另外，朱子認爲〈溱洧〉也是「淫詩」，慈湖
則採取《詩序》言「刺」之意，他說：

敘其事，所以著其惡也，刺之也。非士女相謔者自作是詩也。〔註166〕

慈湖認爲〈溱洧〉是刺不善而著其惡，並非相謔者自作之詞。

總之，慈湖認爲作者是以無邪之思刺之，故詩爲刺者之辭，而非淫者之
詩，因此是爲「思無邪」。

以上之論，我們知道《詩序》有「美刺」理論，而慈湖也談「美刺」觀
點，不過要說明的雖慈湖是襲其名而更其實。除了承繼某些美刺之論外，對
《詩序》所說的論點，慈湖絕大多數是不太認同，而持相反之意見的。在許
多地方，慈湖覺得《詩序》所言不當，該美的不美，美的卻儘是無中生有，
而未中其要，成了妄加推測之辭；而該刺的不刺，刺的卻根本是不合事實，
因此並不能取信於人。因此慈湖之論美刺與《詩序》所言者的確是舊瓶裝新
酒，貌似而神異，已非《詩序》之原貌。

此外，我們要談的是慈湖對《詩經》雖多有維護，卻仍舊脫離不了道學
家之基本立場，他並沒有如實，本原地看待《國風》中的某些篇章，所以儘

〔註163〕見〈邶風・谷風〉，頁81～83。
〔註164〕見〈鄘風・桑中〉，頁92。
〔註165〕見〈鄘風・桑中〉，頁92。
〔註166〕見〈鄭風・溱洧〉，頁122。

管反對淫詩之論，卻仍然掙脫不了淫詩的侷隘，而在觀點上存有偏頗，遂致也有不甚公允的批判。

其實，孟子以意逆志原無不可，然推求過甚，則將失之穿鑿，而妄抒謬論，因爲我們都不是作者，更不能自以爲是作者而妄加推測。因爲除了作者之外，是沒有人能取代作者的。因此所論也只能是推想，若執定而行，便容易流於主觀臆斷，而形成妄加附會的結果。

所以「《詩》三百，一言以蔽之曰『思無邪』」之語，應該只能限於對作品的立論才能成立，況且孔子也不能妄測作詩者之意，卻可以從一個編者，讀者的心態去總體歸納其思想意涵及特質；可以從一個評論者的角色對作品進行品評、鑑賞與歸納，這便是作品的再創造，讀者的再詮釋，而孔子能，任何人也都能，只是造道有深淺，工力有薄厚，流傳有遠近而已，若只是不斷地執著於不知作者的作詩者之意，而推想其情，則顯然容易形成對空鳴槍，與天拔河的妄想，而令人有著使不著力氣之嘆。

第三節　慈湖對經義之「轉化」——經解新詮　釋說己意

慈湖擅長在傳統經義的解說上，另起爐灶，另作加工，而自成新意。這是對經義進行改造脫胎以求適合其意的表現。

一、「四毋」與「毋意」「不起意」

「四毋」即「毋意、毋必、毋故、毋我」，出自《論語》〈子罕篇〉，〔註167〕這是孔門弟子平日觀察孔子言行所得的結論，是有關孔子言行態度的一種描述。〔註168〕而在文意的詮釋上，「意、必、固、我」大指上是指人在修養上，容易犯的四種毛病。其歷來解釋如下：

1、敦煌本鄭玄注為：

> 億，謂以意，意有所疑度。必，謂成言未然之事。固，謂已事因然之。我，謂己言必可用。絕此四者，爲其陷於專愚也。〔註169〕

〔註167〕見〈子罕〉，《四書章句集注》卷五，朱熹著，頁148。
〔註168〕見〈孔子的四毋〉，陳大齊著，《孔孟荀學說》，頁116～117。
〔註169〕見《敦煌寶藏》第121冊：伯2510，頁334，黃永武主編，（圖版不甚清楚）。

2、何晏《論語集解》云：（邢昺疏意同）

> 以道爲度故不任意。用之則行，舍之則藏，故無專必。無可無不可，故無固行。述古而不自作，處群粹而不自異，唯道是從，故不有其身。〔註170〕

3、朱子注云：

> 意，私意也。必，期必也。固，執滯也。我，私己也。四者相爲終始，起於意，遂於必，留於固，而成於我也。〔註171〕

以上之論，或從正面或從反面立說，不過皆是分述四種觀點及意見。至於「意」字則爭論較多，也因異文而有幾種不同訓釋：

1、任意

◎何晏《論語集解》：「以道爲度，故不任意。」邢昺疏：「常人私心徇惑，自任己意。」〔註172〕皇侃疏：「凡人有滯，故動靜委曲，自任用其意。」〔註173〕

2、私意

◎伊川言：「『毋意』，毋私意也。毋必爲、毋固滯、毋彼我。」〔註174〕

◎朱熹《論語集注》：「意、私意。」〔註175〕

3、測度——即「億」也

◎敦煌唐寫本：「意」作「億」。鄭玄注：「億，謂以意，意有所疑度。」〔註176〕

◎《公羊傳》昭公十二年：「在側者曰：『子苟知之，何以不革？』」曰：「如爾所不知何。」何休解詁：「此夫子欲爲後人法，不欲令

可參考陳金木《唐寫本論語鄭氏注研究——以考據、復原、詮釋爲中心的考察》，頁951。
〔註170〕見〈子罕篇〉，《論語注疏》卷九，頁77。
〔註171〕見〈子罕篇〉，《四書章句集注》卷五，頁148。
〔註172〕見〈子罕篇〉，《論語注疏》卷九，頁77。
〔註173〕見《論語集解義疏》卷五，（魏）何晏著、（梁）皇侃疏，頁295。
〔註174〕見《河南程氏外書》卷二，頁360。
〔註175〕見〈子罕篇〉，《四書章句集注》卷五，頁148。
〔註176〕見《敦煌寶藏》第121冊：伯2510，頁334，黃永武主編，（圖版不甚清楚）。
　　　　可參考陳金木《唐寫本論語鄭氏注研究——以考據、復原、詮釋爲中心的考察》，頁951。

　　　　人妄億錯。子絕四：勿意、勿必、勿固、勿我。」〔註 177〕

　　◎劉寶楠《論語正義》：「於力之音，亦是讀億，陸不當以爲非也。」
　　　　〔註 178〕

　　◎段玉裁《說文解字注》釋「意，志也」云：「意之訓爲測度、爲記。
　　　　訓測者，如《論語》『毋意、毋必』，『不逆詐、不億不信』，『億則
　　　　屢中』，其字俗作『億』。」〔註 179〕

以上之論，歷來「意」有釋成「私意」，「任意」及「測度」等等，其中「私意」與「任意」意實相近，原無不可；然就敦煌卷子及全文文意〔註 180〕看來，則「測度」似乎比較接近《論語》之原意，故今人多採之。

　　至於慈湖的解釋，則認爲「四毋」都是「毋意」之意，他說：

　　意態有四：必、固、我皆意也。〔註 181〕

　　凡動乎意皆害道，凡意皆勿。孔子曰：「毋意、毋必、毋固、毋我。」
　　意之狀大概無踰斯四者。〔註 182〕

　　亂生於意，意生紛然。……孔子曰：「心之精神是謂聖。」而每戒學
　　者毋意、毋必、毋固、毋我。意態萬殊，而大概無踰斯四者。聖人
　　深知意之害道也甚，故諄諄止絕學者。門弟子欲盡記之，則不勝其
　　記，故總而記之曰：「子絕四。」〔註 183〕

　　何謂意？微起焉皆謂之意，微止焉皆謂之意。……何謂必？必亦意
　　之必。……何謂固？固亦意之固。……何爲我？我亦意之我。意生
　　故我立，意不生我亦不立。〔註 184〕

〔註 177〕見《公羊傳》，《十三經注疏》第七冊，昭公十二年傳注，頁 282。
〔註 178〕見《論語正義》卷十，（清）劉寶楠撰，頁 5。
〔註 179〕見段玉裁：《說文解字注》，頁 507。
〔註 180〕見〈孔子的四毋〉，《孔孟荀哲學》，頁 116～117，陳百年先生有詳細的論說。
　　　　其以爲釋成「任意」或「私意」者，專就字面而論，原無不可，但就全章而
　　　　論，此種解釋，未見妥適。……因釋「毋意」爲不任意或無私意，將與第四
　　　　個「毋我」無可分別，且有重複之嫌。…而釋成「意度」既不違背字意，且
　　　　可與孔子的思想相通，即對於所疑所不知的事情，要姑且存疑，不加論定，
　　　　不可胡亂猜測，妄作臆斷。
〔註 181〕見〈吳學講義〉，《慈湖遺書》卷五，頁 228。
〔註 182〕見〈詠春堂記〉，《慈湖遺書》卷二，頁 185。
〔註 183〕見〈著庭記〉，《慈湖遺書》卷二，頁 197。
〔註 184〕見〈絕四記〉，《慈湖遺書》卷二，頁 187～188。

慈湖把「意、必、固、我」四者全說成「意」的不同形態，故有「意之必」，「意之固」，「意之我」之意態分殊，是四者是同質性的。這與前面學者所論之觀點不太一樣。至於「意、必、固、我」的形態，慈湖也逐一解釋，在「意」方面，他說：

> 不動乎意者也，……即孔子「毋意」之謂也。〔註185〕

慈湖認為孔子「毋意」即是「不動乎意」，「不起意」的意思，這與前面所論之「私意」、「測度」者等意有不同。至於「意」的內涵是什麼，慈湖也說：

> 何謂意？微起焉皆謂之意，微止焉皆謂之意。意之為狀不可勝窮，
> 有利有害，有是有非，有進有退，有虛有實，有多有寡，有散有合，
> 有依有違，有前有後，有上有下，有體有用，有本有末，有此有彼，
> 有動有靜，有今有古。若此之類，雖窮日之力，窮年之力，縱說橫
> 說，廣說備說，不可得而盡。〔註186〕

> 或有動之意，或有靜之意，或有難之意，或有易之意，或有多之意，
> 或有寡之意，或有實之意，或有虛之意，或有精之意，或有粗之意，
> 或有古之意，或有今之意，或有大之意，或有小之意，意態萬狀，
> 不可勝窮。故孔子每每止絕群弟子之意，亦不一而足。他日記者欲
> 記，則不勝其記，故總而記之曰：「子絕四：毋意、毋必、毋固、固
> 我。」必如此，必不如此，固滯而不通，行我行，坐我坐，衣我衣，
> 飲食我飲食，儼然有我者存，凡此皆意中之變態。〔註187〕

慈湖認為「意態萬狀」，不只於四，不可勝記，故孔門弟子總而記之曰四而已。例如利害、是非、進退、虛實、散合、依違、前後、體用、本末、此彼、動靜、今古、難易、多寡、精粗……等皆是意之紛然萬態，不一而足，雖窮年力索亦難得盡。此外，也有意之變態，即是有我存者，行坐衣食皆不離我，而形成必如此，或必不如此之固滯不通。

另外，學者多以「毋」為「無」，例朱子說：

> 絕，無之盡者。毋，史記作「無」是也。〔註188〕

慈湖覺得這是不對的，他認為「毋意」非「無意」，言「無意」是迷惑天下人

〔註185〕見〈周頌・維清〉，頁294。
〔註186〕見〈絕四記〉，《慈湖遺書》卷二，頁187。
〔註187〕見〈家記七：論中庸〉，頁372。
〔註188〕見〈子罕〉，《四書章句集注》卷五，頁148。

之心，他說：

> 孔子不言心，惟絕學者之意，而猶曰「予欲無言」，則知言亦起病，
> 言亦起意，姑曰「毋意」。聖人尚不欲言，恐學者又起無意之意也。
> 離意求心，未脫乎意。〔註189〕

> 先儒豈不知毋義非無，而必以毋爲無者，謂此非學者之所及，惟聖
> 人可以當之，故不得不改其義爲無，而獨歸之孔子。〔註190〕

慈湖以爲「毋」非「無」，因「無意」也是一種「意」，並非「毋意」，此試圖
強行抑制住自己的「意」，是又落入另一種「意」中。只有「毋意」才能眞正
離意而不著意，達到「直心直用」的境界。所以若不得已改爲「無」，也只有
聖人足以當之，而能免去「無意之意」的弊端。〔註191〕故言「無意」就是「賊
天下萬世之良心」，〔註192〕而不可不愼。

　　至於「必」，慈湖說：

> 何謂必？必亦意之必，必如此必不如彼，必欲如彼必不欲如此。大
> 道無方，奚可指定，以爲道在此則不在彼乎？以爲道在彼則不在此
> 乎？必信必果，無乃不可斷，斷必必自離自失。〔註193〕

慈湖認爲「必」也是一種「意」，是一種人固執己見的態度。因爲道無方，無
所不在，如果執一定要如此或如彼，都是背道之舉，所以「意」要絕，「必」
要斷。〔註194〕

　　至於「固」，慈湖也說：

> 何謂固？固亦意之固。固守而不通，其道必窮；固守而不化，其道
> 亦下。孔子嘗曰：「我則異於是，無可無不可。」又曰：「吾有知乎
> 哉？無知也。」可不可尚無，而況於固乎？尚無所知，而況於固乎？
>
> 〔註195〕

慈湖認爲「固」也是一種「意」。即固守而不知損益變化，如此必窮必下。

　　至於「我」，慈湖則說：

〔註189〕見〈絕四記〉，《慈湖遺書》卷二，頁187。
〔註190〕見〈絕四記〉，《慈湖遺書》卷二，頁188。
〔註191〕見鄭曉江等：《楊簡》，頁71。
〔註192〕見〈絕四記〉，《慈湖遺書》卷二，頁188。
〔註193〕見〈絕四記〉，《慈湖遺書》卷二，頁188。
〔註194〕見鄭曉江等：《楊簡》，頁73。
〔註195〕見〈絕四記〉，《慈湖遺書》卷二，頁188。

> 何謂我？我亦意之我，意生故我立，意不生我亦不立。自幼而乳，
> 曰我乳；長而食，曰我食，衣曰我衣，行我行，坐我坐，讀書我讀
> 書，仕宦我仕宦，名聲我名聲，行藝我行藝。牢堅如鐵，不亦如塊，
> 不亦如氣，不亦如虛，不知方意念未作時，洞焉寂焉，無尚不立，
> 何者爲我？雖意念既作，至於深切時亦未嘗不洞焉寂焉，無尚不立，
> 何者爲我？〔註196〕

慈湖認爲我也是「意」之「我」。是人立於主體我的立場去認知及生活。例如行住坐臥，讀書仕宦等等，每個人都直接感受到「我」在其中運作。而這種固執於「我」的現象，在慈湖看來，是不值得稱許的，因爲只有無「我」意之時，才能深切體驗天地一，萬物一，人我一的「洞然寂焉」的境界。〔註197〕因此，慈湖認爲要去「意、必、固、我」才能與萬化爲一，他說：

> 蓋有學者自以爲意、必、固、我咸無，而未免乎行我行，坐我坐，
> 則何以能範圍天地，發育萬物？非聖人獨能範圍而學者不能也，非
> 聖人獨能發育而學者不能也。……一日覺之，此心無體，清明無際，
> 本與天地同，範圍無內外，發育無疆界。學者喜動喜進喜作喜有，
> 不墮於意則墮於必，不墮於固則墮於我，墮此四者之中，不勝其多。
>
> 〔註198〕

慈湖認爲有意、必、固、我，則難以範圍天地，發育萬物，唯有悟此心之清明無際，方能與天地同，與造化一，而無內外疆界之分別。

總之，慈湖認爲「意、必、固、我」乃清明心之障蔽，故必須堅決「止絕之」。除了「意」之外，「必、固、我」也是意的分殊之態。所以在四者中，止絕「意」顯然是最重要的，無「意」，則「必、固、我」都可以盡去之，〔註199〕因此慈湖每每告誡學者要「毋意」，「不起意」，「不動乎意」。

二、「無知」與「日用不知」「不識不知」

「無知」出自《論語》〈子罕篇〉。孔子說：「吾有知乎哉？吾無知也。有鄙夫問於我，空空如也。我叩其兩端而竭焉。」其中「無知」之意，歷來主

〔註196〕見〈絕四記〉，《慈湖遺書》卷二，頁188。
〔註197〕見鄭曉江等：《楊簡》，頁74。
〔註198〕見〈絕四記〉，《慈湖遺書》卷二，頁188。
〔註199〕見鄭曉江等：《楊簡》，頁75。

要的解釋如下：

1、何晏集解：知者，知意之知也。邢昺疏：知者，意之所知也。〔註200〕

2、朱子注：孔子謙言己無知識。〔註201〕

以上的解釋是知道，知識之意，表示孔子自謙自己並非無所不知。

不過慈湖對「無知」的解釋，跟前人並不一樣。慈湖說：

> 孔子曰：「知我者，其天乎!」又曰：「吾無知也。」惟其無知，人不知，惟天知，無知即無爲，無知無爲，照臨不遺。〔註202〕

> 孔子知群弟子以我爲有知也，故告之曰：「吾有知乎哉？無所知也。」……蓋詳言胸中實無所有，實無所知。……使孔子有知，則無以爲聖人矣。〔註203〕

慈湖所謂的無知是無所知，不知，無知無爲，人皆不知，唯天知而已。而孔子爲聖人就是因爲其無知，只有無知才是眞知，慈湖說：

> 「吾有知乎哉？無知也。」……然而聖人又曰：「蓋有不知而作之者，我無是也。多聞，擇其善者而從之，多見而識之，知之次也。」如此則又自以爲有知，然則聖人果有知乎？果無知乎？曰：無知者，聖人之眞知，而聖人知之實無知也。如以爲聖人之道實可以知之，則聖人之道乃不過智識耳，不過事物耳。而聖人之道乃非智識，非事物，則求聖人之道者不可以知爲止。然以聖人之道爲可以知者，固未離於知；以聖人之道爲不可知者，亦未離於知，惟其猶有不可知之知，非眞無知也。聖人之眞無知，非智識之所到，非知不知所能盡，一言以蔽之，曰「心」而已矣。此心非知非不知，苟明此心，自然非知不知之所及，此之謂眞無知。不得此心而求無知，則愈無知愈多知。〔註204〕

> 孔子……自謂「吾有知乎哉？無知也。」此非訓詁之所能解，非心思之所能及。〔註205〕

〔註200〕見〈子罕篇〉,《論語注疏》卷九，頁78。
〔註201〕見〈子罕篇〉,《四書章句集注》卷五，頁149。
〔註202〕見〈大有卦〉，頁249。
〔註203〕見〈家記五：論論語下〉，頁353。
〔註204〕見〈家記五：論論語下〉，頁353。
〔註205〕見〈家記一：泛論易〉，頁257。

孔子曰：「吾有知乎哉？無知也。」知尚不可有，而況於能乎？〔註206〕
慈湖認爲「聖人之知」爲「無知」，而「無知」是聖人的「眞知」，是「眞無知」。
而這個「眞無知」並非知識所能到，亦非訓詁，心思之所可及，既不是「知」，
也不是「不知」，即「非知非不知」。若以爲聖人之道是可以知，或是不可知，
這在慈湖看來都是錯誤的，因知與不知都不曾離於知，仍屬於知的層次，所以
「知」不可有，更別說去求「無知」了，因爲求無知則又陷入另一種知了，反
而會愈求愈多知。因此，慈湖反對知，認爲知則動於思慮，他說：

　　「吾有知乎哉？無知也。」然則孔子之不息未嘗有知，知則動於思
　　慮，動於思慮則息矣，非進德也。〔註207〕

　　有知則有意。〔註208〕

慈湖認爲孔子即因未嘗有知，無知，才能不動乎思慮而不息；況且有知則將
流於意之中，這與孔子「毋意」相違背。而關於此點鄭曉江等也認爲：「所
謂『聖人之眞知』，即對本然之『心』的體認和自然合一。……在慈湖處，
眞正的眞知乃是對本心的體會，所以，人之聰明才智再高，不足以言知；人
對外物認識得再細密、深入，亦不足以言知。所以，『聖人之道』就一般認
識層面而言，是不可『知』之道……。但是，『無知』又非完全的『無知』，
慈湖認爲……一味追求『無知』的狀態，此亦是偏。……因此，慈湖之意在
使人拋卻一般知識論上的『有知』和『無知』，復返本然之知，亦即復返『本
心』，此復返不是外求『有知』或『無知』，而是一種『呈現』，是『本心』
自有的內涵完整地全部地展示出來，這叫『即心自是妙』。……人生活中，
行動裡，本心的直接呈現便是眞知，其與古聖賢之『心』同，千秋萬代之後，
此『心』仍然相同。『心』至高而又至爲平常，至神而又實在切近，識此使
爲『無知之知』，便爲『聖人之眞知』。」〔註209〕最後，他們總結說：「慈湖
指出，人之視聽言動從心而發，人之惻隱羞惡恭敬是非從心而發，不假思慮，
不待勉強，即是己之『心』的自然發布流行，這才是眞正的『無知之知』。」
〔註210〕所以眞正的「無知」是不假思慮，不待勉強，而自然發布流行的狀
態。是「本心」自有的內涵完整地，全部地展示出來，也就是「本心」的直

〔註206〕見〈中庸〉，《先聖大訓》卷三，頁423。
〔註207〕見〈升卦〉，頁333。
〔註208〕見〈家記五：論論語下〉，頁353。
〔註209〕見鄭曉江等：《楊簡》，頁87～88。
〔註210〕見鄭曉江等：《楊簡》，頁89。

接呈現。

此外，「無知」的意涵與其它經典也有相通之處，慈湖說：

> 知則亂則昏，不知則清明，則無所不知。孔子曰：「吾有知乎哉？無知也」，文王「不識不知，順帝之則。」子貢以爲多學而識之，聖人以爲非。〔註211〕

> 故曰：「天下何思何慮？」孔子曰：「吾有知乎哉？無知也。」文王「不識不知，順帝之則。」〔註212〕

> 心可言不可思。孔子知門弟子必多以孔子爲有知，明告之曰：「吾有知乎哉？無知也。」知即思。又曰：「天下何思何慮？」周公仰而思之，夜以繼日，即思非思。孔子臨事而懼，好謀而成，即懼非懼，即謀非謀。〔註213〕

> 人心自正，人心自善，……百姓日用此心之妙而不自知，以其意動而有過，……無外起意，無適無莫，蒙以養之。孔子曰「吾有知乎哉？無知也。」文王「不識不知。」〔註214〕

> 「吾有知乎哉？無知也。」「不知爲不知」，誠實無它，「無思無爲」，非道而何？〔註215〕

依慈湖之見，「知即思」。而「無知」與《尚書》「不識不知」，及《易傳》「百姓日用不知」，「無思無爲」，「何思何慮」等意實相通。都是否定思慮，與知的意義，因爲「知」有昏亂的危害性，「不知」才能確保清明，因此周孔都是非思非慮的聖人。至於要如何才能達到「無知」，慈湖也說：

> 自古昔以來，崇道者紛紛，而得道者千無一，萬無一。學者以思慮之所到爲道，以言語之所及爲道，則安能無所不通，變化無窮哉！……惟其未嘗思而思也，未嘗爲而爲也。蒙以養正，養此也。……惟蒙可以養之。蒙者，文王之「不識不知」也，孔子之「無知」也。〔註216〕

〔註211〕見〈孔子閒居解〉，《慈湖遺書續集》卷二，頁469。
〔註212〕見〈蠱卦〉，頁259。
〔註213〕見〈蔣秉信墓銘〉，《慈湖遺書》卷五，頁221。
〔註214〕見〈吳學講義〉，《慈湖遺書》卷五，頁227～228。
〔註215〕見〈家記四：論論語上〉，頁326。
〔註216〕見〈升卦〉，頁332。

孔子曰：「吾有知乎哉？無知也。」文王「不識不知。」孔子每每戒
學者毋意，……如蒙如愚，以養其正，作聖之功。〔註217〕

慈湖認爲惟有「蒙以養之」才是得道的境界，才能「意態不作」，〔註218〕這就
是文王的不識不知，與孔子的無知毋意。

總之，慈湖對無知的詮釋，使其原本偏向知識性的意涵轉移爲道德心靈
層次的概念，成爲對道渾然不知，不可知，而「蒙昧」〔註219〕的狀態。這種
思考是一種境界的提升，而進入了更玄遠，更難以觸摸的狀態。

三、「安汝止」與「靜止」「不動意」

「安汝止」一語出自《今文尚書》〈益稷謨〉：

禹曰：「都，帝！慎乃在位。」帝曰：「俞。」禹曰：「安汝止，惟幾
惟康，其弼直；惟動丕應，徯志以昭受上帝，天其申命用休。」

《僞孔傳》：

言慎在位，當先安好惡所止，念慮幾微，以保其安，其輔臣必用直
人。〔註220〕

《僞孔》釋「安汝止」爲安念慮之幾微，使其好惡止於所當止。

在慈湖的學說中，「安汝止」即是「靜止」，「不乎動意」的意思，他說：

禹告舜曰：「安女止。」謂舜本靜止不動，安之無動乎意。〔註221〕

其次，在《康誥》：「汝丕遠，惟商耇成，宅心知訓。」也說：

禹告舜曰：「安女止。」伊尹告太甲曰：「欽厥止。」至文王之教，
亦惟在宅心。蓋人心本靜止而不動，喜怒哀樂、視聽言動，皆其變
化。如鑑中生萬象，而鑑無思爲。惟動乎私意，故至昏亂。〔註222〕

禹曰：「安女止。」謂人性本靜止，安之不動而已矣！〔註223〕

另外，慈湖在〈周頌・維清〉說：

清者，不動乎意者也。禹曰：「安汝止。」之謂也。〔註224〕

〔註217〕見〈吳學講義〉，《慈湖遺書》卷五，頁228。
〔註218〕見〈升卦〉，頁332。
〔註219〕見侯外廬等：《宋明理學史》，頁593。
〔註220〕見〈益稷謨〉，《尚書注疏》卷五，《十三經注疏》第一冊，頁67。
〔註221〕見〈安止記〉，《慈湖遺書》卷二，頁199。
〔註222〕見〈康誥〉，《五誥解》卷一，57-604。
〔註223〕見〈家記八：論孟子〉，頁381。

最後，在〈邶風・雄雉〉也云：

> 禹曰：「安汝止。」人之本心自靜止，安止而應。〔註225〕

這些都說明慈湖對「安汝止」的理解及詮釋的觀點。

第四節　慈湖對經傳之「偏愛」──千古深契　有得於心

這是慈湖對於經傳理解、詮釋上的偏好。是一種能與千古心靈對話、溝通，而達到心領神契，默識神會的境界與喜樂。從中我們可以想見慈湖的爲人，感受出其性靈的樣貌神態與其情感的特質傾向，而對慈湖本人有更細緻的瞭解與體會。

一、無思無爲寂然不動感而遂通

「無思無爲」是〈繫辭上傳〉的一段文字，其文爲：「《易》無思也，無爲也，寂然不動，感而遂通天下之故。」學者的解釋如下：

◎孔穎達疏：「《易》無思也，無爲也者，任運自然，不關心慮，是無思也；任運自動，不須營造，是無爲也。寂然不動，感而遂通天下之故者，既無思無爲，故寂然不動，有感必應，萬事皆通，是感而遂通天下之故也。」〔註226〕

◎朱子曰：「此四者，《易》之體所以立，而用所以行者也。《易》，指蓍卦。無思無爲，言其無心也。寂然者，感之體；感通者，寂之用。人心之妙，其動靜亦如此。」〔註227〕

按照孔穎達及朱子的講法，「無思無爲」意指任運自然，沒有思慮，沒有營造，無心而爲之的意思。這其實和道家無爲的思想可以相通，同樣強調自然，順應本然的狀態，因此不要人爲的心慮造作。

而慈湖自述幼時讀《易大傳》，便深愛此「無思無爲，寂然不動，感而遂通。」的境界，且隱然以此爲學道之最高理境，他說：

〔註224〕見〈周頌・維清〉，頁294。
〔註225〕見〈邶風・雄雉〉，頁80。
〔註226〕見〈繫辭上傳〉，《周易注疏》卷三，《十三經注疏》第一冊，頁155。
〔註227〕見〈繫辭上傳〉，《周易本義》卷三，頁61~62，見《易程傳・易本義》。

少讀《易大傳》，深愛「無思也、無爲也，寂然不動，感而遂通天下之故。」竊自念學道，必造此妙。〔註228〕

此外，慈湖也認爲「無思無爲」是人心之神用妙用，也就是道，他說：

自古學者，……不悟無思無爲之實乃人心之精神妙用。〔註229〕

無思無爲，非道而何？聖言善於明道如此。〔註230〕

爾後漸長，在閱讀及親身經歷中，慈湖更有領悟，並舉出聖人之例作爲印證，他說：

子曰：「吾嘗終日不食，終夜不寢，以思，無益，不如學也。」孔子於此深省天下何思何慮，實無可思慮者。經禮三百，曲禮三千，皆吾心中之物，無俟乎復思，無俟乎復慮。〔註231〕

慈湖認爲孔子以自身體驗說明以思之無益，就是因爲天地萬物本就無可思慮。而周公仰而思之，夜以繼日；以及孔子臨事而懼，好謀而成，也都是無思無慮，即思非思的表現。

另外，孔子哭顏淵，慈湖認爲這也是「無思無爲」的作用，他說：

及他日，讀《論語》孔子哭顏淵至於慟，從者曰：「子慟矣！」曰：「有慟乎？」則孔子自不知其爲慟，殆非所謂無思無爲，寂然不動者。至於不自知，則又幾於不清明，疑懷於中，往往一二十年。及承教於象山陸先生，聞舉扇訟之是非，忽覺某心乃如此清明，虛靈妙用之應無不可者。及後居姒氏喪，哀慟切痛不可云喻。既久，略省察曩正哀慟時，乃亦寂然不動，自然不自知；方悟孔子哭顏淵至於慟矣而不自知，正合無思無爲之妙，益信吾心有此神用妙用。〔註232〕

慈湖當初讀《論語》孔子哭顏淵而不自知，即深疑是否就是無思無爲之妙，等到從象山求教，及喪母之哀慟後，方印證此心與孔子之心其實同然，都有「寂然不動」，「無思無爲」的妙用。

所以，慈湖還舉出了其它例子來印證無思無爲，他說：

葉公問孔子於子路，子路不對。子曰：「女奚不曰：『其爲人也，發憤忘食，樂以忘憂，不知老之將至云爾！』」……憤者，憤己德之未

〔註228〕見《楊氏易傳》卷二十，頁378。

〔註229〕見〈家記四：論論語上〉，頁320。

〔註230〕見〈家記四：論論語上〉，頁326～327。

〔註231〕見〈家記四：論論語上〉，頁323

〔註232〕見《楊氏易傳》卷二十，頁378。

純而憤，融融純純，非思非爲也，故忘食。此惟親履者自知之。此
無思無爲之妙，固無始終，無今古，則固不知老之至也。〔註233〕

顏子願無伐善，無施勞。蓋未能三月不違仁之時所願也。至於三月
不違仁之時，其心常一，無思無爲，昔者之願蓋泯然無有而作矣！

顏子之願，生於有伐善施勞之過；至三月不違仁，則中虛清明，常
靜常一，無思無爲，安有所謂伐善施勞者哉！〔註234〕

慈湖認爲孔子發憤忘食，樂以忘憂，以及顏子三月不違仁，都是無思無爲，
毫無造作，順應本心而發的，因此聖人之學無思。

其實，無思無爲即非思非爲，是相對於有思有爲而言的。而慈湖反對思
爲，是因爲有所思爲則有所局限，如此力恐不足，慈湖說：

孔子發憤忘食，用力於仁也。用非思非爲之力，故未見力不足。〔註235〕

子曰：「有能一日用其力於仁矣乎？我未見力不足者，蓋有之矣！我
未之見也。」雖已聞道，而未精未一，奚可不用其力，是力非思非
爲，故孔子未見力不足，蓋有之矣。謂他人，他人不知道，用思爲
之力，故有不足。〔註236〕

忠信，無思也，無爲也。思之，則不忠信矣；爲之，則不忠信矣！

〔註237〕

他認爲非思非爲才能達到最大的功用，所謂「惟無思無慮者，乃能遠思深慮」。
〔註238〕不過，對於一個初學道者而言，要遽然達到不思不爲的境界談何容易，
所以慈湖認爲學者不必遽絕思爲，然久而精純，自可泯然無際，他說：

君子道心初明，舊習未釋，斷不可不用力，未精未熟，豈能遽絕思
爲？久而精純，泯然無際。孔子曰用力，其旨甚明，特其初不免於
思爲，然亦至平至易。過失之泯，如雪入水；道心發光，如太陽，
洞照無擬議，無漸次，不可度思，矧可射思，自然無力不足之患。

〔註239〕

〔註233〕見〈家記五：論論語下〉，頁350。
〔註234〕見《石魚偶記》，頁69。
〔註235〕見〈家記五：論論語下〉，頁343。
〔註236〕見〈家記四：論論語上〉，頁331。
〔註237〕見〈樂山〉，《先聖大訓》卷四，頁457。
〔註238〕見〈蠱卦〉，頁259。
〔註239〕見〈家記四：論論語上〉，頁331。

慈湖認為學道之初，就是孔子仍不免於思為而用力；然其過失能如雪之入水而消泯；及至精純，道心發光之時，自然泯然，無思無為，而無力不足之患。

最後，關於「寂然不動，感而遂通」的部份。慈湖認為心體寂然不動，感而遂通出乎自然，他說：

> 人心本寂然不動。〔註240〕

> 人心自有寂然不動之妙。〔註241〕

> 吾之本心無他妙，……感而遂通，以直而動，出乎自然者是也。
> 〔註242〕

總之，慈湖認為心本靜止而不動，然又非全然死寂，基本上它是可感可應，然感通之妙又不會使它喪失本有寂然不動之性，此即心體之即寂即感，即感即寂而動靜一體的妙用。

二、「中庸」與「庸常」「日用平常」

「中庸」一語時見於先秦典籍，而「中庸」二字其意為：

1、《論語》〈雍也篇〉：「子曰：『中庸之為德也，其至矣乎，民鮮久矣！』」
　◎何晏注：「庸，常也。中和可常行之德。」
　◎邢昺疏：「中謂中和。庸，常也。」〔註243〕
　◎程子曰：「不偏之謂中，不易之謂庸。中者，天下之正道，庸者，天下之定理。」
　◎朱子集注：「中者，無過無不及之名也。庸，平常也。」〔註244〕
　◎劉寶楠正義曰：「說文：『庸，用也。』凡事所可常用，故庸。又為常。……鄭君目錄云：『名曰『中庸』者，以其記中和之為用也。庸，用也。』……二說相輔而成。……不得過不及謂之中，所常行謂之庸，常行者即常用是也。故讚舜之大智曰：『執其兩端，用其中於民。』用中即中庸之義是也。古訓以庸為常，非平常之謂也。『庸德之行，庸言之謹。』鄭君亦注云：『庸，猶常也。』言

〔註240〕見《楊氏易傳》卷二十，頁379。
〔註241〕見〈無妄卦〉，頁279。
〔註242〕見〈家記八：論孟子〉，頁376。
〔註243〕與上條同見〈雍也篇〉，《論語注疏》卷六，頁55。
〔註244〕與上條同見〈雍也篇〉，《四書章句集注》，頁123。

德常行也，言常謹也。證諸《易》〈文言〉曰：『庸言之信，庸行之謹。』九家注云：『庸，常也。』謂言常以信，行常以謹。《荀子》〈不苟〉篇曰：『庸言必信之，庸行必愼之。』楊倞注云：『庸，常也。』謂言常信，行常愼。……此皆以常訓庸者也。」〔註245〕

2、《中庸》：「仲尼曰：『君子中庸，小人反中庸。』」

◎鄭玄注：「庸，常也。用中爲常道也。」〔註246〕

◎朱子曰：「中庸者，不偏不倚，無過不及，而平常之理。」〔註247〕

由這兩段經文的解釋可知「中」字較無爭議，或釋爲「中和」，或「不偏不倚」，「無過不及」者，皆明適中，執中之意。

然「庸」字則略有差異，有「用」、「常」之二義。其中《說文》、鄭玄，釋爲「用」意，其他學者多訓「常」意。清劉寶楠則二說兼採，明二者之相互爲用，常行即常用，意實相通。近代學者也多有討論，不過皆不出此二義，或主「常」說，或主「用」而反「常」說。〔註248〕

至於慈湖則認爲：

中言其不必求之過，庸言其不必離乎日用之常。〔註249〕

中庸，不偏不倚之謂，……堯舜允執厥中，亦不過不偏不倚耳。……既曰中矣，而又曰庸，何也？至哉聖言！可謂深切著明矣。庸，常也。中道初不深遠，不過庸常而已。〔註250〕

他認爲「中」即不偏不倚，而「庸」即常，日用平常，謂中道不過庸常而已。這與前人之論沒有多大的不同。不過特別的是，慈湖常用「庸常」、「日用平常」來註解經文，闡發經義。幾乎提到「中庸」時就是代表「庸常」之意。而「執中」與「用中」則比較少出見於文集中。在文集裡，我們可以發現慈湖經常把「中庸」，「庸常」二詞連在一起使用，簡直是俯拾皆是，成爲他用的語彙，例如在〈鄭風·叔于田〉中慈湖云：

蓋道至易、至簡、至近、至平常，故曰中庸，庸常也。〔註251〕

〔註245〕見《論語正義》卷七，（清）劉寶楠著，頁346。

〔註246〕見〈中庸〉，《禮記注疏》卷五二，《十三經注疏》第五冊，頁880。

〔註247〕見〈雍也篇〉，《四書章句集注》，頁123。

〔註248〕見1、陳滿銘《中庸思想研究》，頁17～34。2、陳兆榮《中庸探微》，頁9～13。

〔註249〕見〈家記五：論論語下〉，頁344。

〔註250〕見〈家記七：論中庸〉，頁370。

〔註251〕見〈鄭風·叔于田〉，頁114。

另外，在〈周頌・思文〉也說：

> 孔子曰：「中庸」，皆言道不離乎日用庸常也。〔註252〕

此外，在〈周頌・采采茉苢〉也是：

> 孔子曰：「中庸之爲德也，其至矣乎！民鮮久矣！」非謂民無此道也，
> 民日用此道而自不知，故鮮德。其實庸常日用皆道。〔註253〕

> 孔子曰：「中庸」，庸常也、平常也。〔註254〕

我們可以說這或許是出於慈湖本人之偏好，不過嚴格說起來，這和他的思想內涵有很大的關係。因爲慈湖主張日用庸常之即道，道不離乎庸常。故時藉「中庸」之「庸常」意以闡發論證其思想意涵。

三、忠信之爲大道

慈湖認爲聖道至簡至易，平庸自然。所以當他讀《大戴禮記》孔子言「忠信之爲大道」時，即不勝喜樂其深切著明，得以爲證。因爲這就證明了忠信即是大道，所謂的道並不遠人，而平易近人，無須外求，他說：

> 某常讀《大戴》所載孔子之言，謂忠信爲大道。某不勝喜樂其深切
> 著明。〔註255〕

> 某讀孔子之書至此，不勝敬歎！大哉！聖人之善於明道如此。夫忠
> 信，人所忽，以爲至平至近，不可以爲大道；而孔子大而言之，三
> 辭而後言，且曰：「大道不隱。」是明忠信之爲大道也。〔註256〕

> 讀《大戴記》孔子忠信大道之言，如獲至寶。蓋深喜得聖言爲證，
> 正平常實直之心即道。〔註257〕

慈湖認爲孔子「善於明道」，所以不只「敬歎」，更以爲「如獲至寶」。至於忠信是什麼？慈湖說：

> 實直無他之心謂之忠信。〔註258〕

> 忠信者，誠實而已，無他妙也，而聖人以是爲主本。〔註259〕

〔註252〕見〈周頌・思文〉，頁299。
〔註253〕見〈周南・采采茉苢〉，頁63。
〔註254〕見〈家記四：論論語上〉，頁327。
〔註255〕見〈家記三：論禮樂〉，頁313。
〔註256〕見〈家記三：論禮樂〉，頁313。
〔註257〕見〈家記三：論禮樂〉，頁314。
〔註258〕見〈家記三：論禮樂〉，頁314。

> 忠信即吾之心，吾心日用平常無詐僞，是爲忠信。是即吾之主本，
> 非吾心之外復有忠信也。〔註260〕

> 某謂忠者，與人忠；恕者，己所不欲，勿施於人。即吾庸常之心即
> 道。孔子曰：「主忠信」，謂忠信即主本。〔註261〕

> 忠信即我之道心。〔註262〕

他認爲誠實，「實直無他之心」即爲忠信。忠信是人之主本，是吾之心，吾平常之心，吾之道心，即在吾心之內，故非於心之外復求所謂忠信者。慈湖以此明學者外索之失。此外，忠信即爲忠敬，亦即曾子之「皜皜」，舜之「精一」，子思之「誠」慈湖說：

> 子張問行。子曰：「言忠信，行篤敬，雖蠻貊之邦行矣！言不忠信，
> 行不篤敬，雖州里行乎哉？立則見其參於前也，在輿則見其倚於衡
> 也。」夫所見者何物也？忠信篤敬也。是物不屬思慮，純實混融，
> 無始無終。曾子謂之皜皜，舜謂之精一，子思謂之誠則形、形則著。
> 皆不過忠敬而已矣！忠信，不妄語而已！不爲欺而已！無他奇
> 也。……動乎意而支離，則失其忠信，失其篤敬矣，失其皜皜精一
> 者矣！〔註263〕

他認爲忠信就是不妄語，不欺騙，而能實實在在，皜皜精一。如此便能由誠而形，更由形著，爾後內外一貫，忠信一致。然忠信之失唯動乎「意」，動意則入於支離，而難以精一。

第五節　慈湖對經僞之「新見」——別有領悟　另抒新意

　　慈湖自幼即好學善疑，對於經書之內涵冀能心知其意，領悟其中。長而開悟，學有心得，尤能不落俗套，不入窠臼，故往往能另抒見解，一發新論，而唯求吾心之所安而已。

〔註259〕見〈家記一：己易〉，頁254。
〔註260〕見〈家記四：論論語上〉，頁321。
〔註261〕見〈家記三：論禮樂〉，頁313。
〔註262〕見〈家記四：論論語上〉，頁330。
〔註263〕見〈家記五：論論語下〉，頁359。

一、己　易

慈湖對《周易》頗多獨創之見解。〈己易〉一文即是抒發他對易學的觀點。其思想內容可分成如下之層次：

（一）天地一體

慈湖認為天地萬物本為一體，澄然一片，他說：

> 舉天地萬物萬化萬理，皆一而已矣！〔註264〕

> 某後於循理齋燕坐反觀，忽然見我與天地、萬物、萬事、萬理澄然一片。向者所見萬象森羅，謂是一理通貫爾。……自是一片，看喚作甚麼，喚作天亦得，喚作地亦得，喚作人亦得，喚作象亦得，喚作理亦得，喚作萬亦得，喚作一二三四皆得。〔註265〕

慈湖認為萬物萬化萬理萬象皆一而已，自是一片，一理通貫，而毫無阻滯，因此喚作什麼皆可。

（二）萬物為我

理學強調的是一種大公無私的精神，不受我形體軀殼的限制，進而能與天地之大我融合為一，這便是一種民胞物與的胸襟。慈湖亦然，他認為天地萬物並不是在我之外而毫不相干的；相反的，他們都在我範圍之內而非他物，唯有私者自小之，他說：

> 天地，我之天地；變化，我之變化，非他物也。私者裂之，私者自小也。〔註266〕

> 天地人物之變化，皆吾性之變化。〔註267〕

> 不以天地萬物萬化萬理為己，而惟執耳目鼻口四肢為己，是剖吾之全體而裂取分寸之膚也，是梏於血氣而自私也，自小也，非吾之軀止於六尺七尺而已也。〔註268〕

> 坐井而觀天，不知天之大也；坐血氣而觀己，不知己之廣也。〔註269〕

慈湖以天地萬物，萬化萬理為己，所以天地人物的變化都是我的變化，因此

〔註264〕見〈家記一：己易〉，頁250。
〔註265〕見〈家記九：汎論學〉，頁390。
〔註266〕見〈家記一：己易〉，頁249。
〔註267〕見〈周易解序〉，《慈湖遺書》卷一，頁179。
〔註268〕見〈家記一：己易〉，頁250。
〔註269〕見〈家記一：己易〉，頁250。

人不應只執滯於六尺七尺之軀而已，而以爲此即我之全也，如此便是自私自小，梏於血氣之知，就如同井中之蛙，不知己之廣闊自在。

（三）易者己也

以《易》爲己是慈湖易學之要，他說：

> 《易》者，己也，非有他也。以《易》爲書，不以《易》爲己，不可也。以《易》爲天地之變化，不以《易》爲己之變化，不可也。〔註270〕

> 善學《易》者，求諸己不求諸書。古聖作《易》，凡以開吾心之明而已！不求諸己而求諸書，其不明古聖之所指也甚矣！〔註271〕

慈湖以《易》爲己，而非他物。並且善學《易》者，乃「求諸己而不求諸書」。因《易》是古聖爲開明人心所作，若能明己即能明《易》，此又何須他求。對於「己易」，慈湖舉例說：

> 包犧氏欲形容《易》是己不可得，畫而爲一，於戲！是可以形容吾體之似矣！又謂是雖足以形容吾體，而吾體之中又有變化之殊焉，又無以形容之，畫而爲━━。━（陽爻，下同）者吾之一也，━━（陰爻，下同）者吾之━━也。……一者吾之全也，━━者吾之分也。〔註272〕

慈湖也認爲一爲吾之體，而━━者即爲吾體之變化。此外，「元亨利貞」亦吾之四德也，他說：

> 元亨利貞，吾之四德也。吾本無此四者之殊，人之言之者自殊爾。推吾之始，名之曰元，又曰仁。言吾之通，名之曰亨，又曰禮。言吾之利，名之曰利，又曰義。言吾之正，名之曰貞，又曰固。指吾之剛爲九，指吾之柔爲六。指吾之清濁爲天地，指吾之震巽爲雷風，指吾之坎離爲水火，指吾之艮兌爲山澤，又指吾之變而化之，錯而通之者爲六十四卦、三百八十四爻。〔註273〕

> 天者，吾性中之象；地者，吾性中之形，故曰：「在天成象，在地成形。」皆我之所爲也。〔註274〕

〔註270〕見〈家記一：己易〉，頁249。
〔註271〕見〈家記一：己易〉，頁252。
〔註272〕見〈家記一：己易〉，頁249。
〔註273〕見〈家記一：己易〉，頁250。
〔註274〕見〈家記一：己易〉，頁249。

慈湖認爲凡元亨利貞，剛柔清濁，與震巽坎離艮兌等皆吾之變化；而天地更爲吾之性也。

（四）以一統萬

慈湖學說主一，故凡萬事萬物皆統合在一元之下，表現在《易》學上亦復如此，而形成以一統萬之精神，他說：

> 乾坤一道。〔註275〕

> 元亨利貞雖四而實一。〔註276〕

> 六十四卦，三百八十四爻一也。〔註277〕

> 曰正，曰中，曰孚，曰光亨，皆所以共明斯道，非有異義也，一也。
> 〔註278〕

> 合三《易》而觀之，而後八卦之妙，《大易》之用，混然一貫之道昭
> 昭於天下矣！而諸儒言《易》，率以乾爲大，坤次之，震坎艮巽離兌
> 又次之。噫嘻！末矣！一（陽爻，下同）者，《易》之一也，━━（陰
> 爻，下同）者，《易》之━━也，其純一者，名之曰乾；其純━━者，
> 名之曰坤。其一━━雜者，名之曰震坎艮巽離兌。其實皆《易》之異
> 名，初無本末精麤大小之殊也，故孔子曰：「吾道一以貫之。」子思
> 亦曰：「天地之道，其爲物不貳。」〔註279〕

慈湖認爲元亨利貞四者實一。而《易》一貫之道昭昭然，八卦不過是其異名，初無小大精粗本末之別，只是諸儒率皆分裂視之，所以「雖然從雜多中把握了簡，卻沒有由簡而之『道』」。〔註280〕因此「慈湖就由萬物透觀出萬理，又把萬理導入易理，易理再歸之『一』理，建構起以『一』統『萬』之易學」。〔註281〕因此，慈湖又說：

> 「一以貫之」，物物皆《易》，事事皆《易》，念念皆《易》，句句皆
> 《易》，號名紛然，變化雜然，無一非《易》。〔註282〕

〔註275〕見〈坤卦〉，頁209。
〔註276〕見〈乾卦〉，頁201。
〔註277〕見〈同人卦〉，頁246。
〔註278〕見〈需卦〉，頁225。
〔註279〕見〈周易解序〉，《慈湖遺書》卷一，頁179。
〔註280〕見鄭曉江等：《楊簡》，頁44。
〔註281〕見鄭曉江等：《楊簡》，頁45。
〔註282〕見〈家記一：汎論易〉，頁257。

雖〈說卦〉有父母六子之稱，其道未嘗不一。《大傳》曰：「百姓日
用而不知」，君子小人之所日用者亦一也。〔註283〕

吾未見夫天與地與人之有三也。三者形也，一者性也，亦曰道也，
又曰《易》也。名言之不同而其實一體也。〔註284〕

他認爲萬事萬物皆《易》，雖名號紛殊雜然，然皆統之以《易》，此即一之道。
其次，〈說卦〉雖有父母六子之稱，其實一也。而天地人亦雖三名，本質實未
嘗有異，其實一體。

二、變化云爲

「變化云爲」出現於《易經》〈繫辭下〉，此慈湖初不悟之，直至喪母之
後方明其旨，他說：

春喪姚氏，去官居堊室，哀毀盡禮後，營壙車廏，更覺日用酬應未
能無礙；沈思屢日，偶一事相提觸，亟起旋草廬中，始大悟「變化
云爲」之旨。縱橫交錯，萬變虛明不動，如鑑中象矣。學不疑不進，
既屢空屢疑，於是乎大進。〔註285〕

慈湖自述在大悟「變化云爲」之旨後，於學始乎大進。

（一）常變：「道心之變化」──「喜怒哀樂」即「變化云為」

慈湖認爲人心本靜止不動，此其本然狀態；然有喜怒哀樂，視聽言動等
等，此皆道心之變化。不過雖然變化云爲，卻於心體無所加損，無所增減，
他說：

心即道，故曰：「道心」。由心而變，無非道者。……未嘗置一點己
意於其間也。〔註286〕

慈湖認爲心體變與不變都無非是道，皆是道心。而所謂的變，慈湖說：

人之心本自靜止也，喜怒哀樂，變化云爲，如四時之錯行，如日月
之代明，其事親名曰孝，其從兄名曰弟，其恭敬曰禮，其羞惡曰義，
其是是非非曰智，其雖千變萬化而常明曰仁。〔註287〕

〔註283〕見〈周易解序〉，《慈湖遺書》卷一，頁180。
〔註284〕見〈家記一：己易〉，頁249。
〔註285〕見〈行狀〉，《慈湖年譜》卷一，頁502。
〔註286〕見〈革卦〉，頁341。
〔註287〕見〈詹亨甫請書〉，《慈湖遺書》卷三，頁205。

夫朋至而吾樂善之心油然而生，乃道心之變化。〔註288〕

孔子哭顏淵至於慟矣，……其哀苦至於如此，其極乃其變化。故《易大傳》又曰：「變化云爲。」〔註289〕

孔子莞爾而笑，喜也，非動乎意也；曰：「野哉，由也。」怒也，非動乎意也；哭顏淵至於慟，哀也，非動乎意也。日用平常，變化云爲，喜怒哀樂，如四時之錯行，如日月之代明，如鏡中萬象，實虛明而無所有。〔註290〕

此心虛明無體，精神四達，至靈至明，……，云爲變化，能事親，能事君上，能從兄，能友弟，能與朋友交，能泛應而曲當，不學而能，不慮而知，未嘗不清明。〔註291〕

慈湖舉出孔子莞爾而笑之「喜」，有朋自遠方來之「樂」善之心，與哭顏淵之「哀」慟，和「怒」仲由等等，皆明喜怒哀樂之「變化云爲」即道心變化之妙。而以此心應物則無不曲當，所以不管是事親，事上，友弟，與朋友交，或者是孝、弟、禮、義、智等千變萬化，皆是不學而能自清明的。因此慈湖每每於文集中反覆強調道心「變化」之自然與重要性，他說：

吾心之喜怒哀樂，造次顛沛，如天地之變化，四時之錯行，而未始不寂然。〔註292〕

喜怒哀樂，視聽言動，皆其變化。如鑑中生萬象，而鑑無思爲。〔註293〕

視聽言動，心思曲折，如天地之變化矣！〔註294〕

夫恐懼好惡憂患乃正性之變化，而未始或動也。〔註295〕

人心自善、自正，……變化云爲，興觀群怨，孰非是心，孰非是正，人心本正。〔註296〕

這個「變」，慈湖舉了許多例子，除了喜怒哀樂，視聽言動外，還有心思曲折，

〔註288〕見〈家記四：論論語上〉，頁319。
〔註289〕見《楊氏易傳》卷二十，頁378。
〔註290〕見〈臨安府學記〉，《慈湖遺書》卷二，頁190。
〔註291〕見〈永嘉郡治更堂亭名記〉，《慈湖遺書》卷二，頁193。
〔註292〕見〈家記四：論論語上〉，頁330。
〔註293〕見〈康誥〉，《五誥解》卷一，57-604。
〔註294〕見〈家記一：汎論易〉，頁262。
〔註295〕見〈家記七：論大學〉，頁368。
〔註296〕見〈慈湖詩傳自序〉，《慈湖詩傳》，頁51。

造次顛沛，好惡恐懼憂患，興觀群怨等等。慈湖認爲人心的這些情感反應，就如同天地有四時錯行，風雨的變化一般，都是自然而然的感發，只是造化的不同形態，多元表現而已，天地不只是永遠空空然在那，什麼作用也沒有的死寂狀態；相反的，它是有一定的運行規律，有風雨雷電，有四時交替，有變化萬狀的，而這不可能對天地造成什麼負面或戕害性的影響，因爲這些都是天地的一部份，或者說它就是天地，就是天地的「變」，而與天地的「常」共成造化。而「心」也就是如此，有寂然不動的「常」，更有變化云爲的「變」，這些無非都是心體之變化，所以都是大道。

　　總之，慈湖認爲心體雖寂然不動，然能變化云爲，窮盡萬端，而無所不適。所以人不應只好靜惡動，他說：

　　　　聖人每見學道者率求諸寂靜止定，不悟變化云爲，喜怒哀樂之妙。
　　〔註297〕

　　　　蓋不知道者，率求道於寂滅，不知日用交錯無非妙用。〔註298〕

慈湖認爲求道於寂靜是不知道者，不悟日用交錯無非妙用。

（二）體用：「變化云為」即「神用妙用」

　　慈湖認爲喜怒哀樂懼皆是道心之變化，而這心體變化云爲的特質即是「神用妙用」，他說：

　　　　樂者，道心之神用也。〔註299〕

　　　　喜怒哀懼皆道心之妙用。〔註300〕

　　　　人心本寂然不動，動靜云爲，乃此心之神用。〔註301〕

　　　　年三十有二，於富陽簿舍雙明閣下，侍象山陸先生坐，問答之間，
　　　　忽覺某心清明，澄然無滓。又有不疾而速，不行而至之神用。〔註302〕

　　　　三十有二，而聞象山先生之言，忽省此心之清明，神用變化，不可
　　　　度思，始信此心之即道。〔註303〕

〔註297〕見〈家記五：論論語下〉，頁342。
〔註298〕見〈家記七：論大學〉，頁370。
〔註299〕見〈觀卦〉，頁267。
〔註300〕見〈乾卦〉，頁200。
〔註301〕見《楊氏易傳》卷二十，頁379。
〔註302〕見〈家記三：論論語〉，頁313。
〔註303〕見〈履卦〉，頁239。

慈湖自述在三十二歲那年聞象山之言，忽覺此心有「不疾而速，不行而至之神用。」能變化無方。此外，他又說：

> 人心非氣血，非形體，廣大無際，變化無方。倏焉而視，又倏焉而聽，倏焉而言，又倏焉而動，倏焉而至千里之外，又倏焉而窮九霄之上，不疾而速，不行而至，非神乎？〔註304〕

慈湖認爲人心無形體而廣大無際，所以視聽言動，能至千里，九霄之外。這種神通無方的作用在孔子哭顏淵時即是，他說：

> 方悟孔子哭顏淵至於慟矣而不自知，正合無思無爲之妙，益信吾心有此神用妙用。〔註305〕

因此，心體寂然不動，然其作用至妙至神，而變化萬端，此乃心之神用妙用。

（三）動靜：「動而未動」──「鑑中象」

　　其次是動靜方面的問題。之前我們曾說過道心之常與變，慈湖認爲所謂的喜怒哀樂、視聽言動等皆是道心之變化，不過這些變化是似動未動，也就是說雖紛擾參錯，其實於本體並未嘗動，即「變化云爲」就如同「鑑中象」一樣，雖縱橫交錯，而實寂然靜止，萬變不動，他說：

> 人心自有寂然不動之妙，……終日心爲而未嘗動也，雖有喜有怒而未嘗動也。〔註306〕

> 《書》曰：「安女止」，良性寂然，清明而不動。……雖萬變萬化，交擾參錯，而實無所動。〔註307〕

> 「變化云爲」之旨，縱橫交錯，萬變虛明不動，如鑑中象矣。〔註308〕

> 人心即道，是謂道心。……其變化云爲，雖有萬不同，如水鏡之畢照萬物，而非動也。〔註309〕

> 日用平常之心，何思何慮，虛明無體。廣大無際，天地範圍於其中，四時運行於其中，風霆雨露，雪霜動散於其中，萬物發育於其中，辭生於其中，事生於其中，屬而比之於其中，如鏡中象，雖紛擾參

〔註304〕見〈二陸先生祠記〉，《慈湖遺書》卷二，頁192。
〔註305〕見《楊氏易傳》卷二十，頁378。
〔註306〕見〈無妄卦〉，頁279。
〔註307〕見〈樂平縣學記〉，《慈湖遺書》卷二，頁189。
〔註308〕見〈行狀〉，《慈湖年譜》卷一，頁502。
〔註309〕見〈家記五：論論語下〉，頁350。

錯，而未嘗動也。〔註310〕

其中「萬變萬化，而實無所動」，「萬變虛明不動」，「如水鏡之畢照萬物而非動」，「如鑑中象，雖紛擾參錯，而未嘗動」即是，因爲這就如同天地間有四時之錯行，風霆雨露雪霜之散動，及萬物之發育等等，皆看似變化擾擾而實不動，所以他又說：

> 道心神明，通達無方，變化無窮，而亦未嘗或動。如水鑑中之萬象，是謂天下之至動。天下之至動，即天下之至賾。不得乎變化之妙者，非實得道者也。〔註311〕

慈湖認爲道心神明變化而未嘗動，若不明乎此，則未爲得道者。因此，慈湖也舉例來說明這種關係，他說：

> 澤上有風，水波雖興，而水之大體不動。君子憫獄囚之將死，惻然動心，誠心求之，誠心議之，惟詳惟審，謂之動心可也，然此動心乃道心之變化，雖動而實未嘗動。孔子曰：「哀樂相生，是故正明目而視之，不可得而見；傾耳而聽之，不可得而聞。」惑者惟觀其動心，不知其實不動。〔註312〕

慈湖認爲君子在治獄判案時，心之詳審議求即是「動心」，不過這「動心乃道心之變化，雖動而實未動。」於本體並無影響。所以慈湖結論說：

> 《易》曰：「變化云爲」。變化，不動之動，無爲之爲。〔註313〕
>
> 心之體至止靜而至變化。〔註314〕

心體是「至止靜而至變化」，而這些變化是「不動之動，無爲之爲。」

三、春秋之爲明道

《春秋》是孔子替天行道，寓褒貶之作。歷代學者對它也多有評論，然慈湖於其中是另有新見的，他說：

> 《春秋》爲明道而作，所以使天下後世知是者是道，非者非道；而諸儒作傳，不勝異說，或以爲尊王賤霸，或以爲謹華夷之辨，或以爲正名分，或以爲誅心，凡此固《春秋》所有，然皆指其一端，大

〔註310〕見〈著庭記〉，《慈湖遺書》卷二，頁197
〔註311〕見〈井卦〉，頁337。
〔註312〕見〈中孚卦〉，頁367。
〔註313〕見〈中孚卦〉，頁368。
〔註314〕見〈慈湖遺書新增附錄〉，頁490。

旨終不明白。子曰：吾志在《春秋》，於二百四十二年，擾擾顛倒錯
亂中，而或因或作，是是非非，靡不曲當，所是是道，所非非道，
如四時之錯行，如日月之代明，皆所以明彰大道。〔註315〕

歷來對《春秋》的看法不一，或以爲尊王賤霸，謹華夷之辨，或以爲正名分，
誅心等等，不過在慈湖看來，這些都是「異說」，並沒有眞正講到精要處。因爲
《春秋》是爲了「彰明大道」而作，無非反應了孔子「是是非非，所是是道，
所非非道。」的精神旨歸，欲使善惡是非皆得以還歸本原，所以慈湖又說：

是者是道，非者非道。《春秋》不以善掩惡，不以惡掩善。終不以威
公彌天之惡掩其毫毛之善，以善者道之所在，聖人不得不明之也。《春
秋》借二百四十二年之行事以明斯道，非爲春秋之君臣設也，爲萬
世設也。〔註316〕

他認爲《春秋》不以善掩惡，亦不以惡掩善，其中孔子書魯桓至至者，即不
因桓公之大惡而掩其能用禮至於廟者之善，他說：

《春秋》於魯桓書至至者，以禮至於廟也。春秋之時，典禮大壞，
時君能以禮至於廟者無幾。史書之，聖人無敢削焉。……聖人如天
爲，無私好，無私惡。魯滅，大惡，聖人已著其罪，所以明其非道，
非私惡也。至於至廟一節，猶知遵禮之善，猶知有祖廟也。雖其中
心之藏未必果出於誠，而其事則禮也。聖人知所是也，是者是道，
非者非道。〔註317〕

慈湖舉出孔子大公至正，無偏好，無偏惡，一任事實，所以爲明道之跡。因
爲在當時禮崩樂壞的情況下，魯桓能不廢禮，是知猶有祖廟，所以孔子著其
善，這就是聖者之心，能無私惡，無私好。所以《春秋》之義，非專如後世
學者所言之各僅一端而未切其要。

四、「克己復禮」與「能己復禮」

顏淵問仁，孔子回答說：「克己復禮」。其中「克」字訓爲「約」與「勝」
之意。指能「約身反禮」，〔註318〕或「能勝去嗜慾，反復於禮也。」〔註319〕

〔註315〕見〈家記三：論春秋〉，頁289～290。
〔註316〕見〈家記三：論春秋〉，289。
〔註317〕見〈家記三：論春秋〉，289。
〔註318〕見〈顏淵〉，《論語注疏》卷十二，頁106，邢昺疏：「克，約也。己，身也。

不過在慈湖看來，這種訓釋是不知道者之言，他說：

> 顏淵問仁。子曰：「克己復禮爲仁。一日克己復禮，天下歸仁焉。爲
> 仁由己，而由人乎哉？」大哉！克己復禮之訓乎，由孔子而來，至
> 於今千有餘歲，學者罕有知其解者，知其解者，大道在我矣！〔註320〕

> 克有二訓，能也、勝也。左氏謂楚靈王不能自克，繼以孔子克己復
> 禮之言爲證，是謂克爲勝，而未必孔子本旨。〔註321〕

慈湖認爲千餘年來，學者罕有知「克」之意者。訓「克」爲「勝」始於《左
傳》楚靈王之事，然其未必爲孔子之「本旨」。何以然？慈湖以爲其與經義並
不相合，他說：

> 果爾也，以顏子粹然之質，加以屢空之學，雖未能至於無過，過亦
> 微矣！何俟於克而勝之也。〔註322〕

慈湖認爲以顏子純然的天性，雖未能全然無過，然亦無須至「克而勝之」之
地步，所以訓「勝」實在是於理難合。此外，慈湖也舉出了《詩》、《書》中，
頗多訓「克」字爲「能」字者，來證明訓「克」爲「能」於書有據，他說：

> 《詩》《書》所載，多以克爲能。〔註323〕

因此，慈湖引經文來解釋，說明孔子既言「爲仁由己」，則表示無克勝其己之
意，否則一「己」字便有二義，形成矛盾，他說：

> 況此孔子又繼曰：「爲仁由己」，殊無克勝其己之意，且一己字無二
> 義也。〔註324〕

> 大道簡易，人心即道。人不自明其心，不明其心而外求焉，故失之。
> 孔子曰：「爲仁由己，而由人乎哉？」又曰：「克己復禮爲仁」，能己
> 復固有之禮則仁矣，皆非求之外者。〔註325〕

所以慈湖解釋「克己復禮」爲「能己復固有之禮則仁」，是仁本就是吾心所自

> 復，反也。言能約身反禮，則爲仁矣！」

〔註319〕見〈顏淵〉，《論語注疏》卷十二，頁106，劉鉉云：「克訓勝也。己謂身也。
身有嗜慾，當以禮義齊之，嗜慾與禮義戰，使禮義勝其嗜慾，身得復歸於禮。
如是乃爲仁也。」

〔註320〕見〈家記五：論論語下〉，頁356。

〔註321〕見〈家記五：論論語下〉，頁356。

〔註322〕見〈家記五：論論語下〉，頁356。

〔註323〕見〈家記五：論論語下〉，頁356。

〔註324〕見〈家記五：論論語下〉，頁356。

〔註325〕見〈乾卦〉，頁199。

有，而無庸外求，而「克」字訓「勝」義無非是外索而加之，故不可言，他說：

> 己本無過，本與天地爲一，亦能範圍天地，亦能發育萬物，不獨聖人有此，夫人皆然，堯舜與人同爾。……道在我矣，何假他求，我即道矣，何必復求？〔註326〕

因爲己本無過，故無須克勝其己。且人與堯舜同然，我即道矣。故顏子勞於鑽仰，孔子教之以至簡至易之道，以復其本有之禮爾，慈湖說：

> 顏子勞於鑽仰，欲從末由，尚疑道之在彼，孔子於是教之以至易至約之道，曰「能己復禮則爲仁矣」。禮亦非己外之物，禮者，我之所自有，凡禮之所有，皆我心之所安，復我本有之禮斯已矣。〔註327〕

慈湖認爲孔子教顏淵「能己復禮則爲仁矣」，指禮乃我之所自有，非己外之物，故順吾心之所有即爲禮。所以「克己復禮」，即能己復禮，是「能以此己去復禮也」，〔註328〕就是自然而然，毫不勉強，此說朱子評曰：

> 若敬仲之言，是謂無己可克也。〔註329〕

朱子以爲慈湖之論不僅無克勝其己之意，實際上已至於「無己可克」的地步了。然而姑且不論其它，若回歸《論語》觀之，慈湖之「克」訓「能」意，無非提供了另一項詮釋方式來理解孔子，其實也無不可。

五、心之精神是謂聖

慈湖爲學是一連串悟道求證的過程，其間或有阻滯、曲折與蒙蔽等，然多能在師友之指點、自身之領略，與典籍之瀏覽中獲得開悟與提升，而層層突破。其中《孔叢子》〈記問〉篇中的「心之精神是謂聖」〔註330〕一語即是扮演著這樣的角色。這是慈湖學問轉變之要，更是使其豁然頓解，而「由覺入道」〔註331〕之關鍵，葉紹翁說：

> 慈湖楊公簡參象山學，猶未大悟。忽讀《孔叢子》至「心之精神是謂聖」一句，豁然頓解。自此酬酢門人，敘述碑記，講說經義，未

〔註326〕見〈家記五：論論語下〉，頁356。
〔註327〕見〈家記五：論論語下〉，頁357。
〔註328〕見〈克伐怨欲不行章〉，《朱子語類》卷四十四，頁1119。
〔註329〕見〈克伐怨欲不行章〉，《朱子語類》卷四十四，頁1119。
〔註330〕見〈記問篇〉，《孔叢子》，頁16。
〔註331〕見《慈湖遺書新增附錄》，頁489。

嘗舍心以立說。〔註332〕

慈湖對象山學之大悟直要到領悟「心之精神是謂聖」後才告確立。這對慈湖而言是極具有跨越性之大意義的。因至此而後，慈湖不論講學、著述，或詮解經義皆不曾舍心以立其說，完全用「心」的觀點來解釋經典，闡發他的思想，這當然是不同其它經學家的論述，因爲慈湖已確立了自家經解的特色及方向。

不過，如此高妙之語竟不見《論語》中，而只見於子思子《孔叢子》一書中，對此慈湖也深致歎息，他說：

> 子思問於夫子曰：「物有形類，事有眞僞，必審之，奚由？」子曰：「由乎心，心之精神是謂聖，推數究理，不以物疑，周其所察，聖人難諸。」孔子斯言見之子思子之書，世又謂之《孔叢子》世罕誦習，烏虖！聖人有如此切至之誨，而不載之《論語》，致學者求道於心外，豈不大害？某謹取而爲集語，覬與我同志者，或未觀《孔叢子》而偶見此書，庶早悟此心之即道，而不他求也。〔註333〕

慈湖認爲聖人有如此切至之誨而不明，遂致學者求道於心外，甚爲大害。因爲憂道不明，而懼人心之昏暗，故慈湖謹取而爲集語，以示後人不必他求。至於「心之精神是謂聖」的意義，慈湖也說：

> 又曰：「心之精神是謂聖」，心之精神凝聚則明，而分散則昏病起意也。〔註334〕

慈湖說心若能凝聚則明，如果渙散則昏病起意，起意則外求離道，已爲禍害，故慈湖以此自悟，更欲以此明諸後人。

不過關於《孔叢子》一書，其實是部僞書，「它記載孔子，子思，子上，子高，子順的言行，敘事至東漢，本是寂寞無聞。宋時，宋咸爲它作注，方流傳開來。可也正是宋代對它產生了懷疑」，〔註335〕例如洪邁，朱子都有。而慈湖自己也曾懷疑過它，他說：

> 詳觀〈木瓜〉之詩，所謂木瓜、木桃、本李，與夫瓊琚、瓊玖皆爲喻爾，非實有是物也。而《孔叢子》言孔子讀《詩》曰「吾於〈木瓜〉，見苞苴之禮行。」未必果聖人之言也。《孔叢子》所載，亦有

〔註332〕見〈葉紹翁四朝見聞錄二則〉，《慈湖遺書補編》，頁483。
〔註333〕見〈家記九：汎論學〉，頁389。
〔註334〕見《慈湖遺書新增附錄》，頁491。
〔註335〕見崔大華：《南宋陸學》，頁139。

乖戾不可信者，不止於〈木瓜〉也。〔註336〕

　　《孔叢子》之可疑者不一。〔註337〕

慈湖認爲《孔叢子》有乖戾可疑不可信者，未必果聖人之言。然而他在《孔叢子》一書中破綻最大的地方竟然相信了它，也就是記載「心之精神是謂聖」的地方，〔註338〕這一點近人崔大華說明如下：

　　辨僞專家正是在這裡捉住了《孔叢子》作僞的證據，雖然僞跡昭彰，
　　但楊簡仍堅信不疑，因爲這句話不僅能體現他的心學思想的靈魂，
　　而且能給他新的立論根據，「予始敢觀省」，把陸派心學又向前發展
　　一步。〔註339〕

雖然僞跡昭彰，不過慈湖仍舊堅信不疑，並且成爲他立論的新根據，是體現他對經學觀點的另類思考和想法。

　　另外，程師元敏亦有考證此語之脈絡源流，他說：

　　王子雍遺著，不作玄言，但僞《古文尚書》〈大禹謨〉篇、《孔叢子》
　　有言心言道語，章太炎先生以爲出子雍一手，其〈康成子雍爲宋明
　　心學導師說〉：

　　　　王子雍僞作《古文尚書》及《孔叢子》。《古文尚書》所云「人
　　　　心惟危，道心惟微，惟精惟一，允執厥中」者，乃改治孫卿所
　　　　引「道經」之文，而宋儒悉奉以爲準，然尚非其至者。《孔叢子》
　　　　言「心之精神是謂聖」，微特於儒言爲超邁，雖西海聖人何以加
　　　　是？故楊敬仲終身誦之，以爲不刊之論。前有謝顯道，後有王
　　　　伯安，皆云「心即理」，亦於此相會焉。(〈華國月刊〉第三冊)

　　案：「人心惟危，道心惟微」，改易《荀子》〈解蔽〉所引《道經》之
　　文；「允執厥中」，襲自《論語》。《道經》二語出於道家，但今《老
　　子》、《莊子》書中不見，其影響僅及宋儒言心言性之學，魏晉人清
　　談玄論，未嘗以之爲主題，矧僞《古文尚書》未必爲肅作，故經儒
　　談玄，不應質言各在子雍。至《孔叢子》「心之精神」云云，章氏之
　　徒吳承仕《經典釋文敍錄疏證》(頁30～31)曰：

〔註336〕見〈衛風・木瓜〉，頁106。
〔註337〕見〈家記二：論書〉，頁267。
〔註338〕見崔大華：《南宋陸學》，頁139。
〔註339〕見崔大華：《南宋陸學》，頁140。

（王）子雍繼起，遠紹賈、馬，近傳父業，乃專與鄭學爲讎。
其言「心之精神是謂聖」，又爲玄學之宗。然則《僞孔》之傳，
清言之緒，亦自子雍啓之；其關於學術升降者，蓋亦大矣。

案：王肅僞作之《孔叢子》（卷二）〈記問篇〉：「子思問於夫子曰：『物
有形類，事有眞僞，必審之奚由？』子曰：『由乎心；心之精神是乎
聖。推數究理，不以物疑。周其所察，聖人難諸！』」魏晉人亦未嘗
以此語爲清談主題。且《孔叢子》雖僞書，然猶間存古昔格言大訓，
「心之精神是乎聖」，殆相傳格言，未必肅所自創，其爲唯心思想，
略合佛家之「唯識論」，故太炎曰：「雖西海聖人何以加是」？而宋
儒象山門人楊慈湖申之無已，明儒王陽明「心即理」正與相合。承
仕指爲「玄學之宗（敏案：吳承仕非謂佛學），清言之緒」，背師說、
亂學術統宗矣！〔註340〕

關於「心之精神是謂聖」一語之來龍去脈，程師之論甚爲詳盡。

除了以上的情形外，慈湖遇到疑惑不解之時，則存疑置之，並不妄加推
測，仍表現了嚴謹治學的心態，例如在〈大雅・行葦〉「……，或歌或咢」慈
湖云：

……歌必以琴瑟。故此《毛傳》云：「歌者比於琴瑟。」今彈琴多近
咢，則聲高此謂。或咢疑指琴瑟也。而〈釋樂〉云：「徒擊鼓謂之咢。」
郭注引此詩，《詩》云：「或咢」；然《爾雅》亦多差謬，亦難盡信，
當兩存之，以待來者。〔註341〕

慈湖認爲《爾雅》其「咢」釋爲「徒擊鼓」與《毛傳》釋爲「琴瑟」〔註342〕
的意思不太一樣，而慈湖疑其義應爲「琴瑟」方能與「歌者」相和，由於不
甚確定，故兩存之，以待來者。

另外，在〈大雅・行葦〉「……，敦弓既堅」慈湖也說：

《毛傳》曰：「敦弓，畫弓，天子敦弓。」……孔疏曰：「敦與彫，
古今之異。」《集韻》彫音有作敦者。〈冬官〉弓人爲弓，唯言用漆，
不言彫畫，蓋周公削之欲從質也。……敦弓未必果音彫。荀子曰：「天

〔註340〕見程師元敏：《季漢荊州經學》下，頁248～249。

〔註341〕見〈大雅・行葦〉，頁282。

〔註342〕見〈大雅・行葦〉，《毛詩注疏》卷十七，《十三經注疏》第二冊，頁601，孔
穎達疏：「經傳諸言，歌者皆以絃和之，故云歌者比於琴瑟。」

子彤弓，諸侯彤弓，大夫黑弓。」定四年，《公羊傳》何休注云：「天
子彤弓，諸侯彤弓，大夫嬰弓，士盧弓。」孔疏以爲事不經見。未
必然也，況徐氏敦都雷反，不音彤。先儒好異改字，強音者亦多，
今闕疑，以待來哲。〔註343〕

慈湖認爲孔疏以「敦弓」爲「彤弓」，實未必然。因《荀子》〔註344〕及《公羊
傳》〔註345〕皆有明文區別天子，諸侯與士大夫之間所用之弓，而有「彤弓」、
「彤弓」、「黑弓」……等不同的名稱；況且「敦」亦有他音「都雷反」，而不
一定音「彤」，故孔疏之論實難遽信。如此，則慈湖並不輕論其義，以俟來哲。

　　以上所述，是關於慈湖對經學的觀點及特色。各種針對經學內容的論述
中，慈湖抒發了許多獨創的見解，充份表現了他學識深厚，見解獨到的一面；
不過，另一方面，在困惑疑議時，他也能虛心求教，或付之闕如，這種存疑
以俟來哲的謙卑態度，充份展現了「知之爲知之，不知爲不知」的論學精神。

〔註343〕見〈大雅・行葦〉，頁282。
〔註344〕見〈大略篇〉，《荀子集解》卷十九，頁773：「天子彤弓，諸侯彤弓，大夫黑
　　　　弓，禮也。」
〔註345〕見《公羊傳》，《十三經注疏》第七冊，頁321，何休注：「禮，天子雕弓，諸
　　　　侯彤弓，大夫嬰弓，士盧弓。」

第三章　慈湖之心學思想

第一節　經學心學化──慈湖心學述要

　　慈湖雖然泛註群經，但他畢竟是個心學家，所以在詮釋經典時，就免不了會受到他內部思維的影響，而把經學帶到心學之路，使經學論述蒙上了濃厚的心學色彩，因此侯外廬等說：

> 宋代理學家通常利用注疏儒家經典來表述和發揮自己的思想觀點，但陸九淵卻沒有留下這方面的著述。他認爲「六經注我」，「六經皆我注腳」，沒有必要去注解，致使自己的心學思想未能得到充分的開展和闡述，也不利於于其思想學說的傳播。到了他的弟子輩，則改變了這種狀況。他們開始注疏儒家經典，利用經傳來發揮心學思想。……甬上學者的經傳著述，以楊簡爲多，並且借以發揮心學的觀點。可以说，楊簡的經傳是陸九淵「六經注我」的具體實踐。〔註1〕

他們認爲慈湖是陸九淵「六經註我」思想的具體實踐者。因爲陸九淵雖是一個心學大家，但他並沒有留下大量的著作，直到其弟子慈湖等人才改變這種狀況，在儒家經典上面發揮一己的心學觀點及看法，而化經學爲心學，形成心經的特殊樣貌。今若統觀慈湖思想之規模實以「道論」和「心論」二者爲中心，並各成體系。

　　至於工夫修養的部份，有人說慈湖簡直沒有工夫論可言，這的確不假，因爲他反對任何人爲，有意的造作修爲，而凡其有關工夫之論述又令人有近

〔註1〕　見侯外廬等：《宋明理學史》，頁593～594。

飄渺，而不易捉摸之懸空感。〔註2〕然如果我們對工夫之界定不只限於人爲的層次，也允許從自然層面來思考的話，則我們可以說慈湖工夫論之意涵實已內化於「心」之中了。因爲反對人爲並非就意味著主張死寂靜止的狀態；相反的，慈湖是很重視此心之靈動變化，應酬交錯的，或者說慈湖重視的不是工夫之人爲處，而是順應心性之自然流行，他主張自然的能動，而非人爲的驅力。即一任本心、道心之「自然」，自然的流行發佈，就如同天地間風雨四時的「自然」活動變化一樣。因爲心本身就能變化無窮，心自己就有工夫，它自己能動，能作用，能喜怒哀樂，能恐懼好惡，人就不要再刻意，起意的去強加干涉擺佈，〔註3〕更不要有爲，有心的造作，因爲處心積慮只會破壞心原有無心、無意、無我、無知而無爲的變化，甚至使它喪失了自然而然的能動性，而不能直心而發，這就是外力強加的負面效果。所以，對慈湖而言，不用外力而讓心原具本然之功夫徹底地展現發揮，這即是工夫。

一、道　論

（一）「惟有道」與「道一」

慈湖自幼即知天下唯有道而已，他說：

> 某自總角承先大夫訓迪，已知天下無他事，惟有道而已。〔註4〕

慈湖認爲天下無道以外的事。故落實到經典上，慈湖則認爲聖經即是明道之書，他說：

> 聖經明道之書也。〔註5〕

而《春秋》也是聖人之經典，亦爲奉天道而作，爲明道而發，所以慈湖說：

> 《春秋》爲明道而作。〔註6〕

> 孔子作《春秋》，奉天道而筆削。〔註7〕

〔註2〕 可參見〈附表〉，其中慈湖對工夫之陳述多偏向於反面之論述，就是正面所主張的無思無爲、無知等也似乎是接近境界的描述，而不太容易使人落實具體化。因此董金裕與古清美先生認爲慈湖幾無工夫之可言。

〔註3〕 在〈革卦〉中，慈湖認爲「由心而變，無非道者，……未嘗置一點己意於其間也。」頁341。

〔註4〕 見〈家記三：論禮樂〉，頁313。

〔註5〕 見〈衛風‧氓〉，頁104。

〔註6〕 見〈家記三：論春秋〉，頁289～290。

〔註7〕 見〈鄭風‧大女同車〉，頁118。

　　而道的內涵爲何？依張立文等之看法，道有幾層意涵：首先，道作爲宇宙之本原、根源意，慈湖說：

　　　　蓋天地間惟有此道而已，三才、萬化、萬物、萬事、萬理皆不出此
　　　　道。〔註8〕

　　　　夫通三才、貫萬事，無非道者。〔註9〕

　　　　天有陰陽，地有剛柔，人有仁義，未嘗不兩也，皆此道之變化也。
〔註10〕

他認爲道貫通天、地、人三才，萬事萬物，萬般變化，乃至萬理都是道所派生的，是一切事物，變動的根源。其次，道也是自然規律與人類社會原則的同一，慈湖說：

　　　　此周公之道，成湯之道也，此孟子之道也，此先公之道也。夫道一而
　　　　已矣，此天地之道，日月之道，四時之道，萬世百聖之道也。〔註11〕

道是萬世百聖之道，人類社會的原則；也是自然界天地、日月、四時變化之規律。而二者之統一即是「道一而已」。另外，慈湖不僅把道作爲宇宙萬物的本原，而且把道的派生物也直接視爲道，他說：

　　　　夫三才混然一而已矣，何爲乎必推言其本始也？……氣雖即道，人
　　　　惟知氣而不知道；形雖即道，人惟覩形而不睹道；事雖即道，人惟
　　　　見事而不見道。……知始則知終矣，知本則知末矣，始終一物也，
　　　　本末一致也，事理一貫也。〔註12〕

道既是氣、形、事等萬物的本原，又直接表現爲氣、形、事等萬事萬物，這就是「始終一物」、「本末一致」，道與事不離，道貫穿於一切事物之中。最後，道也具有倫理道德層次之涵義，他說：

　　　　道即禮。〔註13〕

　　　　孝也、忠也、正也，皆道之異名。〔註14〕

　　　　忠信爲大道。〔註15〕

〔註8〕見〈家記二：論書〉，頁267。
〔註9〕見〈小雅・采芑〉，頁190。
〔註10〕見〈乾卦〉，頁196。
〔註11〕見〈内訟齊記〉，《慈湖遺書》卷二，頁184。
〔註12〕見〈乾卦〉，頁198。
〔註13〕見〈家記三：論禮樂〉，頁308。
〔註14〕見〈萃卦〉，頁330。

　　　人心之善謂之德，此德即道也。……非德外復有道，道外復有德也。
　　〔註16〕

慈湖把禮、孝、忠、信、正等倫理原則都看成道的內涵，以至把善也稱爲道。
〔註17〕

　　另外，慈湖則認爲天道不可窮盡，他說：

　　　天道不可窮盡，可窮盡者非天道。〔註18〕

　　　天道無爲。〔註19〕

　　　道無始終，……道非可以物言。〔註20〕

他認爲道不可以物言，道更不可窮盡，而無終始；且天道無爲，其運行皆出
於自然無心。不過慈湖學說的關懷重點比較不是落在天道本體論的範圍內立
說，所以對道自身、本體的描述就比較欠缺不明。其次，慈湖認爲道是不可
言詮的，他說：

　　　此道可以默識，而不可深思；可以略言，而不可詳議。〔註21〕

　　　道不可名，不可言。〔註22〕

　　　孔子曰：「予欲無言。」正以明道無俟乎言。〔註23〕

道頂多只能默識、略言而已，因道是不可明言，故聖人欲無言以成其性。此
外，慈湖也認爲道無二道，一而已，他說：

　　　道無二道。〔註24〕

　　　道一而已矣。〔註25〕

至於這「一」思想的來源和慈湖自身體驗，象山的開導與經典的領悟是密切
相關的。慈湖二十八歲在大學循理齋燕坐時，體驗了如下的感受，他說：

　　　某後於循理齋燕坐反觀，忽然見我與天地萬物萬事萬理澄然一片。

〔註15〕見〈家記三：論禮樂〉，頁313。
〔註16〕見〈家記四：論論語上〉，頁325。
〔註17〕以上可參考張立文主編：《中國哲學範疇精粹叢書——道》，頁241～243。
〔註18〕見〈革卦〉，頁340。
〔註19〕見〈大有卦〉，頁249。
〔註20〕見《石魚偶記》，頁81。
〔註21〕見〈家記七：論中庸〉，頁372。
〔註22〕見〈蠟賓〉，《先聖大訓》卷一，頁353。
〔註23〕見〈周南・采采荣苡〉，頁63。
〔註24〕見1、〈慈湖詩傳自序〉，《慈湖詩傳》，頁51　2、〈周頌・維天之命〉，頁294。
〔註25〕見〈大有卦〉，頁249。

向者所見萬象森羅，謂是一理通貫爾。疑象與理未融一，今澄然一
片，更無象與理之分。〔註26〕

慈湖自述在那次反觀內省中，體驗了天地一體，澄然一片，而一理通貫的覺
悟，這可能即是他一論的內在體證之源。其次，三十二歲那年承象山先生反
支離之教也讓他大有領悟。最後，便是來自於對經典的驗證，他說：

《易》曰：「三人行則損一人，一人行則得其友，言致一也。」孔子
欲明致一之道，故引此爲證。聖人循循善誘，人苟能於此達致一之
妙，……則知萬物一致，三才一致，一以貫之，無所不一矣！〔註27〕

無二道也，……故曰：「禮本於大一，分而爲天地，轉而爲陰陽，變
而爲四時，列而爲鬼神。」〔註28〕

大言其至大而無外，一言其無二，大一所以發明此道。〔註29〕

乾坤之實未始不一也，不然，則孔子何以曰「予一以貫之？」《中庸》
何以曰「天地之道，其爲物不貳？」天地與人貌象不同而無二道也，
五行萬化變態不同而無二道也。〔註30〕

其祀事則二，其神道則一。子思曰：「天地之道，其爲物不貳，則其
生物不測。」……又曰：「吾道一以貫之」，皆所以明著至神之道無
不通貫也。〔註31〕

慈湖認爲《易傳》「致一」之旨，《禮記》「禮本於大一」，與《中庸》「其爲物
不貳」，和《論語》「一貫」之教等皆明道一，這就如同金自黃自剛自明而非
有二金之異是一樣的。〔註32〕所以錢穆先生認爲慈湖主張「一元論」。〔註33〕
而「一」的思維經慈湖擴展到宇宙萬化人生日用中就形成了各種「一」，例如：

子曰：「參乎！吾道一以貫之。……」天地內外人物有無，變化萬狀，
未始不一。〔註34〕

〔註26〕見〈家記九：汎論學〉，頁390。
〔註27〕見〈損卦〉，頁319。
〔註28〕見〈家記六：論孝經〉，頁365。
〔註29〕見〈蜡賓〉，《先聖大訓》卷一，頁353。
〔註30〕見〈乾卦〉，頁196。
〔註31〕見〈樂平縣重修社壇記〉《慈湖遺書》卷二，頁201。
〔註32〕見〈姤卦〉，頁327。
〔註33〕見錢穆：《宋明理學概述》，頁236。
〔註34〕見〈家記四：論論語上〉，頁335。

古今一也，動靜一也，畫夜一也。〔註35〕

夫道一而已矣，三才一，萬物一，萬事一，萬理一。〔註36〕

天地一氣也，一數也，一道也。〔註37〕

三才一也，動靜一也，有無一也。〔註38〕

死生一致，人神一貫。〔註39〕

天地、日月、四時、鬼神、人物、萬化、萬事、萬理通一無二。孔子曰：「吾道一以貫之」。〔註40〕

忠恕孝此道也，弟此道也，禮此道也，樂此道也，不必貫而本一也。〔註41〕

意雖不一，其實未始不一，……事親之道即事君事長之道，即慈幼之道，即應事接物之道，即天地生成之道，即日月四時之道，即鬼神之道。〔註42〕

總之，慈湖認為天地間萬事、萬物、萬象、萬理、萬化、動靜、古今、畫夜、有無、死生、鬼神、乃至於忠恕孝弟，禮樂慈幼，事長接物之道等皆通一無二，一而已矣。甚至在天人關係中也不例外，所謂「天人一致」，「天人本一」，「天人一道」〔註43〕即是。這可看出慈湖對主一思想的闡發與確信的態度。

（二）日用之即道

慈湖幼時認為聖道高遠而難近，直至三十二歲經象山之開悟，才明瞭道乃如此平易近人，而不離乎日用平常之事，他說：

「百姓日用而不知。」而人自不知，自不信，如終日懷玉而索諸人。此喻猶未切也，正猶孩提未辨寒暖，終日流汗而曰寒也。人日用此道而不自知，何以異此？〔註44〕

〔註35〕見〈咸卦〉，頁294。
〔註36〕見〈乾卦〉，頁194。
〔註37〕見〈坤卦〉，頁217。
〔註38〕見〈艮卦〉，頁347。
〔註39〕見〈家記三：論禮樂〉，頁293。
〔註40〕見〈蜡賓〉，《先聖大訓》卷一，頁350。
〔註41〕見〈家記四：論論語上〉，頁335。
〔註42〕見〈家記六：論孝經〉，頁366。
〔註43〕見〈乾卦〉，頁199，頁202。
〔註44〕見〈家記七：論中庸〉，頁371。

《易傳》言「百姓日用而不知」，慈湖認為這即說明了人們日用此「道」而不自知，就如同懷玉而索諸人，終日流汗而曰寒之不自知，與不自信者。並且對於〈繫辭〉這句話，慈湖是堅信乃孔子之言道者，他說：「《易》〈上下繫〉雖非孔子所作，而其間得之於孔子者多矣！其言道曰：「百姓日用而不知」，雖不繫之子曰，而吾信其為孔子之言也。」〔註45〕故深有同感。此外，對於其它典籍的論述慈湖也有同感：

> 箕子曰「王道平平」、孔子曰「中庸」，皆言道不離乎日用庸常也，
> 平直而非遠也。〔註46〕

> 孔子曰：「道不遠人，人之為道而遠人，不可以為道。」至哉聖言！
> 破萬世學者心術之蔽可謂切中。人心即道，學者自以為遠。〔註47〕

> 道之不明也，自諸儒不省「中庸」不出日用庸常而道始不明矣。〈洪
> 範〉曰「王道平平」，《易》曰「百姓日用而不知」，《書》曰彝曰常，
> 而諸儒自不悟矣。〔註48〕

> 天有四時，春秋冬夏，風雨霜露無非教也；地載神氣，神氣風霆，
> 風霆流行，庶物露生，無非教也。〔註49〕

他認為《書》所謂「王道平平」，「曰彝曰常」，《禮記》之言「風雨霜露之教」，與《中庸》所謂「庸常」，「道不遠人」等皆同明道就在吾人身旁，而不必遠求。尤其在對《尚書》的理解上，慈湖更綜合之，以為「典」，「惟精惟一」，「咸有一德」，「厥德」，「協于克一」，「是彝是訓」，「王道蕩蕩」，「王道平平」等皆明「常」，「常道」之意（案：慈湖把「一」，「厥」解釋成「常」之意，然《書》中「厥」字孔傳多釋「其」之意，於此慈湖並未按傳統之說明而另出新意。）所以「無深無奇，不怪不異，平夷簡易，而天下之道無越乎此。」就是落實在政治上，慈湖也認為唯有行常道者才能濟世：「故合乎天下之公心而為政為事，則其政可以常立，其事可以常行。……由古到今，有失此常典平夷之道而能有濟者，未之前聞也。」〔註50〕所以慈湖說：

〔註45〕見〈家記一：汎論易〉，頁263。
〔註46〕見〈周頌・思文〉，頁299。
〔註47〕見〈家記七：論中庸〉，頁373。
〔註48〕見〈魯頌・駉駉〉，頁313。
〔註49〕見〈著庭記〉，《慈湖遺書》卷二，頁196。
〔註50〕見〈家記二：論書〉，頁284～285。

庸常日用皆道。〔註51〕

道無大小，何處非道？當於日用中求之。〔註52〕

故日用平常，不假思爲，靡不中節，是爲大道。〔註53〕

蓋道至易、至簡、至近、至平常。〔註54〕

他認爲要在「日用中求道」，道即日常生活之事，並非高高在上而不近人情，更不是虛無高遠，而不可捉摸的；〔註55〕相反的，它是很自然，很人間的，而且平易近人，親切人生，因此即使是在烹飪之粗淺事物中亦可見之，他說：

鼎之卦有鉉、有耳、有腹、有足，儼然有鼎之象。下巽木，下離火，亨飪甚明。聖人亨於鼎以享上帝，大亨以養聖賢。享帝止曰亨，而養聖賢曰大亨者，上帝則一，而群臣眾也。斯義坦然，而學者往往又外求其指，謂此乃取象，當復有義也。意此《大易》之道所以至易至簡，而人輒惑之者，率類是也。其曰鼎象者，以卦象有儼然之形也，繼曰以木巽火，亨飪矣。又曰亨以享帝，又曰大亨以養聖賢矣，又何疑而疑其復有他指也？若曰亨飪之事粗淺不足道，疑非《大易》之道，則是求道於事物之外，索理於日用之外，孔子何以曰「一以貫之」？《易大傳》何以曰「百姓日用而不知」？乾象何以曰「品物流行」？孔子何以又曰「庶物露生，無非教也？」道在邇而求諸遠，《大易》之妙不離目前，而妄疑其有他。腹耳、足鉉、自瞶自妙，不必於腹耳、足鉉之外求義。以木巽火，自瞶自妙，不必於以木巽火之外索理。……《易大傳》又曰「微顯闡幽」，……顯即微，幽即闡，顯微闡幽皆名也，吾未觀其爲二也。惟不知道而後求道於事物之外，道與事物皆名，吾未觀其爲二也。……學者斷不可索義於亨飪之外。〔註56〕

慈湖認爲道就在烹飪事物之中，道與事並未二分，所以求道只須要在目前當下即可。〔註57〕這說明了人們在日常生活中即可貫徹人之本心或道的原則，而不勞外尋。因此，慈湖又說：

〔註51〕見〈周南・采采芣苢〉，頁63。

〔註52〕見〈紀先訓〉，《慈湖遺書》卷十七，頁428。

〔註53〕見〈家記三：論禮樂〉，頁314。

〔註54〕見〈鄭風・叔于田〉，頁114。

〔註55〕見張立文等：《中國哲學範疇精粹叢書──道》，頁243。

〔註56〕見〈鼎卦〉，頁341～342。

〔註57〕見康雲山：《南宋心學易研究》，頁163～164。

> 人事即天道，人言即天言。〔註58〕

> 知忠信之為大道，則日用庸平無他之心皆大道也。喜怒哀樂皆大道
> 也。〔註59〕

他認為人事即是天道，忠信即為大道，即使是喜怒哀樂之情也不例外，表示了道無所不在的特性。這是慈湖與多數理學家不同之處，因為理學家多半不怎麼肯定提倡情的價值，然慈湖則別有新見。基本上，他認為只要是出自「本心」，「直心」而發者，就算是喜怒哀樂之至平至凡之情，亦能為大道，亦皆善也。而既然道就在日常平常間，所以求道實不必求諸高遠，他說：

> 夫道一而已矣，平常而已矣。聖人慮天下後世求諸高遠而反失之，
> 故又曰常。〔註60〕

> 學者率舍常而求奇，舍近而求遠，故日用其道而不自知。〔註61〕

> 道在邇而求諸遠，事在易而求諸難。〔註62〕

> 聖人之道，初無高遠難行之事。……不必求之遠也。〔註63〕

慈湖認為大道簡易而不俟乎外求外索，聖人之道更是無高遠難行之事，故不必求之遠，若求之遠則反失之，這便是萬世學者之通患，不可不慎。

　　總之，慈湖認為《周易》「百姓日用而不知」，《禮記》「風雨之教」，《尚書》「王道平平」，「日彝日常」，《中庸》之言「庸常」，與《大戴禮》「忠信之為大道」等，皆明日用無非道者。

二、心　論

（一）心即道

　　慈湖三十二歲經象山扇訟是非之指點已悟心即道，心乃如此清明虛朗而澄澈，之後雖猶未能大通，然終在四十五歲前後大悟《孔叢子》「心之精神是謂聖」，而更加確認此心之即道，道與心二者渾然一體。〔註64〕這在文集中慈

〔註58〕見〈大雅・皇矣〉，頁274。
〔註59〕見〈家記三：論禮樂〉，頁313。
〔註60〕見〈周頌・思文〉，頁299。
〔註61〕見〈召南・羔羊〉，頁71。
〔註62〕見〈樂平縣重修社壇記〉，《慈湖遺書》卷二，頁201。
〔註63〕見《石魚偶記》，頁69。
〔註64〕見張立文等：《中國哲學範疇精粹叢書——道》，頁240。

湖屢屢提及，他說：

> 某信人心即大道，先聖遺言茲可考，「心之精神是為聖」。〔註65〕

> 孔子曰：「心之精神是謂聖。」深明此心之即道也。〔註66〕

同時，在其它相關的經籍中，慈湖也得到了印證，他說：

> 舜曰：「道心」，明心即道。孟子曰：「仁，人心也。」其旨同。孔子
> 又曰：「心之精神是謂聖」。……得聖賢之言為證，以告學子，謂吾
> 心即道，不可更求。〔註67〕

慈湖由偽《古文尚書》「道心」，及《孟子》「仁，人心」，「性善」等語證明了心即道，「人皆有是心，心皆具此聖」〔註68〕的道理。因為道不在心外，就在本心之中，所以慈湖說：

> 人心本善，非自外至。……人亦作其所固有爾，非能強其所無也。
> 學者……不信己心之即道，故謂文王之聖亦由外助。縱有佐助，亦
> 不過助文王本心之善而輔成治化爾。〔註69〕

> 道在人心，人心即道，故曰：「道心」。〔註70〕

> 人心自善，人心自靈，人心自明，人心即神，人心即道。〔註71〕

他認為天人一道，天人本一，人心乃直承天道之善而來，因此慈湖反對世人所謂文王之善由「外助」之虛說。故「人性自具仁義禮智，自具萬善。」〔註72〕而這仁義孝弟之心即道心在日用中的千變萬化，所謂「人之心，……其事親名曰孝，其從兄名曰弟，其恭敬曰禮，其羞惡曰義，其是是非非曰智，其雖千變萬化而常明曰仁，百姓日用而不知，不省庸常正平之即道。」〔註73〕故人心自善、自正、自靈、自清明、自神，此心之即道是本心所涵具自足，因此當然不是由外而入而強加組合的。

〔註65〕見〈送黃文叔侍郎赴三山〉，《慈湖遺書》卷六，頁235。
〔註66〕見〈履卦〉，頁238。或「心即道也，孔子曰：『心之精神是謂聖。』」見〈泰卦〉，頁243。
〔註67〕見〈家記三：論禮樂〉，頁313。
〔註68〕見〈翁埏之請書〉，《慈湖遺書續集》卷一，頁449。
〔註69〕見〈大雅‧思齊〉，頁271。
〔註70〕見〈大雅‧皇矣〉，頁275。
〔註71〕見〈二陸先生祠記〉，《慈湖遺書》卷二，頁191。
〔註72〕見〈家記八：論孟子〉，頁375。
〔註73〕見〈詹亨甫請書〉，《慈湖遺書》卷三，頁205。

（二）道心之體用

慈湖在三十四歲那一年歷經母喪後所大悟的「變化云爲」（見第二章）之旨對其心學理論架構有著極爲重要的影響，並且是決定其心論體系的主軸關鍵。因爲在變化云爲的體認中，慈湖建立了動靜如一的心性觀。在他看來，人心多半好靜惡動，並且錯以爲保持虛靜就是修養之最上乘，然而那是經不起考驗的，因爲唯有在應酬萬變，日用交錯中仍能不動其心，才稱得上是得道之人，他說：

> 惟動乃驗其實，彼學者獨居淨處爲得靜止之味者，未足以驗得道之實也。於應酬交錯而自得其妙焉，斯足以驗其實，……不至於得至動之妙，固不足以言得道矣。〔註74〕

而對於心的狀態與作用，慈湖認爲道心本「寂然不動」，「安汝止」（不起意），然靜止並非死寂；相反的，心體能「變化云爲」，只是在這變化的過程中，心是「無思無爲」，「何思何慮」而「動而未動」的，並且能不流乎「意」而「泯然無際」，不過在這其中人往往是「不識不知」，「無知」，與「日用不知」的，此即道心之「神用妙用」。

大體上在論述時，慈湖是不出這一套語言系統的，他形容道心之作用及特色，形成了各種排列組合的狀況，他說：

> 人心本寂然不動，動靜云爲，乃此心之神用。如明鑑照物，大小遠近，參錯畢見，而非爲也，非動也。〔註75〕

> 居姒氏喪，哀慟切痛不可云喻。既久略省察曩正哀慟時，乃亦寂然不動，自然不自知；方悟孔子哭顏淵至於慟矣而不自知，正合無思無爲之妙，益信吾心有此神用妙用。〔註76〕

> 道心非思爲，變化無始終。〔註77〕

慈湖認爲人心本寂然靜止，而喜怒哀樂乃其變化云爲，雖紛擾參錯而未嘗動，未嘗思爲，此即心之妙用神用；然此種變化云爲，人通常是沒有知覺的。另外，我們也可以分成幾個更小的部份來看看慈湖論述的多元性，例如他說寂然不動而無思無爲：

> 蓋吾本有寂然不動之性，自是無思無爲。〔註78〕

〔註74〕見〈坤卦〉，頁212。
〔註75〕見《楊氏易傳》卷二十，頁379。
〔註76〕見《楊氏易傳》卷二十，頁378。
〔註77〕見〈蠱卦〉，頁259。

慈湖認爲吾寂然不動之性自能無思無爲。不過雖然無思無爲，卻又能變化云爲，這便是心的神用妙用，慈湖說：

> 變化云爲，隨處皆妙，……無思無爲，變化皆妙。〔註79〕

> 吾心清明無體而變化云爲。如四時之錯行，日月之代明，而天地無思無爲也。〔註80〕

> 《易》曰：「變化云爲」，日月之光，無所不照，而無思也、無爲也。
> 〔註81〕

> 自古學者，……不悟無思無爲之實乃人心之精神妙用。〔註82〕

他認爲吾心之變化云爲而實際上是無思無爲的，只不過此心之變化云爲，與神用妙用，人通常是無知的，他說：

> 此心誠然，……是謂變化云爲，不識不知。〔註83〕

> 人皆有是道心，皆有是變化而自不知。〔註84〕

慈湖認爲人皆有道心之變化而自不知。

其實慈湖如此看重「無思無爲」的緣故，是因爲他認爲「無思無爲」能能「無所不爲」，他說：

> 人心自善、自正、自無邪、自廣大、自神明、自無所不通。〔註85〕

> 蓋吾本有寂然不動之性，自是無思無爲，如水鑑、如日月，光明四達，靡所不照。〔註86〕

> 道心無思無爲，而如日月之光，無所不照。〔註87〕

> 如水焉，流行不息，而水無思也，無爲也。……此亦水之無思無爲而流行不息，澤潤萬物之道也。〔註88〕

〔註78〕 見〈家記一：汎論易〉，頁262。

〔註79〕 見〈坤卦〉，頁212。

〔註80〕 見〈家記五：論論語下〉，頁360。

〔註81〕 見〈家記四：論論語上〉，頁320。

〔註82〕 見〈家記四：論論語上〉，頁320。

〔註83〕 見〈咸卦〉，頁296。

〔註84〕 見〈小過卦〉，頁370。

〔註85〕 見〈慈湖詩傳自序〉，《慈湖詩傳》，頁51。

〔註86〕 見〈家記一：汎論易〉，頁262。

〔註87〕 見〈家記四：論論語上〉，頁331。

〔註88〕 見〈樂山〉，《先聖大訓》卷四，頁456。

草木無思爲而自發生。〔註89〕

　　如四時之錯行，日月之代明，而天地無思無爲也。〔註90〕

慈湖認爲人心自善自神明而無所不通，只要「不作乎意」，道心就能「無思無爲而萬理自昭」，〔註91〕善性自顯，就如同日月無思而能萬物畢照；水鑑無思而能萬象畢照、流行不息；更如同天地無思而能四時錯行，草木無思而能自發生一樣，這些都是強調無心而爲之，卻反能成大用的功效，即是重視心之本然狀態即能發揮應有甚至是意想不到的功能，所以實在是不必要勞神苦思，營營求索，因此他說：

　　心無體質，德本昭明，如日月照臨，如水鑑燭物，不必勞神而自能
　　推見，自能究知。若馳神於彼，周悉致察，雖聖人不能，何則勞，
　　動則昏。〔註92〕

慈湖認爲心本昭明，自能究知，如日月水鑑自能照物、燭物，而不必勞神用思。因爲若要周悉致察，馳神於彼，則將昏勞，雖聖人亦有所不能。

　　因此，這種論點基本上是不太肯定知識對心的作用與影響的，因爲慈湖認爲不必要有知識自能有其作用，就如同日月、水鑑未嘗有知識，卻也並不妨礙其能照物，而無所不照的功能，所以慈湖並不主張去求知，他說：

　　如日月，未嘗有知識也，而自能照物。〔註93〕

　　是心無形，是心無我，虛明無際，……如水鑑，未嘗有知識也，而
　　自能鑑物。〔註94〕

慈湖強調知識對於道德心不一定有正面積極的功用，甚至認爲知可能會妨礙心之靈明作能，他說：

　　「吾有知乎哉？無知也。」然則孔子之不息未嘗有知，知則動於思
　　慮，動於思慮則息矣，非進德也。〔註95〕

　　慈湖認爲孔子之不息未嘗有知，因知會動於思慮，而思慮是聖人以爲所不可的，所以慈湖說：

〔註89〕見〈家記五：論論語下〉，頁347。
〔註90〕見〈家記五：論論語下〉，頁360。
〔註91〕見〈坤卦〉，頁213。
〔註92〕見〈家記九：泛論學〉，頁389。
〔註93〕見〈大雅・皇矣〉，頁275。
〔註94〕見〈大雅・皇矣〉，頁275。
〔註95〕見〈升卦〉，頁333。

子曰：「吾嘗終日不食，終夜不寢，以思，無益，不如學也。」孔子
於此深省天下何思何慮，實無可思慮者。經禮三百，曲禮三千，皆
吾心中之物，無俟乎復思，無俟乎復慮。〔註96〕

孔子曰：「天下何思何慮？」思慮，人以爲不可無者，而孔子以爲無
庸焉。惟思慮動而後始昏、始分裂。〔註97〕

何思何慮，心慮一作即有穿鑿，即失忠信。〔註98〕

他認爲孔子終日不食，以思無益，於是深省天下實無可思慮者。因爲思慮一
動焉，則始昏始亂，即有穿鑿，因爲仁義禮智皆在吾心之中，不必外求，也
不俟乎思慮。所以慈湖總結心之知是非思非慮的，他說：

聖人之知，如日月之明，如水鑑之明。非思非慮，自明自照。〔註99〕

孔子曰：「天下何思何慮？」無思無慮是謂道心。〔註100〕

道心無體，……何思何慮，自至自中自神自明自無所不通。人之所
以動而異者，此也，何思何慮；天之所以施者，此也，何思何慮；
地之所以生者，此也，何思何慮；惟無思故無所不明，惟無爲故無
所不應。〔註101〕

慈湖認爲聖人之知非思非慮而自明自照，故道心是無思無慮的。其次，慈湖
認爲道心能變化云爲，窮盡萬端；然變化之中最重要的就是不流乎意，不動
乎意，才能達到泯然無際的境界，此方爲修養之上乘。所以他說：

學者初覺，縱心所之，無不玄妙，往往遽足，不知進學，而舊習
難遽消，未能念念不動。……予自三十有二微覺已後，正墮斯病。
後十餘年，念年邁而德不加進，殊爲大害。偶得古聖遺訓，謂學
道之初，繫心一致，久而精純，思爲自泯。予始敢觀省，果覺微
進。後又於夢中獲古聖面訓，謂某未離意象，覺而益通，縱所思
爲，全體全妙，其改過也不動而自泯，泯然無際，不可以動靜言。
〔註102〕

〔註96〕見〈家記四：論論語上〉，頁323。
〔註97〕見〈鼎卦〉，頁342。
〔註98〕見〈升卦〉，頁333。
〔註99〕見〈家記九：泛論學〉，頁389。
〔註100〕見〈睽卦〉，頁311。
〔註101〕見〈益卦〉，頁321。
〔註102〕見〈家記九：汎論學〉，頁385～386。

> 君子道心初明，舊習未釋，斷不可不用力，未精未熟，豈能遽絕思
> 爲？久而精純，泯然無際。〔註103〕

慈湖自述其爲學過程中始終未能去除意象之累的病痛，並認爲這是初學者之通患，而後因獲「古聖面訓」才能達到不動而自泯，泯然無際的精純境界。這種境界無非是要無思無爲而無所不爲，然其中又能不流乎意象之失之累，所以慈湖說：

> 人心即道，故曰：「道心」，此心無體而神用無窮，……二后不動乎
> 意，即禹之「安女止」。動靜云爲，如天地變化，日月之照臨，無所
> 不思而非動乎意也，無所不爲而非動乎意也。……於是其念慮云爲，
> 無一之或動乎意，無一之或失其道。〔註104〕

他認爲文王武王已經能達到這種泯然無際的境界，所以不管是動靜云爲，視聽言動，或喜怒哀樂，念慮思爲等，皆能無所不思，無所不爲，且不動乎意，而出於本心之自然，故皆合於道。因爲如果由於心之應接變化，而成起意、動意之流弊的話，這是慈湖所強烈反對的。

（三）道心無體

慈湖認爲道心變化萬狀，然皆大道，皆良善，他說：

> 心無體質，清明無際畔，變化云爲，無非大道。〔註105〕

> 動靜云爲，變化萬端，無非萬善。〔註106〕

慈湖認爲心體動靜云爲卻依然無非是萬善，是大道，這是由於心「本無體」，「無我」，而無物可執，如鏡如空，故雖流動萬象，心卻能自在不受甘擾，而自清淨、自靈明。因爲慈湖認爲心之「精神」非形體，故無體而虛空，他說：

> 孔子曰：「心之精神是謂聖」，曰心、曰精神，雖有其名，初無其體，
> 故曰「神無方，《易》無體。」非神自神，《易》自《易》，心自心也，
> 是三名皆有名而無體。〔註107〕

> 心之精神無方無體，至靜而虛明，有變化而無營爲。〔註108〕

〔註103〕見〈家記四：論論語上〉，頁331。
〔註104〕見〈周頌・昊天有成命〉，頁296。
〔註105〕見〈四代〉，《先聖大訓》卷四，頁475。
〔註106〕見〈乾卦〉，頁203。
〔註107〕見〈乾卦〉，頁208。
〔註108〕見〈申義堂記〉，《慈湖遺書》卷二，頁183。

> 「心之精神是謂聖」……人心非血氣，非形體，精神廣大無際畔，
> 範圍天地，發育萬物。〔註109〕

> 平常實直之心空洞無形體，無際畔。〔註110〕

慈湖認爲心之「精神」非血氣，「惟有虛名，初無實體」，〔註111〕「虛明實無
一物」〔註112〕可執，所以《易》曰「無方無體」。因此「道心清明，無體無我」，
「道心中虛，無體無我」，〔註113〕也因爲沒有形體，所以廣大無際畔，包羅萬
象，或天地四時、或風雨露霜等等，慈湖說：

> 夫日用平常之心，何思何慮，虛明無體，廣大無際。天地範圍於其
> 中，四時運行於其中，風霆雨露、雪霜動散於其中，萬物發育於其
> 中，辭生於其中，事生於其中，屬而比之於其中，如鏡中象，雖紛
> 擾參錯而未嘗動也。不可以爲有也，而亦不可以爲無也。〔註114〕

此外，更因爲無體，所以雖紛擾萬象，心體卻能不受其干擾而自在自善，此
慈湖就說：

> 心非有體之物也。……心本無體，無體則何所存。……人心即道，
> 喜怒哀樂，神用出入，初無體之可執。至虛至明，如水如鑑，寂然
> 而變化，萬象盡在其中，無毫髮差也。彼昏迷妄肆，顛倒萬狀，而
> 其寂然無體之道心自若也。〔註115〕

> 吾心自寂然不動，自無體。無體則無始終，…云爲變化自不凝滯。
> 〔註116〕

慈湖認爲心空洞無形體，無際畔，虛空無一物，所以「無體之可執」，無所凝
滯。儘管萬象盡在其中，昏迷妄肆，顛倒萬狀，然道心之清明與心體之善能
自如自若而不受干擾影響。

　　另外，慈湖也舉出了舜能運用自如的原因，他說：

> 道心無體，……清明在躬，中虛無物，……雖有神用變化云爲，其

〔註109〕見〈吳學講義〉，《慈湖遺書》卷三，頁227。
〔註110〕見〈家記四：論論語上〉，頁327。
〔註111〕見〈坤卦〉，頁212。
〔註112〕見〈樂山〉，《先聖大訓》卷四，頁456。
〔註113〕見〈坤卦〉，頁212～213。
〔註114〕見〈著庭記〉，《慈湖遺書》卷二，頁197。
〔註115〕見〈家記八：論孟子〉，頁375。
〔註116〕見〈家記九：汎論學〉，頁388。

實無體。知我之本無體，則聲色甘芳之美，毀譽榮辱之變，死生之大變，如太虛中之雲氣，水鑑中之萬象，如四時之變化，其無體，無所加損。何善之難遷，何過之難改。舜聞一善言，見一善行，若決江河，沛然莫之能禦者，以舜之胸中洞然一無所有，故無所阻滯也。〔註117〕

慈湖認爲舜就是因爲心無體，所以一切聲色毀譽，死生榮辱對他都沒能有什麼影響，就如同太虛中之雲氣，或四時風霜之變化，變化其變化，對虛空之天地，卻是毫髮無傷而無所加損的；更因洞然一無所有，所以沒有阻滯，這便是心體之純善而外物萬狀所不能阻擾，而使之昏迷妄動的原因。

慈湖認爲精神是無體而虛空的，因此在對心的理解上，強調心的空靈無滯性。這樣著眼於「空」義上，就很容易與禪佛有了牽扯，而有撇不開的關係。因爲這的確與佛學有了一些溝通，不過要說明的是慈湖在對「空」義的領悟上，我們並不能直接就說是來自佛家，因爲這需要有更直接的文獻資料來證實，但遺憾的是，這一方面並不太多，甚至是缺乏的。不過，值得注意的是，既然慈湖認爲心之「精神」是無形體而虛空的，所以《易大傳》曰「《易》無體」而表示心無體，則從這些看來，慈湖「心空」思想的來源，在某種程度上可能受到了《孔叢子》「心之精神是謂聖」一語及《易傳》「《易》無體」的影響下而發展出的，這種突變讓我們訝異在慈湖的無心插柳下，儒佛似乎不知不覺會通了。

（四）道心毋意

慈湖三十一歲對意的覺悟，以及近五十歲於夢中所獲之古聖面訓，其間歷經了十餘年方才盡脫意象之累。所以慈湖認爲只要不起意，則道心自善自明，他說：

意不作爲道心。〔註118〕

道心即意念不動之心。〔註119〕

舜曰：「道心。」明此心之即道。動乎意則失天性而爲人心。〔註120〕

此心本無過，動於意斯有過。意動於聲色故有過，意動於貨利故有

〔註117〕見〈家記一：汎論易〉，頁263。
〔註118〕見〈離卦〉，頁292。
〔註119〕見〈艮卦〉，頁350。
〔註120〕見《楊氏易傳》卷二十，頁379。

過，意動於物我故有過，千失萬過皆由意動而生。故孔子每每戒學
者毋意毋必毋故毋我。〔註121〕

此心即道，惟起乎意則失之。起利心焉則差，起私心焉則差，起權
心焉則差。作好焉，作惡焉，凡有所不安于心焉皆差。〔註122〕

慈湖認爲「道心即意念不動之心」，因心本無過，有千失萬過皆由於動乎意。
或意動於聲色犬馬，或意動於貨利金錢，或意動於物我私心，好惡權利等等，
是指「在外物的引誘下，人產生的一種意欲」，〔註123〕這「實際上指明了要維
護『心』的至高至尊至完整性，就必須『絕意』」，〔註124〕所以孔子每每戒學
者要「毋意」。況且因人心（慈湖言人心，多指道心之意）本靜，所以意動爲
非，他說：

蓋人心本靜止而不動。……惟動乎私意，故至昏亂。〔註125〕

日用平常，不假思爲，靡不中節，是爲大道。微動意焉，爲非、爲
僻，始失其性。意消則本清、本明，神用變化之妙固自若也。〔註126〕

慈湖認爲人心本靜止而不動，日用平常間不假思爲，無非就是大道，然只要
稍微動乎意就會喪其清明之性，而昏亂入於邪僻之失。因此，慈湖舉出群經
中的許多話來說明即孔子「毋意」之意，他說：

不動乎意者也，禹曰「安汝止」之謂也；舜曰「惟精惟一」之謂也；
《詩》曰「不識不知」之謂也；《易》曰「無思無爲」之謂也；即孔
子「毋意」之謂也。〔註127〕

在慈湖看來，不動乎意即「安汝止」，即「惟精惟一」，亦即「不識不知」，「無
思無爲」之意。

不過到底什麼是「意」，慈湖講的不起意是否是全然否定心思的一切思慮
活動，在此則慈湖也另有說明，他說：

孔子曰「居處恭」，恭而已，無意也。「執事敬」，敬而已，無意也。
「與人忠」，忠而已，無意也。微致意焉，即迁曲，即造爲，即不正

〔註121〕見〈臨安府學記〉，《慈湖遺書》卷二，頁190。
〔註122〕見〈慈湖學案〉，頁2479。
〔註123〕見鄭曉江等：《楊簡》，頁68。
〔註124〕見鄭曉江等：《楊簡》，頁69。
〔註125〕見〈康誥〉，《五誥解》，頁57-604。
〔註126〕見〈家記三：論禮樂〉，頁314。
〔註127〕見〈周頌·維清〉，頁294。

直，即不忠信。〔註128〕

孔子莞爾而笑，喜也，非動乎意也；曰：「野哉，由也。」怒也，非動乎意也；哭顏淵至於慟，哀也，非動乎意也。〔註129〕

孔子，……「發憤忘食」，雖憤而非起意也。「好謀而成」，雖謀而非動心也。〔註130〕

中正平常正直之心非意也，忠信敬順和樂之心非意也。〔註131〕

慈湖舉出了許多例子來說明何者非意，他認為孔子居處「恭」、執事「敬」、與人「忠」，與莞爾而「笑」，慟「哭」顏淵等喜怒哀樂皆非動乎意；而發「憤」忘食，好「謀」而成之心亦然。慈湖也同樣肯定中正平直與忠信和樂之心之非意，因其皆出於自然，而毫無造作之偽，所以皆道也。

至於「意」與「心」如何分別，慈湖說：

然則心與意奚辯？是二者未始不一，蔽者自不一。一則為心，二則為意；直則為心，支則為意；通則為心，阻則為意。直心直用，不識不知，變化云為，豈支豈離，感通無窮，匪思匪為。孟子明心，孔子毋意，意毋則此心明矣。心不必言，亦不可言，不得已而有言。孔子不言心，唯絕學者之意，而猶曰「子欲無言」，則知言亦起病，言亦起意，姑曰「毋意」。〔註132〕

直心直意，匪合匪離，誠實無他，道心獨妙；匪學匪索，匪粗匪精。一猶贅辭，二何足論。十百千萬，至於無窮，無始無終，非眾非寡，姑假以言，謂之一貫。愈辯愈支，愈說愈離，不說猶離，況於贅辭。

善說何辭，實德何為，雖為非為，我自有之，不可度思。〔註133〕

他認為「心」是「二」，「支」，「阻」，「離」的反面，即是「一」，「直」，「通」的狀態，所謂「直心直用」，「誠實無他」，不是刻意為之。而「意」是人們在現實生活中的各種區別，及由此而採取的滿足私欲行為。在慈湖看來，言語本身亦是一種「支離」，因為心一的狀態是不必言說。如果企圖要用言語去表述，則

〔註128〕見〈家記九：泛論學〉，頁387。

〔註129〕見〈臨安府學記〉，《慈湖遺書》卷二，頁190

〔註130〕見〈家記四：論論語上〉，頁323。

〔註131〕見〈周頌・維清〉，頁294。

〔註132〕見〈絕四記〉，《慈湖遺書》卷二，頁187。

〔註133〕見〈絕四記〉，《慈湖遺書》卷二，頁187。

「亦起意」，害心莫大。〔註134〕而落實到日用間，慈湖也舉例說明，他說：

> 直心爲道，意動則差。愛親敬親，此心誠然而非意也。先意承志，
> 晨省昏定，冬溫夏清，出告反面，此心誠然而非意也。事君事長，
> 此心誠然而非意也，忠信篤敬，此心誠然而非意也。應物臨事，此
> 心誠然而非意也。〔註135〕

慈湖認爲「直心爲道，意動則差」，所以「愛親敬親」，「先意承志」，「晨省昏定」及「事君事上」，「忠信篤敬」等皆是出於誠心，所以不是「意」；因爲如果是出於個人有心經營，私心爲之，即是意，即是扭曲本心，而非道也。唯有直心而發，一任自然，發於所當發，止於所當止，方爲道也。這即是孟子無心之心，就如同見孺子將入於井，而生惻隱之心的不造爲，不有所意圖，更不是因爲見交好於孺子之親或欲得鄉人之讚譽而有意爲之的。這就是《書經》「安汝止」之止而已，不要於止之上又妄加意念。所以高全善說：「在楊簡看來，人心的不明昏蔽，皆是由意念使然。因此不在於滔滔說教，而在於使人『毋意』，保持心之明鏡狀態」。〔註136〕這便是慈湖工夫落實的下手處，故侯外廬說：

> 毋意，使心保持寂然不動的無塵無垢的所謂「明鏡」狀態，使之不
> 思不慮，不與外物接觸。……而順應心的本來狀態。〔註137〕

他認爲毋意就是保持心之不思不慮，而寂然不動的明鏡狀態，也就是「順應心的本然狀態」。

對於此，鄭曉江等也認爲：

> 慈湖先生的「毋意」之說，提供給人們的是一種不可言狀的粹然至
> 善的境界，此「心」，此「一」，超乎人間言語之上之外，無法分析、
> 描述和判斷，任何「善辭」，「善說」都是對此境界的背離。楊簡的
> 「毋意」若勉強描述之，是這樣的：人們在萬物包圍中從容悠然，
> 在萬事決擇過程裡直心而發，毫無滯礙。以我之本「有」，應世間繁
> 雜紛紜之物事。許多論者指慈湖爲禪學，此實有誤，禪學是「出世
> 不離世」，慈湖是「入世而出世」。盡得天地之妙，而又不離日用倫

〔註134〕見鄭曉江等：《楊簡》，頁71。
〔註135〕見〈咸卦〉，頁296。
〔註136〕見高全喜：《理心之間——朱熹和陸九淵的理學》，頁232。
〔註137〕見侯外廬等：《宋明理學史》，頁590。

常。〔註138〕

他們認為慈湖表現了在紛繁人間世的悠然自在，與真心真我的毫無阻滯，這已融合了出世入世的絕妙境界。

（五）、道心本一

慈湖認為道心一而已矣，他說：

> 道心惟微，本精本一。〔註139〕

這是出於《尚書》「人心惟微，道心微危，惟精惟一，允執厥中。」並且慈湖認為道心之精一是學者所應努力達到的境界。此外，他也舉了曾子之悟以明之：

> 向者，曾子知有孝弟而已，知事吾親而已，他不知也。事親之心自
> 是事親之心，與他人之心自是，與他人之心斷不相似。一旦聞夫子
> 一貫之誨，正觸此機，忽通其礙，向之二，今之一也。忠恕之心即
> 吾孝友之心，是吾事親之心也，一而不二，通而無間，不可別擇。
>
> 〔註140〕

慈湖敘述曾子今昔之心的差異。曾子以前認為己心與他人之心斷不相似，不能貫通，直至聞夫子「一貫之教」，方悟心之一而無二。所謂「忠恕之心」即「孝友」，「事親」之心，其實一也，並無分別。因此這個「一」之心，慈湖認為喚作什麼皆無妨，或言「忠恕」，「仁義」，「禮敬」，「和樂」，或言「中」，「正」，「灑掃應對」，或「事親從兄」〔註141〕等等皆可，不過是名殊而實一，不礙其通一也。所以他又說：

> 心無形體，清明無際，純一無二。〔註142〕
>
> 孔子之心，常一而無二。變化云為，日用萬殊，而道心常一。〔註143〕
>
> 常人之道心，未始不一。〔註144〕
>
> 此心之神未始不一，動乎意始失其一，……其終如始也，復吾心之
> 本一也。〔註145〕

〔註138〕見鄭曉江等：《楊簡》，頁72。
〔註139〕見〈家記二：論書〉，頁284。
〔註140〕見〈家記四：論論語上〉，頁333。
〔註141〕見〈家記四：論論語上〉，頁334。
〔註142〕見〈周頌：維天之命〉，頁293。
〔註143〕見〈家記四：論論語上〉，頁327。
〔註144〕見〈家記三：論禮樂〉，頁301。
〔註145〕見〈大雅・既醉〉，頁284。

> 人心即道，……人人皆與堯舜禹湯文武周公孔子同，人人皆與天地
> 同，……舉天下萬古之人心皆如此也：孔子之心如此，七十子之心
> 如此，子思孟子之心如此，復齋之心如此，象山先生之心如此，金
> 谿王令君之心如此，舉金谿一邑之心如此。〔註146〕

慈湖認爲心只要不動乎意皆「純一無二」，雖日用萬殊，變化云爲，而道心「常一而無二」，「未始不一」。〔註147〕也因此，「天下萬古之人心皆如此也」，即是萬心歸一，非有所異也。

另外，慈湖也說明心一之原由，他說：

> 人心即道，故曰「道心」。道心無體，變化云爲，養物惠民而心未嘗
> 動。無喪無得，或往或來，巽水而上，而所謂井者如故也；應酬無
> 窮，而所謂無體者則一也。〔註148〕

> 人心無體，無體則無際，無際則天地在其中，人物生其中，鬼神行
> 其中，萬化萬變皆在其中，然則何往而不一乎？如人之耳目口鼻四
> 肢雖不同而一人也，根幹枝葉華實雖不同而一木也，源流瀦派洑激
> 雖不同而一水也。……《易傳》曰「變化云爲」，至言也。〔註149〕

慈湖認爲人心無體，所以廣大無際，能包羅萬種，而何往非一。因此雖有喜怒哀樂等變化，就如同人有耳目口鼻，木有根幹枝葉之種種分殊一般，雖變化萬狀然皆不妨害其爲一人、一木、一心也，此即「無體則一」。這是慈湖強調心是一體統整而不能割裂之意。

三、結　論

由以上的論述，我們可以發現慈湖學主要是圍繞在經學與心的交互影響，與變換揉合中，其中經學心學化除了慈湖自身之敏悟，與象山學之指引外，對於其內部思維運作的脈絡與現象，我們大致可分成三個層面來探討：一是慈湖在經義上加以引伸發揮，而這種推衍、脫變性的思考方式也往往賦予經學新意。例如對《易傳》「變化云爲」的思辨即是，慈湖在喪母之後的哀慟促使他大悟變化云爲之旨，並從而體悟出如「鑑中象」動而未動的感受與

〔註146〕見〈二陸先生祠記〉，《慈湖遺書》卷二，頁191～192。
〔註147〕見〈坎卦〉，頁289。
〔註148〕見〈井卦〉，頁337。
〔註149〕見〈睽卦〉，頁310。

心得。不過這種領悟與理解似乎有超出經文本意的地方，而滲入了作者主觀的思維情感。另外，即是經典中的某些概念經慈湖強化後而擴染群經，甚至遍及宇宙天道、心性本體或人生日用當中，如主「一」思想的認定與深化即是。

其次，即是慈湖原具的心學意識在經典中得到佐證而強化。這是一種回歸經典式的論證模式，並且也在無形中鞏固了其學說思想的合理性與根據性。這是把某種中心概念（可能是自悟，或師承象山，或來自於某部典籍中）直接表層的套在典籍上面，使經書配合其說，於是六經都成了我的註腳與學說的依據，同時也是在為其心學理論而服務。這時候就難免會出現把經義扭屈、轉化以合適其意的情況出現，例如慈湖把「毋意」解釋成「不起意」以證明孔子也主張凡動乎意皆害道的論點。以及所謂道不高遠，因為《易傳》「百姓日用不知」與《尚書》「王道平平」等諸多經籍也看起來都這樣主張。或者相信此心之即道，並且舉出《論語》「仁，人心。」《孟子》「性善」，《尚書》「道心」以及《孔叢子》「心之精神是謂聖」等聖言來證實。

另外，即是慈湖把經學中的諸多概念（例如「毋意」，「無知」，「無思無為」，「寂然不動」，「不識不知」，「變化云為」等來自各經中）融會統合起來，一起納入「心」（變成心的內涵、狀態、作用、特質、變化或屬性等等）這個範疇之中，而重新組合論述以成就其心學體系，此時心也無限延伸，而容納量增大。

第二節　心學解經之範式——慈湖學之方法論

這一部份我們分成形式與內容兩方面闡述慈湖釋經之法，以便更能明確地掌握他解經的特色：

一、形　式

（一）以經釋疑改經

慈湖對於經書中的義理，多半會加以統合貫串，以求思路之通達一致。在〈周頌‧維清〉中慈湖就解釋說：

> 清者，不動乎意者也，禹曰「安汝止」之謂也；舜曰「惟精惟一」
> 之謂也；《詩》曰「不識不知」之謂也；《易》曰「無思無為」之謂

也；即孔子「毋意」之謂也。〔註150〕

慈湖以《易》、《書》、《詩》、《論語》等經書的話語來闡釋〈周頌・維清〉中的意涵，認爲「安汝止」，即「惟精惟一」，即「不識不知」，即「無思無爲」，即「毋意」，這些概念是相通的。這是慈湖常用之法，也就是「以經解經」，用它經來詮解此經，而且是經常不只引用一經來作爲佐證。在這裡姑且不論諸經間的義理是否即全然相通，不過這無疑是形成了慈湖解經的一種獨特方法，同時也是慈湖五經歸一思想的具體實踐與落實。慈湖說：

> 舉五經皆此一言也，天下安得有二道？聖人安得有二言？〔註151〕

他認爲天下無二道，故聖人亦無二言，五經乃聖人致道之書，故其間義理著實一致而無二異。此外，在訓詁考證方面慈湖也網羅搜集各種資料，詳加考釋，務求其明確可信。在〈齊風・南山〉中慈湖云：

> 狐之爲獸多疑，《周易》凡言狐，皆取疑象。襄公爲鳥獸行，與文姜淫慾已縱而不能止，心愧沮而若疑。……衛風有狐，亦有疑貳之意。
> 〔註152〕

慈湖引《周易》「狐」之意來理解〈齊風・南山〉之意，認爲狐性多疑，其代表襄公之獸行且疑貳之態。

另外，在疑改經的部份，慈湖爲學重視融會貫通，故六經間的統合一致，是慈湖甚爲關懷的重點。所以慈湖經常引他經（慈湖自認之意）來批評反駁另外的經書，目的是爲了求經書義理間的互通無礙，前後連貫。例如慈湖以《論語》批評《中庸》，他認爲子思言「忠恕違道不遠」，和《論語》「孔子之道，忠恕而已」，及「一貫之道」有乖違不合者。因爲一者言是道，一者言違道，所以慈湖以爲「忠恕違道不遠」乃子思不確之語，其非聖人之言。

另外，慈湖也以《孟子》非議《易傳》與《大學》，他說：

> 《孟子》曰「勿正心」，謂夫人心未始不正，無俟乎復正之，此心虛明，……何俟乎復清之。……《易》〈上繫〉曰「聖人洗心」，《大學》曰「先正其心」，故後學因之不察。夫〈上繫〉之「洗心」，《大學》之「正心」皆非孔子之言也，不繫子曰之下。〔註153〕

〔註150〕見〈周頌・維清〉，頁294。
〔註151〕見〈中孚卦〉，頁367。
〔註152〕見〈齊風・南山〉，頁126。
〔註153〕見〈永嘉郡治更堂亭名記〉，《慈湖遺書》卷二，頁193。

慈湖認爲孟子言「勿正心」意指人心未始不正，而不須要正，然《易傳》曰「洗心」，與《大學》言「正心」皆要於心上作工夫，實與《孟子》不類，故慈湖以爲其後二者非孔子之言。

此外，慈湖也有因此而改動經書之篇名的，例如：

《小戴記》、《家語》並名此篇曰〈禮運〉。此名學者所加，非聖人本言。〔註154〕

慈湖認爲〈禮運〉之名裂道爲二，故依據後段經文「禮本於大一，分而爲天地，轉而爲陰陽，變而爲四時……」改之，而更其名爲「〈蠟賓〉」篇。

（二）以僞釋疑改經

慈湖常以今日視爲僞書的話去闡明經書的道理。這是他考證不精，而不自知的地方，不過卻也說明了慈湖爲學是主於「心」之所安也，只要是他認爲見道的話語，他都能深信不誤，而立爲宗旨。例如他就拿《孔叢子》「心之精神是謂聖」一語來註解經文，在〈周頌・維天之命〉中，慈湖說：

純亦不已，文王之德，文王之心也。孔子曰：「心之精神是謂聖」，心無形體，清明無際，純一無二。〔註155〕

慈湖以「心之精神是謂聖」一語來說明文王之心清明純一。另外，慈湖釋〈乾卦〉云：

孔子又嘗告子思「心之精神是謂聖」，明乎此心之未始不善，未始不神，末始或息，則乾道在我矣。〔註156〕

慈湖認爲孔子言「心之精神是謂聖」，即明乎此心未始不善，不神，故乾道即在我而不假外求。這都是慈湖深信《孔叢子》之語而落實在經書解釋上時所形成的特殊看法。

另外，我們要談的是疑改經的部份。慈湖也常以僞書之語非議經書之文，在《中庸》一文中他就說：

本文（指《中庸》）於此有：「君子之道，費而隱，夫婦之愚可以與知；及其至也，雖聖人亦有所不知。」云云。《詩》云：「鳶飛戾天，魚躍于淵，言其上下察。」云云。簡深疑皆子思之辭。孔子曰：「心之精神是謂聖。」初無至不至之分。費即隱，上即下，何必加察。

〔註154〕見〈蠟賓〉，《先聖大訓》卷一，頁341。
〔註155〕見〈周頌・維天之命〉，頁293。
〔註156〕見〈乾卦〉，頁199。

〔註157〕
慈湖認為《孔叢子》「心之精神是謂聖」一語並沒有《中庸》至不至，與《詩》
上下察之意，所以慈湖疑其為子思自作之辭。卻不知《中庸》誠可疑，而《孔
叢子》也不可遽信，然而慈湖卻深信其為孔子之語，並且把「心之精神是謂
聖」當成是至當之言。

　　另外，慈湖也同樣以「心之精神是謂聖」來攻擊《大學》與〈繫辭傳〉
之文，他說：

　　　　孔子曰：「心之精神是謂聖。」……心未始不正，何用正其心，又何
　　　　用誠其意，又何須格物？〔註158〕

　　　　孔子曰「心之精神是謂聖」，既聖矣，何俟乎復清之。……夫〈上繫〉
　　　　之「洗心」，《大學》之「正心」皆非孔子之言也。〔註159〕

慈湖認為孔子言「心之精神是謂聖」即明心之善矣聖矣，而無須「正其心」，
「誠其意」，更無庸「洗心」。所以慈湖認為《大學》，《易傳》此種文字並非
孔子之言。再者，慈湖也有直接以偽書之語逕改經文者，這些在第二章關於
《小戴》的部份有過舉例。通常慈湖會以《孔子家語》來改掉《小戴禮》的
經文，因此比較起來，慈湖是相信《家語》而勝過《小戴禮》的。

二、內　容

（一）以「心」立說

　　慈湖自述在閱讀《孔叢子》「心之精神是謂聖」一語後即豁然頓解，此後
敘述碑記，講說經義，都未嘗舍心以立其說，從此確立了他以心立說的學術
宗旨。因此我們可以從幾方面來證實這個現象，首先在《易》學方面，慈湖
說：

　　　　人心即《大易》之道。〔註160〕

　　　　《易》道自在人心。〔註161〕

　　　　《易》之道也，……近在人心。〔註162〕

────────────────

〔註157〕見〈中庸〉，《先聖大訓》卷三，頁421～422。
〔註158〕見〈家記七：論大學〉，頁370。
〔註159〕見〈永嘉郡治更堂亭名記〉，《慈湖遺書》卷二，頁193。
〔註160〕見〈履卦〉，頁238。
〔註161〕見〈屯卦〉，頁220。

> 天象，地法，鳥獸之文，地之宜，與凡在身及在物，皆在乎此心光
> 明之中。〔註 163〕

慈湖說「人心即《易》之道」，《易》之道也，近在人心，或者說即是「在乎此心之中」，「他認爲《易》的根本含義應是寂然不動之心」。〔註 164〕所以在〈己易〉中也反覆闡發這樣的道理，得出萬事萬物皆是心之變化的結論。另外，《四庫提要》也有如是看法：

> 簡之學出陸九淵，故其解《易》惟以人心爲主，而象數事物皆在所
> 略。〔註 165〕

《提要》說簡之《易》學略象數，而惟以「人心」爲主。其次，在《書》學方面，慈湖也反映了這個旨要，他說：

> 禹曰：「安女止」，是心也；舜曰：「精一執中」，是心也；湯與伊尹
> 「咸有一德」，是心也。〔註 166〕

慈湖認爲《書》中「安汝止」，「精一執中」，與「咸有一德」等皆同指一「心」。

另外，在《詩》學方面，慈湖也認爲明「心」爲主，他說：

> 三百篇中，或誦或歌，皆足以興起人之道心，此孔子刪《詩》之大
> 旨。〔註 167〕

> 人能知徐行後長之心即堯舜之心，則知之矣！……此心人所自有，故
> 三百篇或出於賤夫婦人所爲，聖人取焉，取其良心之所發也。〔註 168〕

慈湖認爲三百篇皆足以興起人之「道心」，故即使是由賤夫婦人之所爲，只要是出於良心、本心之所發者，慈湖亦有取焉而美之，所以當然是平正無邪，合乎道的。因此，侯外廬等論之曰：

> 具體言之，三百篇所表達，或直顯「道心」，或誘發「道心」，或蘊
> 藏「道心」，或出于「道心」。一言以蔽之，三百篇皆是「道心」。這
> 就是《慈湖詩傳》的中心思想。〔註 169〕

〔註 162〕見〈蠱卦〉，頁 259。
〔註 163〕見《楊氏易傳》卷二十，頁 379。
〔註 164〕見崔大華：《南宋陸學》，頁 157。
〔註 165〕見〈四庫全書提要〉，《楊氏易傳》，頁 189。
〔註 166〕見〈大雅・維周〉，頁 278。
〔註 167〕見〈周南・采采卷耳〉，頁 59。
〔註 168〕見〈家記二：論詩〉，頁 285～286。
〔註 169〕見侯外廬等著：《宋明理學史》，頁 598。

總之，三百篇或直顯，或誘發，或蘊藏，或出于道心，其一言以蔽之即三百篇皆道心也。這在《慈湖詩傳》中隨處可見，如在〈周頌・昊天有成命〉：「二后受之，成王不敢康，夙夜基命宥密。」中云：

> 二后之心，夙夜念慮，云爲動靜，無非所以成天命也。是基命之心，寬宥精密，其寬宥廣大而無外其精密，無思而無爲。蓋人心即道，故曰「道心」。此心無體而神用無窮，有體則有限量，故曰「寬宥」；有體則可知，無體則不可知，故曰「精密」。〔註170〕

慈湖以道心來闡述二后基命宥密之心，而此心乃無思無爲，神用無窮。又在〈鄭風・將仲子〉中云：

> 夫不忍殺其弟之心，畏忌之心，此即道心。……人心本善、本正，人心即道，故曰「道心」。因物有遷，意動而昏，始亂始離，然其本心之正，亦間見互出於日用云爲之間，三百篇多此類。〔註171〕

慈湖認爲〈將仲子〉是在美莊公不忍殺其弟之「道心」，而此心多見於日用云爲間，亦是三百篇所欲發揚者。另外，在〈鄭風・叔于田〉中，慈湖也認爲即是美其道心善心，他說：

> 〈叔于田〉之詩，愛叔美叔，人之善心也，道心也，無邪僻之思也，孔子取此道心也。〔註172〕

最後在《禮》學方面，慈湖也說禮出於人心，他說：

> 禮即人心之妙用。〔註173〕

> 禮非自外至，人心之所自有也。喪事從其質者，生乎人之哀也。〔註174〕

> 禮儀三百，威儀三千，皆自道心中流出。人皆有道心，苟不明而徒執跡，必至失道。〔註175〕

慈湖認爲禮非由外而至，乃人心所自有，甚至禮儀三百，威儀三千皆自「道心」流出，苟不明則失道。所以由上之論述，慈湖對心重視的程度可見一斑。因此，董金裕說：「楊簡則不僅有對六經的專著，並且在慈湖遺書中屢屢述及經傳，而將自己的心學思想寄託其中，詳加論說，實可謂眞正做到六經皆我

〔註170〕見〈周頌・昊天有成命〉，頁296。
〔註171〕見〈鄭風・將仲子〉，頁113。
〔註172〕見〈鄭風・叔于田〉，頁114。
〔註173〕見〈家記四：論論語上〉，頁328。
〔註174〕見〈喪禮〉，《先聖大訓》卷三，頁440。
〔註175〕見〈家記三：論禮樂〉，頁312。

註腳矣。」〔註176〕即慈湖在經學中寄託其心學思想,「不論解經或論人,皆配合其說,以心作爲衡定的唯一準則。在解經方面,採取有別於一般注疏家的解釋。」〔註177〕

（二）以「道」立論

慈湖自幼即認爲天下唯有道而已。所以在對經義的論述上除了未嘗舍心以立其說之外,便是著眼於道的闡述上,強調道的普遍與平易化。例如在《易》學方面,他說:

> 《易大傳》何以曰「百姓日用而不知」?〈乾象〉何以曰「品物流行」?孔子何以又曰「庶物露生,無非教也?」道在邇而求諸遠,大《易》之妙不離目前而妄疑其有他。〔註178〕

慈湖認爲《易》道就在日用平常間,甚至就是在目前當下,而不必求諸遠,故曰「百姓日用而不知」。此外,在〈乾卦〉慈湖也說:

> 天道甚邇,不離乎庸常日用之間。〔註179〕

同樣說明了「天道甚邇」,就在日用庸常間,而不必費心遠求。

另外,在對《尚書》的理解上,慈湖也是以同樣的角度切入,他說:

> 箕子曰「思曰睿,睿作聖。」……。後世學者率求道於心外,不悟吾心之即道也,故《易大傳》曰:「百姓日用而不知。」〔註180〕

慈湖認爲《尚書》「思曰睿,睿作聖。」即言心即道,道就在吾心之內,然百姓卻往往求道於心外,故不得要領。此外,慈湖又說:

> 無偏無黨,王道蕩蕩,無黨無偏,王道平平。蕩蕩平平之道即常道也。無深無奇,不怪不異,平夷簡易,而天下之道無越乎此。由古到今,有失此常典平夷之道而能有濟者,未之前聞也。〔註181〕

他認爲王道蕩蕩平平即明道之爲常道也,道無深無奇,平夷簡易,而不怪不異。

最後在《詩》方面,慈湖釋〈齊風・著〉云:

> 三百篇蓋多平正無他,雖無深旨,而聖人取焉,正以庸常平夷之即

〔註176〕見董金裕:〈楊簡的心學及其評價〉,頁37。
〔註177〕見董金裕:〈楊簡的心學及其評價〉,頁35。
〔註178〕見〈鼎卦〉,頁341。
〔註179〕見〈乾卦〉,頁202。
〔註180〕見〈家記二:論書〉,頁280。
〔註181〕見〈家記二:論書〉,頁285。

道也。〔註182〕

在《慈湖詩傳》中，慈湖更普遍論述庸常平易之爲道，而百姓日用不知的意思。慈湖認爲三百篇並無深遠之意，不過說明平正無他之即道，而聖人取焉以明後世之人而已。這在〈周頌・思文〉中慈湖也有同樣的觀點：

> 箕子曰「王道平平」，孔子曰「中庸」，皆言道不離乎日用庸常也，
> 平直而非遠也。〔註183〕

慈湖說明道不離乎日用庸常的意思，故箕子之語「王道平平」，與孔子言「中庸」皆同明道之平直而非遠。

（三）以「一」釋疑改經

慈湖學說思想主一，故表現在經解上也形成了以一釋經的形態。慈湖總論六經之義曰：

> 《易》《詩》《書》《禮》《樂》《春秋》，其文則六，其道則一。故曰：
> 「吾道一以貫之。」又曰：「志之所至，《詩》亦至焉。《詩》之所至，
> 《禮》亦至焉。《禮》之所至，《樂》亦至焉。《樂》之所至，哀亦至
> 焉。」〔註184〕

慈湖認爲六經雖六，其道則一，故曰「一以貫之」。在《易》學方面慈湖則非常強調「一」之道，他說：「《易》之道也一也。」〔註185〕並且認爲乾坤、元亨利貞、八卦、六十四卦、三百八十四爻雖分殊而實一也。而所謂的正、中、孚、光亨亦共明斯道而非有所異義。這便是《大易》一貫之道昭昭於天下，而天地爲物不貳的體現。再者，對於〈說卦〉慈湖也認爲雖有父母六子之稱，其道則一，而且百姓日用此道，所謂君子小人所用者實一也，而未嘗有異。

另外，慈湖也以一非議〈繫辭傳〉之言，他說：

> 作〈繫辭〉者已失孔子大旨，……曰：「鼓萬物而不與聖人同憂。」
> 裂《易》與聖人爲二，豈孔子「一以貫之」之旨？某嘗曰：幽明本
> 無故，何必仰觀而俯察也；死生本無說，何必原始而反終也，皆指
> 〈繫辭〉之蔽。《易》天地一也，何必言「《易》與天地準」？準，
> 平也，言二者平齊，其辭意謂實二物而強齊之也。……其蔽猶若是。

〔註182〕見〈齊風・著〉，頁124。
〔註183〕見〈周頌・思文〉，頁299。
〔註184〕見〈慈湖詩傳自序〉，《慈湖詩傳》頁51。
〔註185〕見〈蠱卦〉，頁259。

〔註 186〕

慈湖認爲〈繫辭〉言「鼓萬物而不與聖人同憂」與「《易》與天地準」等將《易》
與聖人及天地分裂爲二，此已失聖人一貫之旨，其蔽非小。

其次，在《詩》方面，慈湖說：

> 孔子曰：「《詩》三百，一言以蔽之曰：『思無邪。』」又曰：「興於《詩》。」
> 又曰：「人而不爲〈周南〉〈召南〉，其猶正牆面而立也與。」思無邪
> 即興，興則不面牆，一旨也。〔註 187〕

慈湖認爲「思無邪」即「興」即「不面牆」之意，三者實一旨而相通。另外
在〈周頌・維天之命〉：「維天之命，於穆不已。於乎丕顯！文王之德之純。
假以溢我，我其收之。駿惠我文王，曾孫篤之。」中，慈湖也提到「一」的
概念，他說：

> 我其收之，曾孫篤之者，以其一故也。……曰駿、曰惠、曰顯、曰
> 純、曰穆，皆所以贊說斯道而非五也。如玉曰白、曰瑩、曰潤，而
> 無二玉也。……篤即收即純。知篤與收與純之一者，可以觀此頌矣。
> 何則？道無二道也。〔註 188〕

慈湖認爲〈維天之命〉中曰駿、惠、顯、純、穆等皆贊說斯道而非有五種不同
的概念，而篤即收即純，三者更非有異，就如同玉之性，各異其稱，而實無二
玉之不同。其次，在對《論語》「君子無終食之間違仁，造次必於是，顚沛必於
是。」的詮釋上說「『必於是』者明精一也」〔註 189〕亦可說明慈湖重「一」之旨。

就是在對《詩序》的評論上，慈湖也是最常以支離穿鑿，分裂害道，詩
外贅辭等觀點來批駁《詩序》，認爲其判本末而裂之，這亦是慈湖「一」思想
的另一層寫照。

另外，關於疑改的部份，慈湖一元論的思想落在經解的形態上，也形成
了以一非異的特色。在《禮記》方面，慈湖認爲「禮本於大一」，豈能分裂害
道，而〈禮運〉之名無異割裂爲二，成本末精粗二段，故應更名爲「〈蜡賓〉」。
此外，對於〈樂記〉之論慈湖也深感不妥，他說：

> 〈樂記〉非聖人之言，曰：樂由中出，禮自外作。又曰：樂由天作，

〔註 186〕見〈家記三：論禮樂〉，頁 315。
〔註 187〕見〈家記二：論詩〉，頁 286。
〔註 188〕見〈周頌・維天之命〉，頁 293～294。
〔註 189〕見〈家記四：論論語上〉，頁 330。

禮以地制。夫道一而已矣！〈樂記〉之書，似高深而實不知道，徒
惑亂後學。〔註190〕

〈樂記〉亦非知道者作，其曰：「人心之動，物使之然也。」……裂
物我，析動靜，害道多矣！禮樂無二道，……形殊而體同，名殊而
實同，而〈樂記〉諄諄言禮樂之異，分裂太甚，由乎其本心之未明，
故其言似通而實塞，似大而實小。〔註191〕

他認爲《樂記》不知「道一」而徒亂後學，其分裂禮樂、物我、動靜，害道
甚著。其次，對於《中庸》，慈湖也批評子思「忠恕違道不遠」不由一貫，因
爲「忠恕即道」，所謂「夫子之道，忠恕而已矣！」又怎能裂之？

另外，對於《孟子》心性二分的主張，慈湖也深致不滿，他認爲心即性，
裂心與性殊爲不當，並使學者致生疑惑。而這種心性不二的觀點正顯示出心
學一派的特點。〔註192〕

（四）以「意」釋疑改經

慈湖之學以「不起意」爲宗，在經學論述中遍佈以毋意，不動意來闡釋
經文之意涵。如在《易》方面，慈湖說：

《易》曰「艮其背，不獲其身，行其庭，不見其人。」云云。……
人之精神盡在乎面，不在乎背，盡向乎前，不向乎後，凡此皆動乎
意，逐乎物，失吾本有寂然不動之性。故聖人教之曰「艮其背」，使
其面之所向耳目口鼻手足之所爲，一如其背，則得其道矣。……「行
其庭，不見其人。」非果無人也，不動乎意，雖見而非見也。見立
則意動而遷矣，非止也。天地之變化，豈有所動哉！〔註193〕

慈湖認爲《易》所謂「艮其背，不見其人。」意指不動乎意的意思，因爲若
動乎意，則逐乎物，將失吾本有寂然不動之性，則失道也，故聖人教之以艮
其背，使其能不動意。另外，在《書》方面，慈湖也以不動意來解釋「安汝
止」之意。至於《詩》方面，慈湖釋〈周頌‧維清〉之「清」字即說：「清者，
不動乎意者也。」〔註194〕亦可明之。另外，在〈周頌‧昊天有成命〉：「昊天

〔註190〕見〈家記三：論禮樂〉，頁306。
〔註191〕見〈家記三：論禮樂〉，頁304。
〔註192〕見張立文主編：《中國哲學範疇精粹叢書──性》，頁219～220。
〔註193〕見〈家記一：泛論易〉，頁262。
〔註194〕見〈周頌‧維清〉，頁294。

有成命，二后受之。成王不敢康，夙夜基命宥密。於緝熙，單厥心，肆其靖之。」中說：

> 不宥不密，二后不動乎意。……無所不思，而非動乎意也；無所不爲，而非動乎意也。曰宥曰密，所以發明乎是也。……使二后之成王業，一動乎意則私矣！蔽矣！天命將去之，何以基命？……是其念慮云爲，無一之或動乎意，無一之或失其道。緝理無差，熙和順洽，意消而道心自明。……單，盡也。有一念慮動乎意，則猶未單厥心也。〔註195〕

慈湖把「不宥不密」、「單厥心」〔註196〕解釋成二后能不動乎意，而持天命不失其道之意，這反映了慈湖解經的主觀認定與特殊理解的模式。

再者，對《中庸》《論語》的理解上，慈湖也以「意」說明之，他說：

> 人皆以爲己能，而聖人自謂未能，非眞不能也。……「中庸不可能」而曰我能者，皆己私也，非道也。孔子曰「吾有知乎哉？無知也」，知尚不可有，而況於能乎？能生於意，意生如霧之興矣。〔註197〕

> 孔子曰：入孝出弟，謹信汎愛。未嘗有意度也。〔註198〕

> 孔子曰「居處恭」，恭而已，無意也。「執事敬」，敬而已，無意也。
> 〔註199〕

慈湖認爲孔子居處恭，謹信汎愛即是無意，而其言己未能事父、事君、事兄、事朋友者，非眞不能也，而是不敢自以爲能，因「能」則已起意，「意」起即如霧能障心體之明，故不「能」也。

其次，在經學的討論中慈湖也常以意來非議更動經書的內容，即以意疑改經文，如在〈樂記〉篇中，慈湖認爲其意態盡露，他說：

> 〈樂記〉……曰：禮樂極乎天而蟠乎地，窮高極遠而測深厚。曰蟠曰測，意狀益露。〔註200〕

再者，於《中庸》，慈湖認爲「民鮮能久矣」之「能」字，顯已起「意」，而

〔註195〕見〈周頌・昊天有成命〉，頁296。
〔註196〕其中「宥密」：「宥，寬；密，寧也」；「單厥心」：「單，厚也；能厚其心矣。」見《毛詩注疏》卷十九，《十三經注疏》第二冊，頁716。
〔註197〕見〈中庸〉，《先聖大訓》卷三，頁423。
〔註198〕見〈家記八：論諸子〉，頁380。
〔註199〕見〈家記九：汎論學〉，頁387。
〔註200〕見〈家記三：論禮樂〉，頁306。

有「意」便有所倚而非中庸，並已失道。再者，孔子並不言「能」，《論語》「民鮮久矣」與「中庸不可能也」皆不云能，故《中庸》言「能」不合聖道，因此他把「能」字刪去。此外，慈湖對《中庸》之「至誠」亦有微辭，他說：

> 子思曰：「誠者自成也，而道自道也。」亦頗得此旨，然猶未得其眞，何以知其未得其眞？不曰誠者自誠，而曰自成，是猶有成之意，是於誠實之外復起自成之意，失其誠矣。故子思之《中庸》篇多至誠，於誠之上加至一言，亦復其意。〔註201〕

慈湖認爲子思言「誠者自成」是已有「成之意」而失其誠矣；再者，《中庸》多言至誠，此一「至」字亦爲復其意於其上，皆起意而非也。總之，慈湖不主張稍微有人爲之力於其上，因那都是起意而有失的。

最後，在《大學》一文中，慈湖攻擊《大學》最激烈的地方即莫過於言「意」之流毒，他認爲「誠意」、「正心」……等皆以作意爲善，其戕害淪浹人心之深不可不論，故堅決反對而痛伐之。

第三節　慈湖對老莊之批評與會通

慈湖認爲老子是「入於道而未大通者也」，他說：

> 老子曰：「致虛極，守靜篤，萬物並作，吾以觀其復。夫物芸芸，各歸其根，歸根曰靜。」老子之於道，殆入焉而未大通者也。動即靜，靜即動，動靜未始不一貫，何以致守爲，何以復歸爲。〔註202〕

> 老子言「道大，天大，地大，王亦大。域中有四大，而王居一焉。人法地，地法天，天法道，道法自然。」夫三才之道一而已矣，而老子裂而四之，其言法天法道法自然尤爲誣言，瑕病尤著。以他語驗之，老子不可謂無得於道，而猶有未盡焉爾。〔註203〕

> 老子曰：「視之不見名曰夷，聽之不聞名曰希，搏之不得名曰微，此三者不可致語，復混而爲一。其上不皦，其下不昧，繩繩不可名，復歸於無物。」曰混曰復歸，疵病大露，混而爲一，不知其本一也；復歸於無物，不知虛實之本一也。老子又曰：「執古之道，以御今之

〔註201〕見〈乾卦〉，頁 199。
〔註202〕見〈家記八：論諸子〉，頁 379。
〔註203〕見〈家記八：論諸子〉，頁 379。

有。」未悟古今之一也。〔註204〕

老子又曰：「大曰逝，逝曰遠，遠曰反。」道體寂然，何逝何反，學道而未通者，自作此意度耳。道不如是也，孔子曰：「誰能出不由戶，何莫由斯道也。」動者道也，靜者道也，有者道也，無者道也，古者道也，今者道也，萬者道也，一者道也。孔子又曰：「吾道一以貫之」，未嘗異動靜有無古今萬一而爲殊也。〔註205〕

慈湖認爲老子不識「三才一」，「動靜一」，「虛實一」，「古今一」，與「道一」之理。其分動靜，分天地，分道體，是「未大通」，「未盡」道者。〔註206〕

其次，對老子反忠信禮義之觀點，慈湖也頗有意見，他說：

上下有章，貴賤有等，天秩之序也。致其辨焉，使上者安於上，下者安於下，則民志定矣。彼老氏謂禮爲忠信之薄，亂之首，則安能治天下國家。老氏窺本見根，不親枝葉，不見宗廟之美，百官之富，習乎道家之學，未學乎《易》者也。……蓋天下之變化無窮，情僞萬狀，而欲動中機會變化云爲無非典禮，誠非一於清虛淨寂者之所能盡識也。〔註207〕

他認爲道家非薄禮義，不能以治天下國家。而其清虛寂靜者亦不能盡識變化情僞之無窮萬狀，此其「見本不見根」之蔽。

另外，對於莊子，慈湖也多所批評，認爲其說自有矛盾，他說：

莊子又曰：「汝神將守形，形乃長生。」既諄諄言無物之妙矣，茲又守形，陋矣，又自矛盾矣。〔註208〕

慈湖認爲莊周既諄諄言無物，卻又要守形，二者實相矛盾。其次，他又指出莊周起意之非，他說：

莊子曰：「以其知之所知，以養其知之所不知。」莊周何其意態之多也。孔子曰入孝出弟，謹信汎愛，未嘗有意度也。莊子鑿空爲有，又屈曲其蹊。〔註209〕

莊子曰：「一宅而寓於不得已」，又曰：「不忘其所始」，又曰：「以無

〔註204〕見〈家記八：論諸子〉，頁379。
〔註205〕見〈家記八：論諸子〉，頁379。
〔註206〕見崔大華：《南宋陸學》，頁154。
〔註207〕見〈履卦〉，頁237～238。
〔註208〕見〈家記八：論諸子〉，頁380。
〔註209〕見〈家記八：論諸子〉，頁380。

為首」，是皆意慮之未息也。孔子曰：「天下何思何慮」，未嘗有周之
繁說也。而萬世自莫得而闖之。〔註210〕

慈湖批評莊子意態思慮之繁複，未能如孔子何思何慮，孝弟信愛之平實。另
外，他更認為莊子不知「一」之道，他說：

又曰：「知其不可奈何而安之若命，惟有德者能之。」有德者不如是
也。以為不可奈何者，非能安者也，非真知命者也。天命之妙，不
可以人為參也，曰天曰人，非知天者也，亦非知人者也。天人一道
也，隨世而曰天曰人可也。吾心實，曰天曰人，非也。〔註211〕

莊子又曰：「勞我以生，息我以死，是又思慮之紛紛也。是又樂死而
厭生也。樂死而厭生與貪生而懼死同。桑戶之歌曰：而已反其真，
而我猶為人，以死為反真，以生為不反真，其梏於生死又如此，豈
若孔子之言曰「未知生焉知死。」明乎生死之一也。〔註212〕

周又曰：「為是不用而寓諸庸」，意說也，曰不用、曰寓，皆意也。
又曰「有以為未始有物者至矣、盡矣，不可以加矣。」此又意說也，
未悟有無之一也。〔註213〕

慈湖認為莊子不知「天人一道」，「生死之一」，「有無之一」，因此他認為「莊
周寓言陋語良多，仁義蓬廬之論，惟睹夫二，未睹夫一也。」〔註214〕最後，
他批評莊子有喜靜厭動，陷溺之病，慈湖說：

又曰：「仁義之端，是非之塗，樊然殽亂。」是又惡動好靜，陷溺之
巨病也，似廣大而實小也，似高明而實卑也。又妄謂顏子忘仁義、
忘禮樂，坐忘，此乃老莊棄動趨靜之偏蔽。〔註215〕

　　雖然，慈湖對老莊頗有不滿之處，然其思想亦融有道家之色彩。如在對
自然的看重上，慈湖與道家是有相通之處的。老莊尚自然，輕人為，而慈湖
亦然，這表現在對道心的體認上，及工夫修為的棄絕（見第五章）。他尚本然
之狀態，反對雕琢，用力等思慮或人為之行徑，因為這些對慈湖而言都是深
惡痛絕而摒棄的。

―――――――――――――――

〔註210〕見〈家記八：論諸子〉，頁380。
〔註211〕見〈家記八：論諸子〉，頁380。
〔註212〕見〈家記八：論諸子〉，頁380。
〔註213〕見〈家記八：論諸子〉，頁379。
〔註214〕見〈家記八：論諸子〉，頁379。
〔註215〕見〈家記八：論諸子〉，頁379。

其次，道家提倡無爲而無不爲，所謂「道常無爲而無不爲」，〔註216〕「爲無爲，則無不治。」〔註217〕認爲無爲的功效無窮而廣大。這在慈湖的學說中亦能找到類似的影子，他認爲「天道無爲」，〔註218〕並且重視無思無爲的作用。因爲無思爲才能無不爲，同時慈湖也舉出道心就如同「日月，無思無爲，自無所不照。」〔註219〕又如同「水之無思無爲而流行不息，澤潤萬物。」〔註220〕「天地無思無爲，而四時錯行，日用代明。」〔註221〕「草木無思爲而自發生。」〔註222〕總之，慈湖認爲因爲日月無思，水流無思，天地無思，草木無思，才能普照萬物，流行不息，四時錯行而自發生。因此，他說：

> 如四時變化，雜然而無所思焉，無所爲焉，草木以此而植，鳥獸以此而蕃，財用以此而出，風雲以此而興。吐而通乎天地之間，陰陽以此和合，雨露之澤以此降，萬物以此成，百姓以此饗。〔註223〕

而反觀道心，慈湖認爲就是因爲道心無思無爲才能應用無窮，變化萬狀，以此來面對現象界的紛擾種種，而能依舊清明不受干擾。基本上，這種道心的無滯、無阻、無傷而自若自在的境界，其實與道家所強調的心不受外在現實的束縛、掌控而能永保心之逍遙自在，確有相通之處。

不過，「無思無爲」是《易傳》〈繫辭上〉的一段文字，然而慈湖此種思維模式除了來自於《易傳》外，有沒有再受到道家之影響，我們不能遽下定論，但慈湖與道家的這些內在連繫契合應是無疑的。

另外，在「無」的體認上，慈湖雖然認爲莊周「祖夫歸無之學而未大通者也。」〔註224〕並且也批評老莊未識「有無之一」，然而在虛無的應用上，慈湖是不遺餘力地強調發揮。他很重視無之用，認爲道心就是因爲無體之可執才能如此清明靈虛，因爲如果有形體，則有限，有阻滯，心之體就不能包羅萬象而變化無盡。並且此心要「中虛無我」〔註225〕「人心無我無體，自神自明。」，

〔註216〕見老子第三十七章，《老子四種》，頁31。
〔註217〕見老子第三章，《老子四種》，頁3。
〔註218〕見〈大有卦〉，頁249。
〔註219〕見〈離卦〉，頁292。
〔註220〕見〈樂山〉，《先聖大訓》卷四，頁456。
〔註221〕見〈家記五：論論語下〉，頁360。
〔註222〕見〈家記五：論論語下〉，頁347。
〔註223〕見〈樂山〉，《先聖大訓》卷四，頁457
〔註224〕見〈家記八：論諸子〉，頁379。
〔註225〕見〈豫卦〉，頁255。

〔註 226〕「道心無我，中虛無體。自然於物無忤，自然於理無違。」〔註 227〕無我才能清明無過失而無不善。

最後，對知的處理上，慈湖也與道家有相近之處。道家不重視知識的追求，認爲要「使民無知」，〔註 228〕所謂「智慧出，有大僞。」〔註 229〕而「爲學日益，爲道日損。」〔註 230〕唯有去知才能達到道的境界。而慈湖也認爲道不是由學習思慮而得的；相反的，知識有害之，所謂「有知則有意」，〔註 231〕「如日月，未嘗有知識也，而自能照物。」〔註 232〕因此，他主張要「無知」，「蒙以養之」，「不識不知」，「何思何慮」。所以，崔大華認爲「中國思想史上，在道家蒙昧主義之外，又出現了一個儒家蒙昧主義。」〔註 233〕

第四節　慈湖學與禪佛之交涉

宋明理學家鮮不出入佛老者，理學開山祖師之一的明道先生即是：

> 先生爲學：自十五六時，聞汝南周茂叔論道，遂厭科舉之業，慨然
> 有求道之志。未知其要，泛濫於諸家，出入於老、釋者幾十年，返
> 求諸六經而後得之。〔註 234〕

明道出入老釋者近十年而後返求諸六經方得其要。明代陽明亦復如此，陽明自述其爲學的歷程說：

> 吾亦自幼篤志二氏，自謂既有所得，謂儒者爲不足學。其後居夷三
> 載，見得聖人之學若是其簡易廣大，始自嘆悔錯用了三十年氣力。
> 〔註 235〕

陽明自幼篤志二氏，並自悔用錯了三十年的歲月於其間，直至居夷三載方見聖道之簡易廣大而自不知。這之中不管是出入近十年，或三十年者，他們都

〔註 226〕見〈遯卦〉，頁 299。
〔註 227〕見〈升卦〉，頁 332。
〔註 228〕見老子第三章，《老子四種》，頁 3。
〔註 229〕見老子第十八章，《老子四種》，頁 15。
〔註 230〕見老子第四十八章，《老子四種》，頁 41。
〔註 231〕見〈家記五：論論語下〉，頁 353。
〔註 232〕見〈大雅・皇矣〉，頁 275。
〔註 233〕見崔大華：《南宋陸學》，頁 151。
〔註 234〕見《河南程氏文集》卷十一，《二程集》，頁 638。
〔註 235〕見〈傳習錄上〉，《王陽明全集》卷一，頁 36。

有一個共同的傾向，那就是長而明悟，覺其入禪之非。不過這似乎不怎麼適用在慈湖身上，因爲在《年譜》及其文集中，我們很難找到類似陽明或明道自悔入禪之語，不過也因此便成爲理學家當中歷來被詬病與禪學交涉頗爲嚴重的學者。如朱子評論說：

> 先生（朱子）嘗說：「陸子靜、楊敬仲自是十分好人，只似患淨潔病底。又論說道理，恰似閩中販私鹽底，下面是私鹽，上面以養魚蓋之，使人不覺」。蓋謂其本是禪學，卻以吾儒說話遮掩。〔註236〕

陳北溪也說：

> 大抵全用禪家宗旨，而外面卻又假託聖人之言，牽就釋意。〔註237〕

而劉宗周也說：

> 慈湖言無意，分明是禪家機軸，一盤托出。〔註238〕

另外，《四庫提要》的批評更是直截了當，認爲慈湖根本就是以佛理詁《易》，他們認爲：

> 簡爲陸九淵之弟子，故其說《易》略象數而談心性，多入於禪。錄存其書，見以佛理詁《易》，自斯人始著。〔註239〕

> 簡則爲象山弟子之冠，如朱門之有黃榦；又歷官中外，政績可觀，在南宋爲名臣，尤足以籠罩一世。故至於明季，其說大行。紫溪、蘇濬解《易》遂以冥冥篇爲名，而《易》全入禪矣。〔註240〕

> 陸九淵之學近乎禪而非禪。其全入於禪則自簡始，猶王守仁之一傳爲王畿也。〔註241〕

《四庫》抨擊慈湖敗壞《易》風，是將《易》帶入禪解之冥冥境界的始作俑者，就如同王畿一般的壞師門之教而罪不可逭，語甚不滿。

　　而由上可見這些全是批評慈湖牽連釋意之失。至於是如何入禪的，朱子則有說明：

> 佛者言：「但願空諸所有，謹勿實諸所無。」事必欲忘卻，故曰「但願空諸所有」；心必欲其空，故曰：「謹勿實諸所無」。楊敬仲學於陸

〔註236〕見《朱子語類》卷一二四，頁2978。

〔註237〕見〈與陳寺丞師復一〉，《北溪大全集》補卷二十三，頁686。

〔註238〕見〈蕺山學案〉，《明儒學案》卷六十二，頁1514。

〔註239〕見〈楊氏易傳二十卷〉，《四庫全書簡明目錄》卷一，頁6-10。

〔註240〕見〈四庫全書提要〉，《楊氏易傳》，頁189。

〔註241〕見〈四庫全書簡明目錄〉，《慈湖遺書》，頁169。

氏，更不讀書，是要不「實諸所無」；已讀之書，皆欲忘卻，是要「空諸所有」。〔註242〕

朱子認爲慈湖不讀書，甚而忘其所學實無異於佛學「勿實諸所無」「空諸所有」之宗旨。因此侯外廬等批評慈湖實已模糊儒佛之界限，他們說：「陸派心學與佛家禪宗之間這種雖然晦隱但確然有別的情況，只有陸九淵自己清醒地意識到。當程朱派指責楊簡是禪，……陸九淵替他辨護道：「楊敬仲不可說他有禪，只是尚有習氣未盡」，而楊簡自己卻察不到這種區別。這與其說是由于他的儒學理論修養不足，還不如說是他的佛學理論修養不足。在楊簡的著作裡，不只一次對老莊思想提出批評，但對佛家思想卻無一句品評的言詞。他模糊地將孔子之「心」認作達摩之「佛」，把心學和佛學完等同起來。」〔註243〕他們認爲象山稱慈湖所謂的「習氣未盡」即指其仍雜有禪佛的影子，而未能全然除去。又因其文集中幾無一句抨擊佛釋之言而認爲慈湖佛學修養之不足，遂有將儒佛混淆而不自知之過。今就其與禪佛之融通處略作討論。

一、範　疇

（一）心　法

1、以心傳心

心這個範疇是儒佛都關懷的重點。禪宗重視以心印心，傳心之法，在《壇經》中惠能就說：

代代相承，法則以心傳心，皆令自悟自解。自古佛佛惟傳本體，師師密付本心。〔註244〕

禪宗代代相傳以心傳心，實是重本心、本體之徹悟，故尚弟子能自悟自解。此外，禪宗更認爲心能生萬法，《指月錄》云：

一切法皆是心法，一切名皆是心名。萬法皆從心生，心爲萬法之根本。故《經》云「識心達本源」。……種種成立，皆由一心也。〔註245〕

所謂的「一切法皆是心法」，「心爲萬法之根本」，以及「種種成立，皆由一心」，明白指出心作爲本源的意涵及功用。這是禪家對心的肯定與重視，而儒家自

〔註242〕見《朱子語類》卷一二四，頁2984。
〔註243〕見侯外廬等：《宋明理學史》，頁591。
〔註244〕見〈行由品〉，《六祖壇經箋註》，頁111～112。
〔註245〕見〈六祖下第二世〉，《指月錄續指月錄》卷五，頁94。

先秦就有討論心了，孟子所謂「盡心知性以知天」即是，爾後在宋明理學心學派中更儼然成爲學說的主要宗旨。不過對慈湖來說，他認爲二家言心實有相通之處，所以就把達摩祖師「以心傳心」之心法拿來和《孔叢子》「心之精神是謂聖」作譬喻，慈湖說：

> 孔子曰：「心之精神是謂聖」，即達摩謂從上諸佛，惟以心傳心，即心是佛，除此心外，更無別佛。〔註246〕

慈湖認爲達摩「即心是佛，除此心外，更無別佛。」之意就如同《孔叢子》「心之精神是謂聖」的意思。所以在心的討論上，慈湖顯然有混合儒釋的嫌疑。

不過要說的是，雖然同樣重視「心」，但慈湖與佛學的內涵是不一樣的，慈湖說的得道德心，心即道，心具萬善，心有德性倫理的價值及意義；佛學則不然，它並不是著眼在道德層次，而是強調分析心的各種狀態，在面對外境時所生迷悟意識，最終是期盼達到不生不滅的冥寂涅槃境界。

2、平常心是道

另外，禪宗認爲平常心是道：

> 每日拈香擇火，不知身是道場。〔註247〕

> 若欲直會其道，平常心是道。何謂平常心？無造作、無是非、無取捨、無斷常、無凡聖。……只如今行住坐臥，應機接物，盡是道。〔註248〕

禪宗認爲隨處是道場，平常心是道，只是己身常不知。而平常心即是自然無造作，無是非，無取捨之心。此心此道於行住坐臥，應機接物之間即可得之，所以並不離乎人倫日用，是極爲平易自然的。而慈湖也同樣肯定日用庸常即道心的意思，慈湖說：

> 平常實直之心即道。……故日用平常，不假思爲，靡不中節，是爲大道。〔註249〕

> 日用庸平無他之心皆大道也。〔註250〕

慈湖認爲平常實直之心即道，日用庸常皆道，所以不假思爲，皆能成大道，因道是不離乎日用庸平的，只是百姓日用此道而不自知而已。所以這日用平

〔註246〕見〈炳講師求訓〉，《慈湖遺書續集》卷一，頁449。
〔註247〕見〈諸方雜舉徵拈代別語〉，《景德傳燈錄》卷二十七，頁571。
〔註248〕見〈六祖下第二世〉，《指月錄續指月錄》卷五，頁94。
〔註249〕見〈家記三：論禮樂〉，頁314。
〔註250〕見〈家記三：論禮樂〉，頁313。

常是道心的觀點是慈湖與禪佛共通之處。

（二）虛　空

空義是佛家的宗旨所在。佛家認爲緣起性空，世間萬象都是由於因緣和合而成的，所以事物本身並沒有常住不變的自性，由此而引發空之義。〔註251〕然而人卻往往因爲無明而容易執著於其間，形成我執的種種煩惱及痛苦。而這實空卻執有的心態就會使人空穴起風，而作繭自縛。

然而雖說性空，佛家也不主張人因性空而陷入執空狀態，變成了另一個有的迷惘，因爲佛家除了主張要空，更要空空，即是不執有，亦不執無，唯有達非有非不有之中道方爲眞知，如此才能臻涅槃之境界。

對慈湖而言，他也經常以空來形容心的特質及狀態，前面論及他說心無體、虛空、太虛、空洞無形體、而一無所有等等，這些乍看之下，顯然與禪佛相似，然而仔細思考會發現在對空義的理解上，二者仍有差別。因爲慈湖比佛家更進一步，對佛家而言，有從理論說，然更重視現實的考量。佛家言心空，然佛家更指出了人心常執有的虛幻，是空有並說；然而在慈湖來說，他認爲心本來就是空的，不僅沒有形體可以執著，就算有外界事物的紛擾萬緒，也不會如同佛家所說的那樣，境會讓心起了妄念而生無明煩憂，反而因爲心是虛空的，沒有形體，所以能無滯，而不受阻礙影響，不管外境如何起變化，心都能不受干擾，純粹靈善而自神明。這與禪宗惠能所說的「本來無一物，何處惹塵埃。」的觀點是有類似之處的。

不過從目的論來說，慈湖和佛教是有不同的。佛教洞視生命的苦難，希望芸芸眾生能看清諸法皆空的本質，不要執著萬象，目的是要能解脫生死，而得至涅槃。這是一種透悟生命眞諦，追求眞理的過程，要人從中得到善知慧（菩提般若之知），而開佛眼界。所以佛家關懷生死、解脫、涅槃，如何去除無明煩惱，大部份也都是圍繞在空與有的範疇內立說。

然而對慈湖而言，他關懷的重點卻不僅只於在空或有的概念上立說。他講空的目的是要爲心善作根據，而援禪入儒，由空至善，關懷世人，發揚良心善性。所以嚴格分析，空不是他最主要的目的，人性的善才是慈湖最終的歸屬。因爲慈湖仍是儒家人，他講的依舊是世間學問，而不是佛家出世超脫的學問。這一點近時學者也都是普遍認同的，侯外廬說：

〔註251〕參考吳汝鈞：《印度佛學的現代詮釋》，頁32。

楊簡的「心」不僅僅是知覺能力，且具有倫理的品性。他說：「……
人性本善本神本明」，這就和佛家教義把心分析爲各種心理狀
態，……認爲「性中不染善惡」的觀點不同。〔註252〕

高全喜也說：

楊簡畢竟是陸氏心學的嫡傳，他雖與佛禪有些瓜葛，然仍不失爲一
個孔孟的信徒。他講心體虛明，談人心毋意，最終不是佛家的虛無
寂滅，而是儒家的純正之心。這個純正的道德之心並非不起意念如
死水般無波無紋，而是要求心之意動欲念必須合乎道德的本性，人
倫的大綱。……說來說去，楊簡還是要人做一個道德之心，一個合
乎孔孟之教的善人。〔註253〕

他們認爲慈湖講的心是具有倫理品性的，與佛家把心分成各種心理狀不同，
另外講毋意也是儒家純正之道德心。總之，慈湖是要教人爲善去惡而成就儒
家式的道德人格的。

　所以比較起來，佛家所認爲修爲的最高境界，那種心體的無凝無滯，來
去自如的境界，在慈湖變成本有，而人人皆具的，慈湖所論述的心除了起意
之外，基本上是不著物，流動自如而無滯、無執的。

（三）不作意

　慈湖之學以不起意爲宗。黃宗羲云：

慈湖以不起意爲宗。〔註254〕

而前文也引劉宗周之語說

慈湖言無意，分明是禪家機軸，一盤托出。〔註255〕

劉宗周認爲慈湖言無意分明是入禪。因爲慈湖認爲人心本善本明，唯起意則
昏則蔽，故教導後學以「毋意」爲宗旨。然而近人有以慈湖之「毋意」來與
佛家之「無念」相提並論的，侯外廬等認爲：

楊簡「毋意」的要求和佛家「無念」的主張也是一致的。〔註256〕

「毋意」和「無念」確實有某些相通之處，因爲禪宗講無念，而「無念」其

〔註252〕見侯外廬等：《宋明理學史》，頁591。
〔註253〕見高全喜：《理心之間──朱熹和陸九淵的理學》，頁232～233。
〔註254〕見〈慈湖學案〉，《宋元學案》卷七十四，頁2479。
〔註255〕見〈蕺山學案〉，《明儒學案》卷六十二，頁1514。
〔註256〕見侯外廬等：《宋明理學史》，頁591。

實就是「不作意」的意思，禪宗惠能與其弟子神會都甚爲強調這個觀點，乍
看其名稱，這跟慈湖之「不起意」簡直大爲神似。不過如果我們仔細分辨二
者的內涵，基本上也可說是不同的。《壇經》上說：

> 我此法門，從上以來，先立無念爲宗，……無念者，於念而無
> 念。……於諸境上心不染曰無念，於自念上常離諸境，不於境上
> 生心。若只百物不思，念盡除卻，一念絕即死，別處受生，是爲
> 大錯，……所以立無念爲宗。善知識，云何立無念爲宗，只緣口
> 說見性迷人，於境上有念，念上便起邪見。一切塵勞妄想，從此
> 而生。自性本無一法可得，若有所得，妄說禍福，即是塵勞邪見。
> 故此法門立無念爲宗。善知識，無者無何事？念者念何物？無者，
> 無二相，無諸塵勞之心；念者念眞如本性，眞如即是念之體，念
> 即是眞如之用。〔註 257〕

《壇經》中提到三方面關於無的實踐，即是「無念」、「無相」、「無住」，其中
以無念爲宗，無相爲體，無住爲本。然而這三種並非各自獨立，而是相互連
繫，並且以無念爲最基本。無念爲宗，「念」即我們生起很多的念想、念頭，
亦即所謂意念。人不能沒有意念，問題是當人對他所生的念想有一癡戀、執
取時，他就已經被這個念頭束縛而受了限制。因此我們要無念，不要對念想
生一執著，即此謂「無念爲宗」。所以說要「於自念上常離諸境，不於境上生
心。」而無諸塵勞之心。〔註 258〕

然而「無念」並非要人不起任何念頭，如同死寂一般，如果「百物不思，
念盡除卻，一念絕即死，別處受生，是爲大錯。」所以若以爲滅絕一切念頭
即可別處受生，便是大錯。而是要「於念而無念」，對外境不染著，不起妄心，
不執著癡戀於其上而常空寂，方爲無念。〔註 259〕而「無念」即是「不作意」
之意，《神會集》中充份發揮了這個觀點，神會云：

> 不作意即是无念。〔註 260〕

> 聞説菩薩，不作意取菩提。聞説涅槃，不作意取涅槃。聞説淨，不
> 作意取淨。聞説空，不作意取空。聞説定，不作意取定。如是用心，

〔註 257〕見〈定慧品第四〉，《六祖壇經箋註》，頁 172～175。
〔註 258〕見吳汝鈞：《中國佛學的現代詮釋》，頁 165～168。
〔註 259〕見吳汝鈞：《中國佛學的現代詮釋》，頁 169。
〔註 260〕見胡適：《神會和尚遺集》，頁 101。

即寂靜涅槃。……譬如鳥飛於虛空，若住於虛空，必有墮落之患。

如學道人修無住心，心住於法，即是住著，不得解脫。〔註261〕

神會說「不作意」就是「無念」，凡是作意住心，不管是起心要什麼，菩提也好，涅槃也好，或空，取淨等，並皆屬虛妄，所以要莫作意，要無所住而生其心。〔註262〕

所以佛家的無念，不作意並不是要人所有的意念皆不能生，而摒除一切念想；相反的，卻是要念而無念，念念不住，不於境上生心，而能自在無縛。這與慈湖之「不起意」顯然大異其趣。慈湖之不起意，並非要念念不住，念而無念。慈湖反對的是去起本心以外，非自然而生的意念，即指有心造作的意念，凡此皆要毋意而棄絕之。但慈湖基本上是肯定本心所自然流露出的眞性情，例如喜怒哀樂，視聽言動，好惡恐懼憂患，興觀群怨等，與孔子所謂的發憤忘食，好謀而成等無意之情念，因爲這些是無知之念，是本心自然而然，非有意，特意去起的，是無心而發，非有心造作的。然而這些情慮對於佛家之修行者而言無異是妄念，是苦惱，是客塵煩惱，而不被稱許的。

二、方　法

（一）頓悟法門

頓悟是禪宗立教之法，強調頓修頓悟，瞬間靈光一現，而得開悟。《壇經》云：

即時豁然，還得本心，……一聞言下便悟，頓見眞如本性。是以將此教法流行，令學道者頓悟菩提，各自觀心，自見本性。〔註263〕

自性無非、無癡、無亂。……自由自在，縱橫盡得，有何可立。自性自悟，頓悟頓修，亦無漸次，所以不立一切法。諸法寂滅，有何次第？〔註264〕

頓悟就是當下頓見眞如之本性，此無漸次可言，更無定法之可循，一切修爲皆自由自在，而自性自悟。〔註265〕如果反觀慈湖求學悟道之法與禪宗還甚有

〔註261〕見胡適：《神會和尚遺集》，頁324。

〔註262〕見胡適：《神會和尚遺集》，頁321～325。

〔註263〕見〈般若品〉，《六祖壇經箋註》，頁145。

〔註264〕見〈頓漸品〉，《六祖壇經箋註》，頁251。

〔註265〕見陳光天：《曹源一滴水——介紹禪宗》，頁92～135。

雷同暗合之處，錢穆先生就說：

> 簡之後學，……謂其師嘗大悟幾十，小悟幾十，真儼然成了禪宗一
> 祖師。〔註266〕

因為我們從《慈湖年譜》的生平敘述中，可以看出慈湖一生求學悟道的過程，其中大悟就有八九次之多，若平日之悟恐不止於此，這比起其它宋明理學家而言，可說是很特別的一個人，此與慈湖善學善悟之本性有關，其常能反觀內心，時有領略，故能精益再精，而大徹大悟。

（二）太虛浮雲與心鏡

太虛雲氣是指慈湖與禪宗所使用的同樣譬喻手法，《壇經》說：

> 諸法在自性中，如天常清、日月常明，為浮雲蓋覆，上明下暗。忽
> 遇風吹雲散，上下俱明，萬象皆現。世人性常浮游，如彼天雲。善
> 知識，智如日、慧如月，智慧常明，於外著境，被自念浮雲蓋覆自
> 性，不得明朗。若遇善知識，聞真正法，自除迷妄，內外明徹，於
> 自性中萬法皆現。〔註267〕

惠能認為世人自性不明，就如同被浮雲覆蓋一般，若遇善知識，聞真正法，方能自除迷妄，而風吹雲散，上下俱明，萬象皆現。這在慈湖也有類似的觀點，慈湖說：

> 意如雲氣能障太虛之清明，能蔽日月之光明。〔註268〕

> 人心即道，自靈，自明，過失蔽之，始昏始亂。……無過則此心清
> 明廣大如故矣！雲氣散釋而太空澄碧矣！〔註269〕

> 意蔽消則性自明，意蔽太消則性自大明，雲氣去盡則日月自明。〔註270〕

慈湖認為意之昏亂人心，就如同雲氣能障太虛之清明，蔽日月之光明一樣，唯有雲氣散釋方能重現日月之明。這是慈湖與佛家引喻互通之處。

另外，在對心的譬喻上，慈湖與佛家都使用「心鏡」這個名詞。慈湖認為心如鏡如空，如鑑等之清明，而佛家也是，在《壇經》神秀與惠能的二首偈中即如表達，一者認為「心如明鏡台」，一者則認為「明鏡亦非台」，都是

〔註266〕見錢穆：《宋明理學概述》，頁236。
〔註267〕見〈懺悔品第六〉，《六祖壇經箋註》，頁188。
〔註268〕見〈著庭記〉，《慈湖遺書》卷二，頁197。
〔註269〕見〈家記四：論論語上〉，頁320。
〔註270〕見〈無妄卦〉，頁280。

把心比成鏡的狀態。〔註271〕

　　總之，慈湖在諸多方面是與佛家有共通之處，但大都是在範疇與方法上的相似；在內容上，其實是各有宗旨而不能混淆的。例如同是論「心」，佛家言即心是佛，即心即佛；而慈湖則言心即道，道心，心備萬善；在「空」義的理解上，空是佛家立說宗旨，是其世界觀，是佛家對現象界的解釋與看法；然而慈湖則拿來作為心善的基本立論依據，而成為他心性論的觀點之一；至於「不起意」之說則二家根本不同；頓悟則更指是持修方法而言；最後在「太虛雲氣」與「心鏡」的比喻上只是對心無明，障蔽，以及狀態特質的一種立說方法，目的是要人更能明白其中的道理；就是對邪惡的來源二者也立論不同，佛家是心與外境合論，強調人在外境的萬象紛亂中迷失了自己，而執、取、住，以致於生出諸多無明和煩惱；然而慈湖則只範圍在心內立說，就是起意、動意也跟外界搭不上太大的關係，因為那是心自己起意，心內起意，外境的影響在慈湖的學說中基本上是不太構成什麼威脅與影響力的。

　　而鄭曉江等也認為慈湖與禪在精神處確實不同，他們說：「慈湖心學宗旨在於提醒人心，並不放棄忠信，孝弟，誠明之教化，……如此學問何以能說是「禪」？……慈湖的確吸納過「禪」的智慧，但我們的研究表明，慈湖心學的精神、內容、方法，（以心性釋經，一道德，日用庸常是謂教）主要是儒家的，故不可簡單地稱慈湖為「禪」。特別是慈湖生平踐履，關懷眾生，勤於道德，這與躲在深山，遠離市鎮的「禪宗」，確實難以同日而語。崔大華以現代人的眼光，觀慈湖與「禪」這關係，很有參考之處，但言慈湖由「禪」而入蒙昧主義，也很難使我們心服，崔大華引了這樣一句話：「如蒙如愚，以養其正，作聖之功。」以說明慈湖的蒙昧主義。從字面上看，如蒙如愚，並不是真蒙真愚，因為真蒙真愚，就不需要「如」字了；其次，若是真蒙真愚，不要說慈湖體貼不出先聖的真精神，甚至提不出「一」道德和「以心性釋經」之方法，更不用說其生平踐履能有「光彩照人」的功績；此外，如我們所說，慈湖實際上是借助「禪」的智慧包括（文字上的指喻、比喻）來言說儒家的性本善，大宇宙的境界，……故不可由此言楊慈湖提倡蒙昧主義。」〔註272〕所以慈湖與禪佛之交涉，我們可以說是貌似而神異。

〔註271〕見崔大華：《南宋陸學》，頁147。
〔註272〕見鄭曉江等：《楊簡》，頁222～223。

第四章　慈湖與象山陽明學之異同

　　在這一章裡我們將介紹慈湖與象山、陽明學之異同，不過關於工夫修養的部份，我們擬於第五章再行討論。

第一節　慈湖與象山學之異同

　　慈湖乃象山之大弟子，又爲甬上諸學者之冠，其學說有承自象山者，亦有自得之者，其間的異同我們可以分成幾部來探討。首先，我們可以先來看看他和象山之間的共通處，如在「意」的討論上，雖然內涵不一定相同，但二人對「意」都採取持否定、負面而排斥的態度，例如象山言「意」之流敝時就說：

> 若有意爲之，便是私感。〔註1〕

> 此道與溺於利欲之人言猶易，與溺於意見之人言卻難。〔註2〕

> 周道之衰，文貌日勝。事實湮於意見，典訓蕪於辯説。〔註3〕

> 君子之道鮮矣，徇物欲者既馳而不知止，徇意見者又馳而不知止。
> 〔註4〕

> 愚不肖者之蔽在於物欲，賢者智者之蔽在於意見。高下汙潔雖不同，
> 其爲蔽理溺心而不得其正則一也。〔註5〕

〔註1〕　見〈語錄〉，《象山全集》卷三十五，頁27。
〔註2〕　見〈語錄〉，《象山全集》卷三十四，頁3。
〔註3〕　見〈與朱元晦〉，《象山全集》卷二，頁8。
〔註4〕　見〈與趙監〉，《象山全集》卷一，頁7。
〔註5〕　見〈與鄧文範〉，《象山全集》卷一，頁8

象山認爲道之陷溺於二種人身上，一種是溺於「利欲」之人，另外一種則是溺於、徇於「意見」之人。不過對象山而言，與前一種人說道猶易，唯獨難以與溺於「意見」之人言之，因其已根深入髓，只會強加辯說，而湮沒事實。所以象山認爲讀書人，賢者智者若不能過得私意這一關，終難入德。這的確是把話說得很重，不過也反映出象山對意見私感的摒棄絕除。到了慈湖，則更大規模，而系統地論述了「意」的內涵及種類，並且提倡「毋意」、「不起意」作爲他工夫修養的重點，欲以絕斷學者之病根。這是師徒二人對「意」反對的態度。

其次，在「一」論方面，也是慈湖和象山共通之處，象山言「一」、「同」之理，他說：

> 東海有聖人出焉，此心同也、此理同也。西海有聖人出焉，此心同也、此理同也。南海北海有聖人出焉，此心同也、此理同也。千百世之上有聖人出焉，此心同也，此理同也。千百世之下而聖人出焉，此心同也、此理同也。〔註6〕

> 蓋心，一心也。理，一理也。至當歸一，精義無二，此心此理，實不容有二。故夫子曰：「吾道一以貫之。」孟子曰：「夫道一而已矣。」〔註7〕

> 人精神千種萬般，夫道一而已矣。〔註8〕

象山認爲不管是東海、西海、南海、北海，或千百世之上，千百世之下，只要有聖人出焉，此心皆同，此理皆同，所以「此心此理萬世一揆也」。〔註9〕因爲心只有一心，理只有一理，所謂「道一」而已。因此象山又說「千古聖賢只是辦一件事無兩件事」，〔註10〕且「吾儒之道乃天下之常道，豈是別有妙道謂之典常，謂之彝倫，……此道一而已矣！」〔註11〕所以曾春海說：「象山與張載、程頤和朱熹之不同處，是他極側重「理」的普遍義，而不言『分殊』義。」〔註12〕這些都和慈湖的思想有一脈相承之關係，因爲慈湖論「一」

〔註6〕 見〈象山先生行狀〉，《象山全集》卷三十三，頁3，類似之語亦見於卷二十二，〈雜說〉，頁5。

〔註7〕 見〈與曾宅之〉，《象山全集》卷一，頁3。

〔註8〕 見〈語錄〉，《象山全集》卷三十五，頁15。

〔註9〕 見〈語錄〉，《象山全集》卷三十四，頁8。

〔註10〕 見〈語錄〉，《象山全集》卷三十五，頁2。

〔註11〕 見〈與王順伯〉，《象山全集》卷二，頁4。

〔註12〕 見曾春海：《陸象山》，頁74。

實不讓其師，甚至更為廣泛而深入，這在群經的論述裡處處可見。不過，要說明的是師徒二人雖都重「一」，然象山卻猶有保留，他自己說：「我不說一，楊敬仲說一。」〔註13〕表明了他和慈湖的觀點也不完全一樣。〔註14〕這或許就是象山仍重工夫之剝落與考量氣之累的原因，而慈湖則幾乎完全不論。〔註15〕

另外，在「道」的層面上，師徒二人亦有相通之處，因為二人皆同樣重視「道」的平易近人而不外索之意，例如象山說：

> 古人視道只如家常茶飯。〔註16〕

> 道不遠人，人自遠之耳。〔註17〕

> 道不外索，患在戕賊之耳，放失之耳。〔註18〕

> 道在邇而求之遠，事在易而求之難，道豈遠而事豈難？……道本自
> 若，豈如以手取物，必有得於外，然後為得哉？〔註19〕

這與慈湖認為「道不遠人，人之為道而遠人」〔註20〕是相同的。

以上是在「意」，「一」，「道」等方面，慈湖與象山共通之處。所以比較起來，慈湖在許多方面是發揚師說的，通常在象山只描下的一點，在慈湖很可能就染成一片，所以在象山的輕描淡寫，在慈湖卻成了濃豔色彩，這可說是有過之而無不及的。不過，我們仍可發現慈湖與象山尚有不少差異之處：

一、思想淵源——「自得孟子」與「融會群經」

象山自述其學乃源自孟子，並在文集中屢有提及。於《年譜》四十七歲，象山云：

> 子南嘗問先生之學亦有所受乎？曰：「因讀《孟子》而自得之於心也。」
> 〔註21〕

〔註13〕見〈語錄〉，《象山全集》卷三十五，頁21。
〔註14〕見石訓等：《中國宋代哲學》，頁1183。
〔註15〕此乃參考董金裕之觀點。
〔註16〕見〈語錄〉，《象山全集》卷三十四，頁3。
〔註17〕見〈與胡季隨〉，《象山全集》卷一，頁5。
〔註18〕見〈與舒西美〉，《象山全集》卷五，頁2。
〔註19〕見〈與趙監〉，《象山全集》卷一，頁7。
〔註20〕見〈謁宣聖文〉，《慈湖遺書》卷四，頁209。
〔註21〕見〈年譜〉，《象山全集》卷三十六，頁14。

竊不自揆，區區之學，自謂孟子之後，至是而始一明也。〔註22〕

詹子南向象山質疑其學亦有所出乎？象山回答乃讀孟子而自己有所得。這說明其學乃源於孟子，然在孟子的基礎上又發展出一己的心得。並且自認孟子之學至一己而始明，其發皇光大之，頗自負有功於孟子，隱然有以孟子之傳人自居。另外，我們也可由後人對象山的評述中得到證實，宣教郎大常博士孔煒也說：

> 自軻既沒，逮今千有五百餘年。學者徇口耳之末，昧性天之眞，凡軻之所以詔來世者，卒符於空言。有能尊信其書，修明其學，反求諸己，私淑諸人，如監丞陸公者。其能自拔於流俗，而有功於名教者歟！公生而穎悟，器識絕人，與季兄復齋講貫理學，號江西二陸。其學務窮本原，不爲章句訓詁。其持論雄傑卓立，不苟隨聲趨和，唯孟軻氏書是崇是信。〔註23〕

孔煒言自軻既沒，千五百年來，學者昧天性、徇耳目，孟軻遂成空言。而江西陸氏兄弟講理學唯遵信孟氏之書，並修明其學，而象山尤能自拔於流俗，反求諸己，雄傑卓立，故甚有功於名教。

此外，王陽明更直接指出陸氏之學即孟氏之學，他說：

> 至宋周程二子始復追尋孔孟之宗，而有無極而太極，定之以仁義中正而主靜之說，……庶幾精一之旨矣。自是而後有象山陸氏，雖其純粹龢平，若不逮於二子，而簡易直截，眞有以接孟氏之傳。其議論開闔時有異者，乃其氣質意見之殊，而要其學之必求諸心，則一而已。故吾嘗斷以陸氏之學，孟氏之學也。〔註24〕

陽明以爲「至宋周程二子始復追尋孔孟之宗」，且「純粹龢平」，「庶幾精一」，而後才有象山陸氏。且不論陸氏之學是否即是如陽明所說的孟氏之學，然其「簡易直截」，「必求諸心」，陽明以爲即是傳孟氏之道，而隱然已是孟氏之代言人。不過既然象山已自許爲孟子之傳人，且後人之論亦多加肯定，則象山所自得之學究爲何學呢？象山自己也有透露說：

> 吾之學問與諸處異者，只是在我全無杜撰。雖千言萬語，只是覺得他底在我不曾添一些。近有議吾者云：「除了『先立乎其大者』一句，

〔註22〕見〈與路彥彬〉，《象山全集》卷十，頁4。
〔註23〕見〈謚議〉，《象山全集》卷三十三，頁1。
〔註24〕見〈陸象山先生全集敘〉，《象山全集》，頁1。

全無伎倆。」吾聞之曰：「誠然。」〔註25〕

有人非議象山，認爲他的學問沒什麼了不起的地方，不過是孟子「先立乎其大者」一句話而已，結果象山自己也承認的確是如此，並無曾添一些，而全無杜撰，全無伎倆。且不論其所謂「立乎其大者」是否即全然等同於孟子之說，然由此亦可見其學問之宗旨所在，這便是象山學根源之處。

　　不過這相對於慈湖而言，則顯然大有不同。因慈湖並不像其師象山一樣，以「自得孟子」爲入道之根本；相反的，慈湖對孟子還時有批評，董金裕說：「在楊簡所評騭的所有人物當中，孟子乃陸象山心學之所從出者，陸象山對其極爲尊仰而無二辭，而楊簡竟然對之猶有所未愜，以爲仍不免於歧出。」〔註26〕對慈湖來說，其泛覽儒家典籍，遍及群經，《孟子》不過是其中之一家而已，甚至還擴及僞書而不自知，卻仍深信不疑。不僅錯認僞書之語，還自以爲是深得孔氏之遺旨而頗爲自得。這是他與當代理學家頗有出入之處，更是與傳統經學背離不類，而獨樹一幟、自立門戶的地方。這在第二章已有論述，此不再贅。

　　總之，慈湖思想來源不單資於一經，而是融會諸經，取其精要雷同處而自成一家之言。雖然慈湖對經書常有不太合邏輯卻又頗自以爲樂而沾沾自喜的思考與理解之處，不過這些基本上都是基於慈湖想要一統群經的目的下而作的融通，所以這樣單純的想法，落實到經解上，就經常會有斷章取義，望文生義，而自作解釋的毛病存在。因爲經書之間本就存在有許多矛盾與不合之處，又因爲作者多元，思想難免歧異，想要一統群經當然就偶而會削足適履，以求合轍，這是勢所必然的。也正因爲如此，當我們對於他經書上的許多解釋，若覺其不類傳統之思路者，也就比較容易理解而釋懷。

　　另外，他不僅博及群書，更重要的是還熱中於著作，發揚一己之思想，故其著述之多在心學家當中要算是豐富而多元的，並且達二三十種之多，這是頗爲驚人的，也是與象山之間最不同的地方。

二、心之內涵──「心即理」與「心即道」（「本心」與「道心」）

　　「心即理」是象山心學的主要命題。理學家普遍談「理」，象山也不例外，他認爲理廣大普遍，而充塞宇宙間。他說「塞宇宙一理耳。……此理之大，

〔註25〕見〈語錄上〉，《象山全集》卷三十四，頁5。
〔註26〕見董金裕：《楊簡的心學及其評價》，頁37。

豈有限量。」〔註27〕又說「此理在宇宙間，何嘗有所礙。」〔註28〕「此理在宇宙間，固不以人之明不明、行不行而加損。」〔註29〕「此理充塞宇宙，天地鬼神且不能違異，況於人乎？」〔註30〕表示這理爲萬事萬物共具的普遍性原理，〔註31〕是誰都不能逃之的；不過這理在宇宙間也存於人心之中，此象山更重視人事之理，道德法則，亦即吾人生命中所涵具的德性特徵，是偏重在人情事故之理，例如孝慈、忠信、仁義禮智等，而此理究其原始則爲心所涵所發用，此即人之「本心」，〔註32〕而「這種道德之心，朱熹稱爲心之本體。陸象山不用本體一詞，而稱爲『本心』」，〔註33〕所以象山說：

> 惻隱，仁之端也；羞惡，義之端也；辭讓，禮之端也；是非，智之
> 端也，此即是本心。〔註34〕

> 仁義者，人之本心也。〔註35〕

他認爲惻隱、羞惡、是非、辭讓之心（仁義禮智）即吾本心之內涵，而「本心無有不善」，〔註36〕並且在「終不易其說」之下，而堅持認爲「本心」就存在於主體生命之內。〔註37〕亦即本心提供道德法則、發動道德情感，故又稱爲仁義之心，因此「本心」是理解陸學最重要的觀念。至於本心思想實來源於孟子不學而能，不慮而知之良知良能，以及所謂失其本心之意涵。〔註38〕同時在象山的論述中，本心也常簡稱爲心，並且本心所涵具的這些德性內涵在象山看來其實就是「理」，他說：

> 仁，即此心也，此理也。求則得之，得此理也。……愛其親者，此
> 理也。敬其兄者，此理也。見孺子將入井，而有怵惕惻隱之心者，
> 此理也。可羞之事，則羞之；可惡之事，則惡之者，此理也。是知

〔註27〕 見〈與趙詠道四〉，《象山全集》卷十二，頁4。

〔註28〕 見〈語錄下〉，《象山全集》卷三十五，頁15。

〔註29〕 見〈與朱元晦〉，《象山全集》卷二，頁8。

〔註30〕 見〈與朱濟道〉，《象山全集》卷十一，頁4。

〔註31〕 參見曾春海：《陸象山》，頁74。

〔註32〕 見曾春海：《陸象山》，頁50～51。

〔註33〕 見金春峰：《朱熹哲學思想》，頁270～271。

〔註34〕 見〈年譜〉，《象山全集》卷三十六，頁7。

〔註35〕 見〈與趙監〉，《陸象山全集》卷一，頁6。

〔註36〕 見〈與王順伯〉，《陸象山全集》卷十一，頁8。

〔註37〕 參見曾春海：《陸象山》，頁73。

〔註38〕 見陳來：《宋明理學》，頁172～173。

其爲是，非知其爲非，此理也。……敬，此理也；義，亦此理也。……
此吾之本心也。〔註39〕

他認爲惻隱、羞惡、仁義禮智等是心更是「理」，即是以此四者來彰顯天理呈
現在吾心中的眞實內容，〔註40〕所以此心此理不容有二，象山說：

蓋心，一心也；理，一理也。至當歸一，精義無二，此心此理實不
容有二。〔註41〕

他認爲心一心，理一理，實歸一而無二。「互爲體現，相通相同，心與理並無
限隔」，〔註42〕故曰「心即理」亦即本心即理，所以象山說：

人皆有是心，心皆具是理，心即理也。〔註43〕

義理之在人心，實天之所與而不可泯滅焉者也。〔註44〕

此理本天所以與我，非由外鑠。〔註45〕

此心此理，我固有之。〔註46〕

他認爲「心即理」，因爲這義理是上天所付與我而不可泯滅的，是我固有之而
非外鑠者。而「『心即理』的『即』在等同義下已蘊涵心創生和實現出道德原
理。……而心與理的關係乃是二名而一實，一體之兩面，心是理的發源處，
理是心的內涵，……心與理係互相涵蘊的關係，一而二，二而一」。〔註47〕所
以君子與庶民之分只在於存不存此心之差異而已，並非天之降才有殊耳。故
爲學之首要就是要復其本心之明而莫放失。

　　然而對慈湖而言，固然也講「本心」二字，不過卻不是他思想的主要核
心用語。對「本心」的看法，慈湖也曾自述其年三十有二，始得象山先生之
開悟，而始悟本心之爲何物。這是因爲慈湖在兒時即已知曉「本心」二字，
然而始終皆未能明徹其意，直至遇到象山之開導，才大覺大省，識自本心，
而明瞭此心有如此神用妙用卻不自知。

〔註39〕見〈與曾宅之〉，《象山全集》卷一，頁3～4。
〔註40〕參見曾春海：《陸象山》，頁78。
〔註41〕見〈與曾宅之〉，《象山全集》卷一，頁3。
〔註42〕見徐紀芳：《陸象山弟子研究》，頁4。
〔註43〕見〈與李宰〉，《象山全集》卷十一，頁6。或〈雜說〉，卷二十二，頁5：「人
　　　　心至靈，此理至明。人皆有是心，心皆具是理。」
〔註44〕見〈拾遺：思則得之〉，《象山全集》卷三十二，頁4。
〔註45〕見〈與曾宅之〉，《象山全集》卷一，頁3。
〔註46〕見〈與姪孫濬〉，《象山全集》卷一，頁9。
〔註47〕見曾春海：《陸象山》，頁77～81。

　　不過有趣的是慈湖並沒有就此停住在「本心」身上打轉，而是更進一步由扇訟是非之清明心而深信此「心即道」之神用變化。所以他說：「人之本心是謂道心」。〔註48〕這可以說是慈湖在象山「本心」學的基礎上所開出的另一朵「道心」之奇葩吧。

　　其實，對「道」的重視，並不僅只於慈湖而已，在象山文集中也經常提到「道」，他說：「此道充塞宇宙。」〔註49〕「道塞宇宙，非有所遁隱。」〔註50〕「道者，天下萬世之公理，而斯人之所共由者也。」〔註51〕關於這點，曾春海先生就認爲「象山有時特以『道』來指稱這種意義的理，……『道』或『理』對象山而言，有時是異名而同實的。」〔註52〕不過，大抵說來，慈湖「對道與心的關係，對道範疇內涵的規定多較陸九淵詳盡。從整體上說，是對陸九淵以心言道思想的豐富和發展。」〔註53〕

　　所以「楊簡的思想基本上是恪守師說，但有些觀點沿著陸九淵的思路有所發揮，他把陸氏的本心張揚爲一種絕對超越的自我意識。」〔註54〕因此慈湖的心比象山的心具有更大的作用及功能，這是慈湖在心學方面比象山更進一步、更絕對而更有力的地方，但也似乎是他走過了頭的地方。不過在某些論述上，慈湖還是經常會用到「本心」來傳達他的心學思想，例如他在解釋《詩經》的時候就數提「本心」之意，他說：

> 人心本正，起而爲意而後昏，不起不昏，直而達之，則〈關雎〉求淑女以事君子，本心也；〈鵲巢〉昏禮，天地之大義，本心也。〈柏舟〉憂鬱而不失其正，本心也。〈鄘・柏舟〉之矢死靡他，本心也。由是心而品節焉，禮也；其和樂，樂也。〔註55〕

慈湖認爲人心本正，本善，只要直心而發，非出乎意而有意造作的意念，則任何的情緒反應，心理狀態，不管是男女之思求也好，憂鬱也好，或堅絕弗許之貞婦誓詞也好，都是「本心」而發，而能合乎禮樂的。因爲那些都是出自作者之本心而自然流露的，是沒有曲折，沒有僞造加工，不是人爲，不是

〔註48〕見〈乾卦〉，頁 200；或〈坤卦〉，頁 211。
〔註49〕見〈與黃康年〉，《象山全集》卷十，頁 3。
〔註50〕見〈與趙監〉，《象山全集》卷一，頁 6。
〔註51〕見〈論語說〉，《象山全集》卷二十一，頁 5。
〔註52〕見曾春海：《陸象山》，頁 74。
〔註53〕見張立文等：《中國哲學範疇精粹叢書──道》，頁 244。
〔註54〕見高全喜：《理心之間──朱熹和陸九淵的理學》，頁 230。
〔註55〕見〈慈湖詩傳自序〉，《慈湖詩傳》，頁 51。

有意而發的，故都能不失其正。在這裡我們可以看出慈湖反覆說明「本心」發用後的各種狀態及作用，並且肯定其能作用而又能不昏不亂，保持清明中正的美好特質。這實際上就是他所謂「道心」發用的意思。

不過當然也是有人從象山「本心」的觀點來論慈湖之學的，例如清張壽鏞就說：

> 務從本心證入，究極義理，期歸至當，博覽廣證，訓釋至精。〔註56〕

張壽鏞認為慈湖論《詩》訓釋至精又能究極義理，因其務從「本心」證入。不過「本心」之意在慈湖文集中多半已被「道心」一語所取代，涵蓋了。因為「道心」比「本心」更能精確、直接而清楚地表達慈湖思想的宗旨及特色，且舜曰「道心」，更是於經有憑有據，不尚空言，雖然「本心」之說也是其來有自（《孟子》），不過，慈湖對《孟子》屢有微言，而且在數量上，「道心」之語出現的頻率也的確比較多，因此以「道心」一語較為合宜恰當，而更能精要地表達出慈湖論「心」之至善與完美性。

另外，慈湖善於且喜歡引經論典，並且又是個博讀經書的人，所以在其文集中我們可以看到他一再發揮經文意涵，而遍引群說來論證自己觀點的地方，這之中我們可以想見當慈湖博引群經來證實他的論點及思想，並且為其學說找到一個合理而有力的論據及支持時，其內心是充滿著喜悅而自得的。因為這其實就證明了「萬理皆一」，「萬心皆一」，「古今人心同一」的一貫思想。所以基本上慈湖的學說是一套頗為近似循環論證的系統，因為他經常斷章取義的汲取經文中某些合於其心學意識的觀點，然後再以其自身的體驗思考來證實其合理性、共通性、及普遍性，以此建構他的思想體系，所以慈湖的確是一個名符其實的心學家。

三、學說偏向──「本體入門」與「本體究竟」（「沿襲之累」與「只心立說」）

慈湖和象山間的差異，我們也可以從「本體入門」和「本體究竟」間來作觀察，清黃宗羲曾經說：

> 慈湖所傳，皆以明悟為主。故其言曰：「此一二十年以來，覺者踰百人矣，古未之見，吾道其亨乎？」然考之自錢融堂、陳和仲以外，

〔註56〕見〈序〉，《慈湖詩傳》，頁49。

> 未必皆爲豪傑之士也，而況于聖賢乎？史所載趙與篔以聚斂稱，而
> 慈湖謂其已覺，何也？夫所謂覺者，識得本體之謂也。象山以是爲
> 始功，而慈湖以是爲究竟，此慈湖之失其傳也。〔註57〕

黃宗羲認爲慈湖所傳唯以明悟爲主，並且指責其門弟子有所謂已覺者竟以聚斂稱，而指其失於所覺而唯覺本體之過，此象山以爲「始功」，而慈湖竟錯認成「究竟」，遂失其傳。這是黃宗羲對慈湖持負面評價的地方，不過在某種意義上，這其實已大略指出象山與慈湖之差異處。而同樣的狀況，全祖望卻有著截然不同的看法，他說：

> 慈湖齋明嚴恪，非禮不動，生平未嘗作一草字，固非恃扇訟一悟以
> 爲究竟也。〔註58〕

> 文元之學，先儒論之多矣。或疑發明本心，陸氏但以爲入門，而
> 文元遂以爲究竟。故文元爲陸氏功臣，而失其傳者亦自之。愚以
> 爲未盡然。夫論人之學，當觀其行，不徒以其言。文元之齋明嚴
> 恪，其生平踐履，蓋涑水橫渠一輩人。曰誠、曰明、曰孝弟、曰
> 忠信，聖學之全，無以加矣。特以當時學者沈溺於章句之學，而
> 不知所以自拔，故爲本心之說以提醒之。蓋誠欲導其迷途而使之
> 悟，而非謂此一悟之外更無餘事也。而不善學者，乃憑此虛空之
> 知覺，欲以浴沂風雩之天機，屏當一切，嗟乎！是豈文元之究竟
> 哉！〔註59〕

全祖望採取比較持平的觀點，而作各方面的考量及評論。基本上，全祖望認爲所謂的「本體」「入門」，「始功」「究竟」的說法不能只鎖定在言辭上作辯論，而是更要觀其行，審其動，從平常間的修爲躬行舉止來看才合理。因爲從慈湖平日之踐履言行中，我們可以得知慈湖之爲人齋明嚴恪，誠明孝弟，優入聖學；而「本心之說」不過是爲破當時沈溺於章句之學而發的，是發病用藥，導其迷悟，並非恃扇訟一悟之外便全無餘事，故虛空之覺乃不善學者之過，實非文元之失，亦非文元之究竟法。這是全祖望從慈湖立言行事二方面所作的評語，無疑也是對慈湖學的一種肯定與褒揚。不過不管是褒也好，貶也好，當我們仔細考察慈湖與象山學說之間的差異時，會發現在立論的重

〔註57〕 見〈慈湖學案〉，《宋元學案》卷七十四，頁2506。
〔註58〕 見〈淳熙四先生祠堂碑文〉，《鮚埼亭集》外編卷十四，頁657。
〔註59〕 見〈碧沚楊文元公書院記〉，《鮚埼亭集》外編卷十六，頁679。

心上是顯然有一些落差的。而這些落差到底是什麼？陳榮捷就說：

> 象山重在發人本心，而楊簡則只重在心。〔註60〕

的確，僅管師徒二人皆同爲心學家，也都同樣討論心的問題，然而氣質卻不甚相同。因爲象山重在發人本心，然慈湖卻根本「只重在心」上，且終其一生的學思歷程，幾乎就是落在與「本心」、「道心」周旋打轉而思考徹悟的過程中。我們可以從近人徐梵澄評論象山之學的話再瞭解一遍，他說：

> 象山教人，以發明本心爲始事。此心有主，方可應天地萬物之變。
>
> 象山自己見道，……教人明心，即先立乎此一大本，然後一切涵養
> 省察之功，有其歸趣。〔註61〕

徐澄梵說象山的開悟本心，立乎其大者乃其入學之首要步驟，但並非最後的成果，而是更要涵養省察，另有一番工夫修爲。不過，到了慈湖則專門在心上作功夫，幾乎就把全部的焦點都投注在此心之靈明與澄澈的體認復原與發揚上，這種關鍵性的移轉使得師徒二人之學逐步分庭抗禮，而各有關懷，各異其趣。這便是慈湖在象山學之基礎上大力發揮而另成的果實。

　　因爲對慈湖來說，幾乎只探討心這個範疇的意涵，只鎖在心內立說，心內運作。而在象山的思想中，就免不了被陽明批評爲有「沿襲之累」，〔註62〕這是指在象山的思想體系裡，仍然沿用了程朱派的某些範疇、概念，諸如「理」、「氣」，「致知格物」等等而不純然純粹，例如在解釋人心之「惡」時，象山就用了「氣」這個概念，侯外廬等說：

> 人心或人之本性是善，何以有惡？陸九淵沿用了「氣」的概念，以
> 「氣有所蒙，物有所蔽，勢有所遷，習有所移」等主觀以外的原因
> 來解釋。楊簡拋棄了這些實際上承認了物我對立的思想，而用純主
> 觀的「意」來解釋，完全排斥了外物。〔註63〕

高全喜說：

> 在楊簡看來，惡和愚不在氣，而在心的意念活動。一個人如果能夠
> 持守本心，顯然能夠知仁盡孝。……因此，對於人來說，關鍵在於

〔註60〕見陳榮捷：《宋明理學之概念與歷史》，頁270。
〔註61〕見徐梵澄：《陸王學述：一系精神哲學》，頁31。
〔註62〕見〈與席元山〉，《王陽明全集》卷五，頁180：「象山之學簡易直截，孟子之後一人。其學問思辯、致知格物之說，雖亦未免沿襲之累，然其大本大原，斷非餘子所及也。」
〔註63〕見侯外廬等：《宋明理學史》，頁589。

使人不要產生意念。〔註64〕

徐紀芳說：

> 在闡發陸學方面，楊簡將陸派心學，再加以「唯我」化，除了「心」，
> 不談象山沿襲之累。擺除一些客觀概念，例如「理」，「氣」等，單單
> 就此「心」作解釋。人何以有惡？不假用「氣」，「勢」，「物」，「習」
> 等範疇來說明。就連象山去心蔽的方法，在於收拾本心，剝落，讀書
> 講學，楊簡都不以為然，而以另一層的系統來闡發陸派心學。〔註65〕

張立文等也認為：

> 朱熹曾批評陸九淵心學不講氣，把氣稟之物當作心中之理，結果混
> 淆了理與氣的區別。這確實道出了陸學的特點。陸學不講氣，是指
> 他把萬物直接看作心的產物，不以氣作為構成萬物的材料，這與朱
> 熹把氣作為構物的材料，氣既獨立於理又以理為根據的思想不同。
> 但當陸九淵面臨靈明之心或有所陷溺，不能永保其善的問題時，不
> 得不借用氣稟說，把為惡的原因歸之於氣稟所蒙，這雖然解釋了心
> 或有所陷溺的原因，但卻破壞了其心學體系的完整性。〔註66〕

侯外廬等認為除了言心之外，對於惡的成因，象山沿用了「氣」這個概念，
而考量了「氣」、「物」、「勢」、「習」等影響的可能性，這是他心學理論欠完
整與精密的地方；不過在慈湖則排除了這種物我對立，外物的影響，純用主
觀之「意」來解釋，使人不要產生意念。而意是心之所發，心所起意，所以
單單是就「心」作解釋，並沒有超出心外，這就把人心之善惡全都範圍鎖定
住在「心」內而論，從而在修養論上提出了「毋意」，「不起意」，「不動意」
的絕對性與必然性，以期能讓心永保其本然之性的清明狀態：

> 「毋意」，使心保持寂然不動的無塵無垢的所謂「明鏡」狀態，使之
> 不思不慮，不與外物接觸。……順應心的本來狀態。〔註67〕

另外，在象山的心學裡，基本範疇是「心」，「但他言『理』時，還帶有
程朱派的痕跡」，對「理」的闡述，有時候「似乎『理』比『心』具有更廣泛
的內容，但是到了楊簡就徹底把它拋棄了。」〔註68〕所以董金裕說：「陸象山

〔註64〕見高全喜：《理心之間——朱熹和陸九淵的理學》，頁231。
〔註65〕見徐紀芳：《陸象山弟子研究》，頁136。
〔註66〕見張立文等：《中國哲學範疇精粹叢書》，頁233～234。
〔註67〕見侯外廬等：《宋明理學史》，頁590。
〔註68〕見侯外廬等：《宋明理學史》，頁589。

雖極重視此心的靈敏及作用，但尚以為此心之所以有此能力，乃因此心具有
義理之故，而此心之具有義理又天之所與者。曰：「義理之在人心，實天之所
與而不可泯滅焉者也。」至於楊簡則以為天之所以為天，乃此心之所為，曰：
「天地，我之天地。」又陸象山主張「心即理」，就語意上推求，理實高過於
心。而且陸象山亦嘗曰：「此理充塞宇宙，天地鬼神且不能違異，況於人乎？」
是理具有比心更廣泛的內容及獨立於心之外的性質。但楊簡則只強調心而極
少談到理。」〔註69〕這就是慈湖比象山在心論上更前進的地方，也是他以實
際行動修正象山之沿襲之累。所以在其心學裡，基本宗旨是「心」而非「理」，
對此侯外廬等就說：

> 在楊簡的思想裡，只有「心」這一個最高的範疇，……無思無為、
> 寂然不動，為萬物萬事之源的精神性實體。〔註70〕

他們認為慈湖把「心」抬高到了最高的範疇，成為萬事萬物之源。因此成為
比象山還要純粹潔淨的心學家。

四、禪佛之涉──「似禪非禪」與「入禪出禪」

關於象山學與禪佛之關係，一直是引起很大的爭論，有人批評他入禪，
有人認為他並未入禪解。關於前一種說法，朱學派的陳北溪就強烈指責他是
禪學：

> 象山學全用禪家宗旨。本自佛照傳來，教人惟終日靜坐，以求本心；
> 而其所以為心者，卻錯認形體之靈者以為天理之妙，謂此物光輝燦
> 爛，萬善皆吾固有，都只是此一物，只名號不同，但靜坐求得之，
> 便為悟道，便安然行將去，更不復作格物一段工夫去窮究其理。恐
> 辨說愈紛而愈惑，此正告子生之謂性、佛氏作用是性、蠢動含靈皆
> 有佛性之說，乃即舜之所謂人心者，而非道心之謂也。是乃指氣為
> 理，指人心為道心，都混雜無別了。既源頭本領差錯，其于聖賢經
> 書言語只是譄將來文，蓋名家多牽合己意，不究本旨，端的與孔孟
> 實相背馳，分明是吾道之賊。〔註71〕

陳北溪嚴厲指責象山教人靜坐以求本心，而不作格物窮理工夫，只將形體之

〔註69〕見董金裕：《楊簡的心學及其評價》，頁40～41。
〔註70〕以上見侯外廬等：《宋明理學史》，頁588～589。
〔註71〕見〈答黃先之〉，《北溪大全集》卷二十四，頁693。

靈錯認成天理之妙，又混雜人心、道心不辨，此是全然用禪家宗旨，與孔孟之學實相背馳，所以分明是「吾道之賊」。這樣尖銳的評論把象山說得極爲不堪，務指其靜坐求本心之失；此外，朱子於文集中亦數度批評象山之入禪家，用禪家面貌的過錯。然而象山是否即如北溪所云乃全用「禪家宗旨」，而入佛氏性說之失，或眞如朱子之所言者，在此我們也可以再看看不一樣的觀點，

　　絜齊認爲：

　　　　或謂先生（象山）之學如禪家者流，單傳心印，此不謂知先生者。

　　　　先生發明本心，昭如日月之揭，豈恍惚茫昧，自神其說者哉！〔註72〕

明代潘汝楨則認爲象山未墮禪解，他說：

　　　　陸之不墮禪解，猶朱之能釋理縛也。〔註73〕

劉宗周也說：

　　　　象山言心，本未嘗差。〔註74〕

《四庫提要》更認爲：

　　　　陸九淵之學，近乎禪而非禪。〔註75〕

四者同爲象山學辯護而申明其未入禪解。不過到底象山是否入禪，除了由前人之論述外，重要的是我們可以從象山本身對禪佛的觀點態度來看。

　　象山認爲天下學術大抵分爲儒、道、釋三家，他說：

　　　　大抵學術有說有實。儒者有儒者之說，老氏有老氏之說，釋氏有釋氏之說。天下之學術眾矣，而大門則此三家也。〔註76〕

而這三家到底有何不同，象山又說：

　　　　某嘗以義利二字判儒釋。又曰公私其實即義利也。儒者以人生天地之間，靈於萬物、貴於萬物，與天地並而爲三極。天有天道、地有地道、人有人道。人而不盡人道，不足與天地並。……故曰義曰公。〔註77〕

　　　　釋氏以人生天地間有生死、有輪迴、有煩惱。以爲甚苦而求所以免之，其有得道明悟者，則知本無生死、本無輪迴、本無煩惱。

〔註72〕見〈題彭君築象山室〉，《絜齋集》卷八，頁1157-99。
〔註73〕見〈潘汝楨刻慈湖先生遺書序〉，《慈湖遺書補編》，頁485。
〔註74〕見〈蕺山學案〉，《明儒學案》卷六十二，頁1514。
〔註75〕見〈四庫全書簡明目錄〉，《慈湖遺書》，頁169。
〔註76〕見〈與王順伯〉，《象山全集》卷二，頁1。
〔註77〕見〈與王順伯〉，《象山全集》卷二，頁1。

故其言曰生死事大，如兄所謂菩薩發心者，亦只爲此一大事，其
教之所從立者如此，故曰利曰私。惟義惟公，故經世；惟利惟私，
故出世。儒者雖至於無聲無臭，無方無體，皆主於經世。釋氏雖
盡未來際普度之，皆主於出世。今習釋氏者皆人也，彼既爲人，
亦安能盡棄吾儒之仁義，……釋氏之所憐憫者，爲未出輪迴，生
死相續，謂之生死海裡浮沈，若吾儒中聖賢豈皆只在他生死海裡
浮沈也。……釋氏之所憐憫者，吾儒之聖賢無之，吾儒之所病者；
釋氏之聖賢則有之。〔註78〕

象山認爲儒佛之別在於義利、公私、經世與出世之差異。因爲儒家講天地人
三極，而人貴爲三極之一，與天地並立而成人道，故其義爲義、爲公、爲經
世。然佛家卻只關心生死大事，輪迴，煩惱等苦痛，只在生死海裡浮沈，這
是吾儒所無者，故其義爲利、爲私、爲出世。再者，象山以爲既爲人者，則
仁義不可棄，然佛氏既上報四恩，立教又非爲此，此又二者根本之差異，更
是儒學優於釋氏之處。

然而象山之評是否直見儒佛之異，朱子也作了補充，他說：

向見陸子靜與王順伯論儒釋，某嘗竊笑之。儒釋之分，只爭虛、實而
已。……吾道雖有「寂然不動」，然其中粲然者存，事事有。〔註79〕

至如〈與王順伯書〉論釋氏義利公私，皆說不著。蓋釋氏之言見性，
只是虛見；儒者之言性，止是仁義禮智，皆是實事。今專以義利公
私斷之，宜順伯不以爲然也。〔註80〕

朱子認爲象山與王順伯之論儒釋實未臻其要。因爲象山以義利公私斷之，皆
未說著。在朱子看來，儒釋之別只在於爭虛實，性道而已。其實如由義利觀
之，象山似乎沒有眞正分辨出儒釋精神之終極差異所在，所以難免令人有力
辯而強辭奪理的毛病。因爲對於象山的批評，學佛者可以說佛教所說的出世
間，是不離世間而出世間，即于一切人生活動中不執，證其爲無自性，即是
出世間，非於此世間外另尋一寂靜之世間。〔註81〕而且禪佛亦並非如象山所
言之如此自私自利，棄仁義於不顧的心態。禪佛講的是另一種道理，是不同

〔註78〕見〈與王順伯〉，《象山全集》卷二，頁1～2。
〔註79〕見〈陸氏〉《朱子語類》卷一二四，頁2975。
〔註80〕見〈陸氏〉《朱子語類》卷一二四，頁2975。
〔註81〕可參見楊祖漢：《儒家的心學傳統》，頁175。

於儒學的另類思考模式，強調芸芸眾生不要執著於事象表層而徒生痛苦，甚至萬劫不復。這種普渡眾生的慈悲心，以及以個體爲主的超脫與不迷執的心態，如果不走入出家的境地及極端，其實就是安定社會的一股力量，並非如象山所言之不堪與不行，宜乎朱子之不以爲然。

其次，象山也批評佛教「不捨一法」，他說：

> 若論不捨一法，則虎穴魔宮，實爲佛事；淫房酒肆，盡爲道場。維摩使須菩提置鉢欲去之地，乃其極則。……彼其視吾《詩》《禮》《春秋》，何嘗以爲緒餘土苴？唯其教之所從起者如此，故其道之所極亦如此。故某嘗謂儒爲大中，釋爲大偏。〔註82〕

楊祖漢認爲佛教認爲一切法皆是佛法，只要解心無染，則一切法皆不能爲礙，甚至淫房酒肆皆是道場，如此似可使一切法有其存在之必然性，但這是虛繫的掛搭的保住一切法，而不是由於一種創生實體而可令一切法成爲眞實而不幻妄。所以依象山看來，如此的說法，雖可不捨一法，但對一切法之爲有善有惡，有該存在，有不該存在之分別，又如何能有客觀的標準呢？而《詩》《禮》《春秋》等用來維繫教化，匡正人心，而區別善惡是非之典籍，在佛教看來是否仍有其存在之必然性？然若非必須，而視之如土苴，則人間的綱維，生活規範又將如何樹立？所以象山說「儒爲大中，釋爲大偏。」即佛教可以作用層的無心，不執一切法，但不能對之有存有層上的肯定，此即是佛與儒本質上的不同。也表示象山對儒釋之別眞有所見。〔註83〕所以在這一點上，象山所言大體合理。

由以上的討論，我們得知象山對禪佛實有諸多攻擊和批評的態度。不過自身的批評也不能就當成是儒釋之判別，如果由學說本身來看才能更加了解。曾春海就有一段分析，分辨象山學說與禪學之分別，他認爲「象山的心爲蘊涵諸般德性之理的德性心，具有德性根源義，故可稱爲道德的本心，亦即有德性內容的實心。……象山以德性原理爲內容的本心則與『不生不滅』，『冥寂本無』的佛性大異其趣」。〔註84〕另外，「禪宗眞心的作用在親證心體

〔註82〕見〈與王順伯〉，《象山全集》卷二，頁3～4。

〔註83〕見楊祖漢：《儒家的心學傳統》，頁176～177。

〔註84〕見曾春海：《陸象山》，頁175。 另外，張立文也說：「陸九淵的心，……心中有實理，心即是理；佛教以心爲宇宙本原，心卻與實理相脫離，心是空的，並不具有仁義道德的屬性，這是兩者的區別所在。……心學以心與理相聯繫。佛教則心中沒有倫理。後人把陸學簡單地稱爲禪學，這只見其思維的形式，

常淨，換言之，觀空所悟得的是緣起性空，因而否定一切，悟得『我空』和『法空』才可以解脫煩惱，因此禪宗所悟得的空理與象山本心所悟得的德性實理大異其趣」。〔註85〕

所以在禪佛的吸收上，「象山是吸收轉用了禪家參悟自性的方法，然而在其人生關懷及精神旨趣上絕非禪家旨意」。所以文末曾氏舉出了陽明評論象山非棄人倫，遺物理而不爲天下國家之語，來說明佛以捨離現世的精神登彼岸爲終極歸息處，並非如儒者之以人文化成天下而與生生不已之天地剛健之德契合爲一，〔註86〕所以象山著實非禪。

至於慈湖是否入禪，前人雖在這一方面多所批評，而慈湖學的確也引起不少的疑慮，不過在前一章中我們曾討論過儘管他與禪學有諸多交涉，甚至貫用佛家所言之「空」來闡釋心體的狀態與特質，以及不起意之說與佛氏無念，不作意又極爲相似，不過也是比較偏向在概念名稱及詮釋與悟道方法的使用上。實際上說到學說的內涵及精神處，慈湖與禪家是不盡相同的，所以儘管牽扯到佛家的空，但空的目的不一樣，就是不作意的內涵也不太一樣，更別說是走入禪家中以不立文字，出世爲尚，慈湖反而是拼命著書立說，想要完成打破邪論的宏願，更任官出仕了大半輩子，以生民苦痛爲己任，以國家清明爲志願，這樣的一種儒氏生命情調與兼善天下的胸襟當然是迥然異於佛家的，所以我們可以說慈湖在某些成份上可能是援佛入儒，吸收轉化了佛氏的空虛之意來作爲儒家心善的依據與保證，然其終極關懷最終仍是落在儒家身上，所以合理的說應該是入禪而出禪。所以王龍溪說：

> 慈湖之學得於象山，超然自悟本心，乃易簡直截根源。說者因晦庵
> 之有同異，遂闃然目之爲禪。禪之學，外人倫，遺物理，名爲神變
> 無方，要之不可以治天下國家。象山之學務立其大，周於倫物感應，
> 荊門之政，幾於三代，所謂儒者有用之學也。世儒溺於支離，反以
> 易簡爲異學，特未之察耳，知象山則知慈湖矣。〔註87〕

王龍溪認爲象山與慈湖之學皆是儒者有用之學，不可逕謂之爲禪學，否則以易簡爲異學，是未察者之言。

不見思維的内容，有失陸學『心即理』思想的本旨。」見《中國哲學範疇精
粹叢書——理》，頁 183。
〔註85〕見曾春海：《陸象山》，頁 180。
〔註86〕見曾春海：《陸象山》，頁 184～185。
〔註87〕見〈慈湖精舍會語〉，《王龍溪全集》卷五，頁 364～365。

第二節　慈湖與陽明學之異同

　　陽明是有明一代最足爲代表的心學大師，其學影響深遠而廣大，今以慈湖學與陽明學作一大略之比較，期更能反映出慈湖學之特色及與心學大師間的差異。不過在這裡，我們主要是以二者之異爲主，至於其相通處，將於第六章再作探討。

一、心之內涵——「心即道」與「心即理」（良知即天理）

　　慈湖之「心即道」與「道心」在前已有討論。至於陽明則與象山類似，同樣主張「心即理」。我們可以說陽明思想的起點，就在於解決「心」與「理」的關係，即如何把「理」納入「心」中，〔註88〕這是一條由心與理二，到心與理一結合的蛻變過程。而事件的起因就是由於陽明欲循朱子格物之路數，由格竹以窮理，卻始終未得其解，而陽明也從此陷入心與理的困擾中。因爲他按照宋儒的指示到事事物物上去求理，而在事物上又求不到理，久困的問題終於在謫居龍場後，動心忍性之餘的一夜獲得了解決。〔註89〕從此陽明「始知聖人之道，吾性自足，向之求理於事物者誤也」，〔註90〕而按此進一步推說，即可建立「心即理」的理論。〔註91〕這是說理本來就不是存在於外部事物的，而是就在我們內心之中，龍場之悟以後，陽明提出了心即是理和心外無理的思想。〔註92〕他說：

> 朱子所謂「格物」云者，在即物而窮其理也。即物窮理，是就事事物物上求其所謂定理者也。是以吾心而求理於事事物物之中，析「心」與「理」而爲二矣。夫求理於事事物物者，如求孝之理於其親之謂也。求孝之理於其親，……則親沒之後，吾心遂無孝之理歟？〔註93〕
>
> 夫物理不外於吾心，外吾心而求物理，無物理矣。遺物理而求吾心，吾心又何物耶？……心雖主乎一身，而實管乎天下之理；理雖散在萬事，而實不外乎一人之心。是其一分一合之間，而未免已啓學者

〔註88〕參見張立文：《宋明理學研究》，頁532。
〔註89〕參見陳來：《有無之境——王陽明哲學的精神》，頁22。
〔註90〕見〈年譜一〉，《王陽明全集》卷三十三，頁1228。
〔註91〕參見鍾彩鈞：《王陽明思想之進展》，頁29。
〔註92〕參見陳來：《宋明理學》，頁241。
〔註93〕見〈答顧東橋書〉，《王陽明全集》卷二，頁45。

心理爲二之弊。此後世所以有專求本心，遂遺物理之患，正由不知心即理耳。夫外心以求物理，是以有闇而不達之處，此告子「義外」之說，孟子所以謂之不知義也。……求理於吾心，此聖門知行合一之教。〔註94〕

這是陽明明確宣布他的「心即理」說是針對朱子以心，理爲二之弊所提出來的。因爲陽明認爲若吾心求理於事事物物之中，則是析心與理而爲二；然物理實不外乎人心，心管乎天下之理，雖理散在萬事，亦不外乎一人之心。因此陽明主張「心即理」，心與理合而爲一，反對「外心以求物理」，以及告子所謂「義外」之說。〔註95〕因爲他認爲若理是在事物之中，則所謂孝之理便不是在吾心之中，而是在親身上；然若理是在親身上，則是否於親沒後即無所謂孝之理？所以陽明認爲：「有孝親之心，即有孝之理，無孝親之心，即無孝之理矣。」〔註96〕亦即「各種行爲的道德性，如孝、忠、信、仁，不能在所涉的對象中找，如父、君、友、民，只能在心中求。孝、忠、信、仁等德性，都是發源於心的。」〔註97〕故陽明反對將心與理分而爲二，主張心與理爲一。所以他說：

心即理也，天下又有心外之事，心外之理乎？〔註98〕

心之本體即是天理。〔註99〕

陽明認爲心就是理，理就是心，理就在心中，求理須求之於吾心，外吾心求理則無理，理不外乎人心，更無心外之理，此即「心即理」也。〔註100〕而理的內涵是什麼，陽明則說：

理也者，心之條理也。是理也，發之於親則爲孝，發之於君則爲忠，發之於朋友則爲信。千變萬化，至不可窮竭，而莫非發於吾之一心。

〔註101〕

他所說的理是指道德層次的意涵。即德性的根源在心，而其表現方式則隨著

〔註94〕見〈答顧東橋書〉，《王陽明全集》卷二，頁42～43。
〔註95〕參見張立文：《宋明理學研究》，頁533。
〔註96〕見〈答顧東橋書〉，《王陽明全集》卷二，頁42～43。
〔註97〕見吳汝鈞：《儒家哲學》，頁178。
〔註98〕見〈傳習錄上〉，《王陽明全集》卷一，頁2。
〔註99〕見〈傳習錄上〉，頁27。
〔註100〕見張立文：《宋明理學研究》，頁541。
〔註101〕見〈書諸陽伯卷〉，《王陽明全集》卷八，頁277。

對象的不同來決定，例如對父便表現爲孝，對君便表現爲忠。所以孝忠信等都是天理的表現，即「孝之理」，「惻隱之理」，而不是指認知的意義。

此外，陽明晚年更提了「致良知」之宗旨，至於所謂「良知」到底是什麼，陽明則說：

> 知是心之本體，心自然會知。見父自然知孝，見兄自然知弟，見孺子入井自然知惻隱，此便是良知，不假外求。〔註102〕

> 良知是天理之昭明靈覺處，故良知即是天理。〔註103〕

> 天理在人心，……，天理即是良知，千思萬慮，只是要致良知。〔註104〕

陽明認爲良知就是孝、弟、惻隱之心，即孟子所謂的「不學而能，不慮而知」的本能，這是不假外求的。其實「他說本心或心，也是就道德的脈絡說。這心即是良知，是道德的主體性。他的心與理都是就德性而言，因而說心即理，或良知即天理。要言之，良知是見天理、體現天理的能力，而天理則是良知所照見的道德規範。天理是在良知之中，而不是在良知之外。」〔註105〕所以良知是「千古聖賢相傳一點滴骨血」，〔註106〕是天理之昭明靈覺處，當人心存乎天理之時即是良知之呈顯。又因爲良知有著不同的作用及特性，所以「陽明謂良知爲『天理』，爲『虛靈明覺』，爲『心之本體』，爲『恒照』，爲『未發之中，即是廓然大公，寂然不動之本體』，爲『天植靈根』，爲『造化之精靈』」。〔註107〕總之，「陽明夫子之學，以良知爲宗」。〔註108〕這良知有著生天生地，成鬼成神的功能，更是此心應物之準則，是「是非之心」，是「好惡之心」，是能盡「萬事萬變」之心。〔註109〕

二、心之體認──「心之精神是謂聖」與「心之良知是謂聖」

慈湖參象山之學猶未能大悟，直至讀《孔叢子》「心之精神是謂聖」方怡然順釋，而豁然頓解：

〔註102〕見〈傳習錄上〉，頁6。
〔註103〕見〈答歐陽崇一書〉，《王陽明全集》卷二，頁72。
〔註104〕見〈傳習錄下〉，《王陽明全集》卷三，頁110。
〔註105〕見吳汝鈞：《儒家哲學》，頁177。
〔註106〕見〈年譜二〉，《王陽明全集》卷三十四，頁1279。
〔註107〕參見陳榮捷：《王陽明與禪》，頁74。
〔註108〕見〈天泉證道紀〉，《王龍溪全集》卷一，頁89。
〔註109〕見〈傳習錄下〉，頁111。

> 慈湖楊公簡參象山學，猶未大悟。忽讀《孔叢子》至「心之精神是
> 謂聖」一句，豁然頓解，自此酬酢門人，敘述碑記、講說經義，未
> 嘗舍心以立說。〔註110〕

此後，在講學、著述、或詮解經義時，慈湖皆不曾舍心以立說。這是對心的
高度信賴與發揮，而這種全面性的轉化也是使慈湖「由覺入道」〔註111〕之關
鍵，是慈湖立學宗旨與精神所在，所以對慈湖而言當然是意義非凡的。然而
到了陽明則認為「心之良知是謂聖」，他說：

> 心之良知是謂聖。聖人之學，惟是致此良知而已。〔註112〕

> 「善者聖之體」，意固已好，善即良知，言良知則使人尤為易曉。故
> 區區近有「心之良知是謂聖」之說。〔註113〕

陽明認為「善者聖之體」，然善即良知之意，言良知使人明白易曉，且聖人之
學亦以致良知為要。不過對於陽明的論點，陳來也有說法，他認為：

> 南宋陸學者楊簡曾特別拈出「心之精神是謂聖」一語，發揮陸九淵
> 的本心學說。陸學在思想上「因讀孟子而自得之」，但其中楊簡一派
> 又受佛教「即心即佛」的影響，故與陽明同時的羅欽順特別批判楊
> 簡以「心之精神為聖」的說法，認為精神只是知覺，沒有準則的意
> 義。而陽明以「心之良知是謂聖」，本于孟子的立場，良知自身有其
> 規範的意義，這樣就可以避免羅欽順指出的那種困難。〔註114〕

陳來認為陽明提出「心之良知是謂聖」的說法可以避免羅欽順指責的那種困
難，因為「精神」一語並沒有準則規範之意，只是指知覺而已，而「良知」
則沒有那種困擾。

這其實表示慈湖與陽明所認定的心仍有差別。慈湖所認定的「心」是至
善至聖至靈而無所不通的，也因為至善至靈，故無需外尋，無需雕琢，所以
他認為心之「精神」就直是良善清明的；不過陽明則有不同，鄭曉江等認為
「在陽明心學中，心與理結合起來」，而「理是心中系列具有善性的先驗規範，
因此心之善的具體化需由理來完成」。以及「盡管『心』是至聖至善，但王陽
明認為由於物、欲、意的存在，心的善性常常被遮蔽而難於彰顯於外，他不

〔註110〕見〈葉紹翁四朝見聞錄二則〉，《慈湖遺書補編》，頁483。
〔註111〕見《慈湖遺書新增附錄》，頁489。
〔註112〕見〈書魏師孟卷〉，《王陽明全集》卷八，頁280。
〔註113〕見〈答季明德〉，《王陽明全集》卷六，頁214。
〔註114〕見陳來：《有無之境—王陽明哲學的精神》，頁173。

像慈湖徑直主張『不起意』，而是主張『格』、『正』，〔註115〕所以儘管陽明也認爲心是善的，但他更關注的是「心」失掉善的原因，並提出了解決之道，與工夫修養的方法，做爲回復本體之明的外在條件，因此他認爲心之「良知」是謂聖，而良知即是天理，也就是當心存乎天理之時才是它聖善的呈顯。

三、立教之法與「意」之認定——「四毋」與「四句教」

慈湖論爲學之蔽唯在於起意，故承孔子諄諄止絕學者之四毋者，欲後學能絕去意態之紛擾而保持道心之清明虛靈。慈湖認爲心體本清本明，唯動乎意則昏則亂，所以爲學之要只在於不起意，不動乎意就能保持心體之純明，所以慈湖每每告誡弟子要以孔子之「四毋」爲要，做到「毋意、毋必、毋故、毋我」的修養境界。然而意態卻不止於此，所謂意、必、固、我四者不過是分殊意態中之一二，若要窮盡之，則不勝其記，故總而記之曰「四毋」，以作爲言說之大要，並非只此四者而已。這就是慈湖教導門弟子工夫修養的落實處。

相對於陽明而言，也有他的立教之法。陽明接引後學的方法便是有名的「四句教」。其中主要是在探討「心」、「意」、「知」、「物」四者善惡之辨，同時也引起了師門廣泛的爭論，影響後世極爲深遠。這原因是由於門弟子錢德洪與王汝中論學觀點相持不下，而陽明作回應的一段對話：

> 丁亥年九月，先生起復征思、田。將命行時，德洪與汝中論學。汝中舉先生教言，曰：「無善無惡是心之體，有善有惡是意之動，知善知惡是良知，爲善去惡是格物。」德洪曰：「此意如何？」汝中曰：「此恐未是究竟話頭。若說心體是無善無惡，意亦是無善無惡的意，知亦是無善無惡的知，物是無善無惡的物矣。若說意有善惡，畢竟心體還有善惡在。」德洪曰：「心體是天命之性，原是無善無惡的。但人有習心，意念上見有善惡在，格致誠正，修此正是復那性體功夫。若原無善惡，功夫亦不消說矣。」是夕侍坐天泉橋，各舉請正。先生曰：「我今將行，正要你們來講破此意。二君之見正好相資爲用，不可各執一邊。我這裏接人原有此二種。利根之人，直從本源上悟入。人心本體原是明瑩無滯的，原是個未發之中。利根之人一悟本體，即是功夫，人己內外，一齊俱透

了。其次不免有習心在，本體受蔽，故且教在意念上實落爲善去惡。功夫熟後，渣滓去得盡時，本體亦明盡了。汝中之見，是我這裏接利根人的；德洪之見，是我這裏爲其次立法的。二君相取爲用，則中人上下皆可引入於道。若各執一邊，眼前便有失人，便於道體各有未盡。」既而曰：「已後與朋友講學，切不可失了我的宗旨：無善無惡是心之體，有善有惡是意之動，知善知惡的是良知，爲善去惡是格物。只依我這話頭隨人指點，自沒病痛。此原是徹上徹下功夫。利根之人，世亦難遇，本體功夫，一悟盡透。此顏子、明道所不敢承當，豈可輕易望人！人有習心，不教他在良知上實用爲善去惡功夫，只去懸空想個本體，一切事爲俱不著實，不過養成一個虛寂。此個病痛不是小小，不可不早說破。」是日德洪、汝中俱有省。〔註 116〕

「所謂四句教是心的本體本來是無善無惡，超越善與惡的二元對立，而爲純粹至善的性格。但人有習心，在意念上起動，便有善有惡。良知是能先天地超越地對於行爲做出一價值的決定，故能知善知惡，因而在格物或正行爲方面爲善去惡。」〔註 117〕其中陽明提出了一對概念，即「本體」與「工夫」的意涵。本體即指心之本體，指無善無惡的道德本心；功夫則指復其心之本體的實踐和過程，具體來說，多指在意念上爲善去惡的工夫。〔註 118〕

　　總括言之，陽明認爲汝中之言四無教乃是接上根人立說的，此種人直從本源悟入，一悟本體即是工夫（從工夫當下見本體），人己內外一齊盡透，這是頓修的工夫。所以四無是直接指向一無善無惡的本體境界，使心體、意念、良知或行爲都能當下即臻於無善無惡的至善境界，都徹底淨化而達到最高的狀態；〔註 119〕然此利根之人世亦難遇，甚乃顏子、明道所不敢承當，又豈可輕易望人；而德洪之意正好相反，是接中根以下之人，此種人易有習心，在意念上不能完全純粹，易於本體受蔽，而不能當下體現無善無惡的至善性格，所以唯有漸修，而在工夫意念上著實地爲善去惡，久之，工夫圓熟，去除一切障蔽，方能復其本體之明。這種在有無認定上的不同，汝中認爲不

〔註 116〕見〈傳習錄下〉，頁 117。
〔註 117〕見吳汝鈞：《儒家哲學》，頁 186。
〔註 118〕參見陳來：《宋明理學》，頁 262。
〔註 119〕見吳汝鈞：《儒家哲學》，頁 186。

可執著師門權法，而滯為定本，須自證自悟；然德洪則不以為然，認為要循序漸進。不過對於四有、四無的爭辨，陽明則採取調和的方式，認為二者須相資為用，而不可偏廢，若各執一端，只是體道未盡，前已失人，所以陽明提四句教即為徹上徹下工夫，前一句指本體，後三句講功夫，主張本體、工夫打並為一。〔註 120〕不過，在實際的教育上，陽明還是較強調漸修的四句教，正因為利根之人畢竟難求，所以「不宜輕以示人」，〔註 121〕否則落入空想本體的病痛中，便會淪入佛教的虛寂境界。

　　另外，在「四毋」與「四句教」中，二人都有論及「意」這個概念。不過，其意卻各有不同，這主要是表現在對於「意」善惡的認定上。基本上，慈湖認為「凡意皆勿」，〔註 122〕「起意故生過」，〔註 123〕所以意動為非，因此對於「意」，慈湖是全然否定而排斥的心態，認為意都是不好的，所以他主張「不起意」「毋意」；然而對於陽明而言，「意」則有善有惡，所謂「有善有惡意之動」，他說：

　　心之所發便是意，意之本體便是知，意之所在便是物。〔註 124〕

　　虛靈明覺之良知，應感而動者謂之意；……，意之所用，必有其物，物即事也。……有是意即有是物，無是意即無是物矣。〔註 125〕

　　蓋心之本體本無不正，自其意念發動，而後有不正。故欲正其心者，必就其意念之所發而正之，……則意無不誠，而心可正矣。然意之所發，有善有惡，不有以明其善惡之分，亦將真妄錯雜，雖欲誠之，不可得而誠矣。〔註 126〕

陽明認為「物」的存在是以「意」為前提的，而意存有「善」與「惡」兩種可能性，因此「正心」的工夫實際上是「正意」，也就是就其意念之所發而正之，唯有誠意才能心正，這就是「意念所在，即要去其不正以全其正，即無時無處不是存天理」。〔註 127〕此即陽明對「意」概念使用的深化。〔註 128〕

〔註 120〕參見陳來：《宋明理學》，頁 263。
〔註 121〕〈天泉證道記〉，《王龍溪先生全集》卷一，頁 92。
〔註 122〕見〈詠春堂記〉，《遺書》卷二，頁 185。
〔註 123〕見〈家記四：論論語上〉，頁 321。
〔註 124〕見〈傳習錄上〉，頁 6。
〔註 125〕見〈答顧東橋書〉，《王陽明全集》卷二，頁 47。
〔註 126〕見〈大學問〉，《王陽明全集》卷二十六，頁 971。
〔註 127〕見〈傳習錄上〉，頁 6。

四、生命情態──「沈潛純儒」與「超狂入聖」

在這裡我們擬先從陽明之性格談起。陽明求學之過程與經歷，最令人津津樂道。因爲他豪邁不羈的個性，與狂放的眞，釋放出了生命力的無窮能量，在陽明身上我們可以如此眞切地感受到生命的躍動原來是可以如此眞切而自在的。

其實陽明從小就展現了特殊的性行，當他回答塾師認爲「讀書學聖賢」〔註129〕才是天下第一等事而非登科時，就表現了他與衆不凡的見解與抱負。在他那小小的心靈裡，認爲只有讀書學聖賢，完成自己的德性人格，才是天地間第一等事，第一等人。這一下子的靈光爆破，透顯出他對聖賢學問人格的企向，這當然是很不平凡，很特別的。〔註130〕

不過，陽明所立下的志願，並沒有直接，一開始就在往後的生命中得到落實，因爲他畢竟還小，他那不羈的個性並不能使他馬上穩定落實下來走聖賢的路。在入聖學之前，他游走四方，多處觀望，是經歷了長長的一段崎嶇之路才反回聖道之門的。〔註131〕其中的轉變我們可由陽明的自述與友人弟子的描述中得知其情，陽明說：

> 吾亦自幼篤志二氏，自謂既有所得，謂儒者爲不足學。其後居夷三載，見得聖人之學若是其簡易廣大，始自嘆悔錯用了三十年氣力。〔註132〕

而友人湛若水就稱其學有「五溺」：

> 初溺於任俠之習，再溺於騎射之習，三溺於辭章之習，四溺於神仙之習，五溺於佛氏之習。正德丙寅，始歸正于聖賢之學。〔註133〕

至於弟子錢德洪也論其學有「三變」：

> 先生之學凡三變，……少之時，馳騁於辭章，已而出入二氏；繼乃居夷處困，豁然有得於聖賢之旨，是三變而至道也。〔註134〕

同樣的，〈年譜〉也記載了他二十二歲會試不弟以後，而談論辭章、兵法、養

〔註128〕參見鄭曉江等：《楊簡》，頁198。
〔註129〕見〈年譜一〉，《王陽明全集》卷33，頁1221。
〔註130〕參見蔡仁厚：《王陽明哲學》，頁2。
〔註131〕參見蔡仁厚：《王陽明哲學》，頁3。
〔註132〕見〈傳習錄〉上，頁36。
〔註133〕見〈陽明先生墓誌銘〉，《王陽明全集》卷三十八，頁1401。
〔註134〕見〈刻文錄敍說〉，《王陽明全集》卷四十一，頁1574。

生的心情。〔註135〕這些都說明了陽明早學出入老釋、仙道，泛濫諸家幾十載，而莫衷一是的情形；他馳騁於經書、詩詞、弓馬、兵法、道術、表現了他無所不學，無所不精的天賦異質。〔註136〕「五溺三變」描述了陽明的狂者性格，與他早年的豪放精神。〔註137〕這種執著認眞與狂放躍動的態度，正顯示了他性情的眞摯與生命的不羈。〔註138〕而此狂者胸次，其實連陽明本人也頗自以爲豪的，他就說：

> 鏗然舍瑟春風裡，點也雖狂得我情。〔註139〕

> 我今纔做得個狂者的胸次，使天下之人都說我行不揜言也罷。〔註140〕

不過陽明雖以狂者胸次自名，卻未曾以狂者胸次而自足，所以他教導弟子切莫以狂而自足，他說：

> 故孔子在陳思歸，以裁之使入於道耳。諸君講學，但患未得此意。

> 今幸見此，正好精詣力造，以求至於道，無以一見自足而終止於狂也。〔註141〕

陽明固狂，但絕不以此自足。他所學的，在於「超狂入聖」。〔註142〕其實在青年時代的陽明很少在一個時期專注於一種學問，他左顧右盼，同時學試著各種「道術」。但不可否認的，在他的家庭及他所浸染其中的社會文化環境中，「聖人之學」始終是他仰慕嚮往的一個主要目標。〔註143〕年輕的陽明游走各地，然始終只有聖人之學才是他眞正朝思暮想所欲達到的生命理想與境界。

不過這些經歷對陽明而言仍不得於心，直至居夷處困，在龍場的不堪之境，與生命的困頓中，方悟格物致知之旨，始自悔前錯，反歸儒門，方悟聖道之如此簡易廣大而不自知。乃至於爾後的仕旅則是時而浮沈，幾經風霜，從討寇，平宸濠，征思田這一連串的政治事件與毀謗，無一不在艱危險厄中，然陽明始終能一一渡過，最後就病死於班師途中，而留下那輝煌燦爛的一頁

〔註135〕見〈年譜一〉，《王陽明全集》卷三十三，頁1223～1225。
〔註136〕參見秦家懿：《王陽明》，頁29。
〔註137〕參見秦家懿：《王陽明》，頁48。
〔註138〕見〈自序〉，蔡仁厚著：《王陽明哲學》，頁1。
〔註139〕見〈年譜三〉，《王陽明全集》卷三十五，頁1291。
〔註140〕見〈傳習錄下〉，頁116。
〔註141〕見《年譜三》，《王陽明全集》卷三十五，頁1291。
〔註142〕參見秦家懿：《王陽明》，頁52。
〔註143〕參見陳來：《有無之境──王陽明哲學的精神》，頁322。

給後人景仰，這便是陽明近乎傳奇卻眞實的一生。

雖同爲心學家，慈湖和陽明卻呈現著極爲不同的生命色調。慈湖一生所表現的實是純儒的姿態，我們由〈年譜〉中可以想見慈湖爲人之純厚與篤實。我們看不到他如陽明出入佛老之狂者胸次，豪放之姿，也看不到他如陽明從百死千難中體證良知而開悟聖道。

慈湖一生大致平順，並沒有過多的大起大落，生死掙扎的諸多磨難，與陽明簡直是不能同日而語。他從小就以求「道」爲志，不過並沒有像陽明那樣繞過了佛道諸家才返回儒門，慈湖一開始就是在儒家系統下長大的人。他的父親是一個涵養深厚的學人，慈湖從小就是跟著儒學風範而修身養性的，他學能冠群倫，試冠諸生，這種認眞恭謹，一絲不苟的態度亦絕不與陽明相類。

爾後慈湖順利舉進士，出仕各地亦多能得民間百姓之愛戴，他是一個傳統儒學風範下的人格典型。所以他不像其它理學家一樣，以出仕爲禁忌；相反的，他不僅努力獨善其身，更願意兼善天下。其民胞物與，愛民如子的胸襟表現了傳統儒家知識份子的高尚情操；所以雖然官職並非一等一的顯赫，也沒有如陽明般的帥師征伐，名震天下，但都能克盡其職，謹守本份。所以他沒有陽明的豪放情懷，不羈之性，有的只是循規蹈距，躬行實踐的篤厚態度，甚至還因此被同僚所譏笑玩弄，然慈湖究竟以誠實待之。慈湖律己嚴恪，動靜止語，皆深自惕厲，實已臻儒家知識份子之最高修養境界。此外，在悟道的歷程上，慈湖和陽明也是截然不同的。慈湖幼齡唯知天下有道而已，此後終其一生，不外乎是一連串悟道的過程，所以悟道對他而言幾近是平易而自然的，在人倫日用平常間就能開悟本心；然此對陽明而言，則有天壤之別。陽明早歲雖即志於聖賢之學，然由於性格與際遇使然，始終未能透悟，甚至連格竹子也格到病倒，直至龍場一事，經歷了生死掙扎之痛苦，方才徹「悟」良知之聖道眞精神，是經歷了千錘百鍊而後所鍊製的靈丹一枚，是由於外在環境的摧折、考驗、試練、磨鍊而成的。這與慈湖之善悟靈敏的性格大不相同，同時也是二人學說差異之寫照。

所以慈湖之學比較多是靠自己讀書、思慮敏覺而成者，是在心靈內在所運作的學問，是在其心內成就其心學的，至於外在的人事、環境，基本上對他是不怎麼具有太大的影響力；陽明則不然，從其年輕格竹，龍場，征思田，他始終是不斷地在與外在人事物環境的對抗下來提鍊、粹礪他的心學的。所以比較起來，陽明展現其生命力的爆發性與能量，慈湖則沈潛內斂而溫穩。

一者是高溫沸騰，一者則是慢火細燉，其路徑雖甚迥異，然其入道則一。所以董金裕才會認為：「我們試觀其所自得，蓋純然儒者之行。」〔註144〕即稱讚慈湖是純然儒者之行，的確精要。

第三節　三家學綜論

以上論述了三家學之異同，在此我們擬作一個小結，以歸納出其間之特色。首先，是心內涵的規範，象山與陽明都提「心即理」，慈湖則言「心即道」。其中象山和陽明較接近，慈湖則略有不同。基本上，三家所言之理或道，並非指一般經驗事物的規律法則而言，他們都是扣緊著道德倫理的意義來說的，即指人倫的規範，價值的律則而言，〔註145〕例如仁義禮智信，恭敬辭讓，忠孝正德等等，而不是討論認知層面或客觀事物的規律。不過，對象山和陽明來說，有時「道」和「理」是相通的，言「心即理」或「心即道」其實原無不可；〔註146〕然對慈湖而言，則很少言理，或心即理之類的話，他認為「心即道」，「道心」。這是因為象山和陽明以道、理作為宇宙之本體、本源；不過在慈湖看來，理仍不是最終，唯一的，他說「萬理一」，「萬理不出此道」，「萬理通一無二」即表示理非一，而道才是一，才是最終極、最根源的，所以他說「道一」而已矣。這與象山認為「天下事事物物只有一理，無有二理。」〔註147〕「理，一理。」的觀點是不同的。其次，三家學之共通處可約歸如下：

一、傳心之學

三家學皆是心學，都以心這個範疇作為立言之宗旨。例如象山之學乃傳心之學，慈湖說：

> 陸文安公之學，……所謂傳心之學是已。〔註148〕

象山之學以本心為要，並主張「心即理」說，以此豐富了心的內涵，並抬高了心的價值與地位。此外，在接引教導後學的內容上更不離「本心」二字，

〔註144〕見董金裕：《宋儒風範》，頁99。
〔註145〕見吳汝鈞：《儒家哲學》，頁177～179。
〔註146〕如象山言：「此道充塞宇宙天地」，見〈與黃康年〉，《象山全集》卷十，頁3。
　　　　陽明言「心即道」，見〈傳習錄上〉，頁21。
〔註147〕見〈語錄〉，《象山全集》卷三十五，頁16。
〔註148〕見〈戴良題楊慈湖所書陸象山語〉，《慈湖遺書補編》，頁482。

所謂扇訟是非實不離本心，從而開啓慈湖之心學規模。此後，慈湖更在其師的基礎上，發展出「道心」的思想體系，而慈湖本人更以達摩「以心傳心」來解釋「心之精神是謂聖」：

> 孔子曰：「心之精神是謂聖」，即達摩謂從上諸佛，惟以心傳心，即
> 心是佛。除此心外，更無別佛。〔註149〕

這是慈湖把心抬高到如同佛家所謂佛的境界，這無疑是對心的褒揚與提昇，更是對心的一種強烈信任與肯定的態度。

乃至於陽明，亦自述其學爲「傳心之秘藏」，他說：

> 汝中所見，我久欲發，恐人信不及，徒增躐等之病，故含蓄到今，
> 此是傳心秘藏。顏子明道所不敢言者，今既已説破，亦是天機該發
> 泄時，豈容復秘。〔註150〕

陽明認爲此「傳心秘藏」是不可輕易與人說者，有天機不可發泄的神秘性，足見陽明對心體內涵特質的肯定是如此敬愼而小心的。此錢穆亦云：「他所講，也只本他自己內心眞實經驗講，也不是憑空講，……。他只是講的良知之學，只是講人之心，只是本著己心來指點人心。他之所講，正可道地稱之爲心學。」〔註151〕錢氏認爲陽明所講的學問是本於他自己內心之眞實體驗，並非憑空泛論，而所謂良知更是本著己心來指點人之心，正可謂之道地的心學，這無疑就是對陽明實學的一種稱讚。所以總上之論，三家學皆是道道地地，實實在在的傳心之學。

二、天人合一

天人合一的境界是理學家普遍所嚮往的。這在心學家當中更爲明顯，以陽明來說，他認爲與天地爲一是人爲學應努力的目標：

> 仁者以萬物爲體，不能一體，只是己私未忘。〔註152〕

> 夫聖人之心，以天地萬物爲一體，其視天下之人，無外内遠近，凡
> 有血氣，皆其昆弟赤子之親，莫不欲安全而教養之，以遂其萬物一
> 體之念。……以推其天地萬物一體之仁以教天下，使之皆有以克其

〔註149〕見〈炳講師求訓〉，《慈湖遺書續集》卷一，頁449。
〔註150〕見〈天泉證道紀〉，《王龍溪全集》卷一，頁92。
〔註151〕見錢穆：《宋明理學概述》，頁275。
〔註152〕見〈傳習錄下〉，頁110。

私，去其蔽，以復其心體之同然。〔註153〕

心學純明，而有以全其萬物一體之仁，故其精神流貫，志氣通達，而無有乎人己之分，物我之間。譬之一人之身，目視，耳聽，手持，足行，以濟一身之用。〔註154〕

陽明認爲聖人之心以天地萬物爲一體，能推「一體之仁」於天下萬物，其視同胞如手足，能克去己私，以復心體之同然，而無物我、人己之分。其次，陽明也認爲天人原是一氣，故可相通，他說：

人的良知就是草木瓦石的良知。若草木瓦石無人的良知，不可以爲草木瓦石矣。豈惟草木瓦石爲然，天地無人的良知，亦不可爲天地矣。蓋天地萬物與人原是一體，其發竅之最精處，是人心一點靈明，風、雨、露、雷、日、月、星、辰、禽、獸、草、木、山、川、土、石，與人原只一體。故五穀禽獸之類，皆可以養人；藥石之類，皆可以療疾；只爲同此一氣，故能相通耳。〔註155〕

陽明認爲天地與人一體，就是草木瓦石、風雨雷電、日月星辰等亦不曾與人相隔，故人之良知實遍佈有情無情界，而天地萬物亦可爲吾人之養。

其次，象山也同樣認爲天人不爲二，他說：

天理人欲之言，亦自不是至論。若天是理，人是欲，則是天人不同矣。……因言莊子云：「眇乎小哉！以屬諸人；謷乎大哉！獨遊於天。」又曰：「天道之與人道也，相遠矣。」是分明裂天人而爲二也。〔註156〕

象山認爲朱子天理人欲之論是裂天人而爲二，因爲心只有一心，不管是天理之道心，或私欲之人心皆此一心，而不是人心爲人欲，道心爲天理之二分。此外，莊子之分隔天與人，截成兩橛，使天道與人道阻塞不通，更是明裂天人而爲二，天人就不能合一了。我們由此可窺見象山釋天人合一的義蘊，是從反面立說，至於正面的話，雖並未吐出，不過並不妨礙其天人合一觀的看法，〔註157〕因爲他曾說「宇宙便是吾心，吾心便是宇宙」已然把天人密合了。

至於慈湖在這一方則講得比象山先生還要多，在二十八歲的反觀體驗

〔註153〕見〈答顧東橋書〉，《王陽明全集》卷二，頁54。
〔註154〕見〈答顧東橋書〉，《王陽明全集》卷二，頁55。
〔註155〕見〈傳習錄下〉，頁107。
〔註156〕見〈語錄〉，《象山全集》卷三十四，頁1。
〔註157〕參見林繼平：《陸象山研究》，頁250。

中，慈湖就已覺天地萬物通爲一體了，而心虛明無體，無際畔，天地萬物盡在吾虛明無體之中，他更說：

> 日用平常之心，何思何慮，虛明無體，廣大無際。天地範圍於其中，
> 四時運行於其中，風霆雨露，雪霜動散於其中，萬物發育於其中。

〔註158〕

他認爲心體是廣大無邊際的，因而心與宇宙是同一的，在這個意義上，四時運動於心中，萬物發育於心中，風雨也散生於心之中，吾心已與天地萬物通爲一體。此外，在對《易》的理解上，慈湖也從「己」出發，認爲「我」或「己」廣大無際，與宇宙同一，因而天和地皆是「我」的一部份，宇宙中的種種變化不過是「我」的變化，宇宙的一切現象可以說都是「我」的現象，天的清明實即「我」之清明，地之博厚實即「我」之博厚，《易》就是「我」，我不限於血肉形軀的小我，而是與宇宙混融貫通的具有無限神明妙用的我，〔註159〕所以慈湖說：

> 此心無體，清明無際，本與天地同，範圍無內外，發育無疆界。〔註160〕

這就是慈湖此心與天地同，而廣大無際無內外之意。

此外，於爲政中，慈湖也貫徹這樣子的思想，例如在旱蝗的災變中，慈湖上書言「旱蝗根本近在人心」，他說：

> 臣聞旱者，災屬之氣，三才一氣，如人一身，腹臟作楚，則四體頭
> 目亦爲之不安。人事乖屬，則天地之氣亦感應而爲乖屬。孔子曰：「聖
> 人有國，日月不食，星辰不孛，海不運，河不滿溢，川澤不竭。」
> 連年旱蝗，雖或由軍興殺人及流移死者多，而其餘人事亦大有乖屬。
> 郡縣官所至，贓污怨讟充塞，豈不感動天地而爲旱蝗，……官司多
> 非其人而無德教，時文取士，不考實行，故放僻姦邪之風盛，豈不
> 感動天地而爲乖屬，爲旱蝗。旱蝗根本近在人心。〔註161〕

慈湖的肺腑之言，憂國之思，反映了人事作爲的決定性。所謂「人事乖屬，則天地之氣亦感應而爲乖屬。」旱蝗根本近在人心，人心亦有感動天地之時。這即是天人一氣，天人合一思想的表現。

〔註158〕見〈著庭記〉，《慈湖遺書》卷二，頁197。
〔註159〕參見陳來：《宋明理學》，頁199～200。
〔註160〕見〈絕四記〉，《慈湖遺書》卷二，頁188。
〔註161〕見〈行狀〉，《慈湖遺書》十八，頁436～437。

三、自悟本心——易簡直截

　　心學是很重視工夫之簡易直截的，因爲他們直從本心悟入，所以不瑣碎，不繞彎，是直接由尊德性而尊德性的。董金裕說：「心學家所提示的工夫，由於重視心的靈明能力，皆主張反求諸心，故頗爲簡捷。」〔註162〕所以象山之學以悟入爲要：

　　　　陸文安公之學，由《中庸》尊德性而入。故其用工不以循序爲階梯，

　　　　而以悟入爲究竟。〔註163〕

象山之學不以循序爲階梯，以悟入爲究竟。所以他批評朱子格物說實是「支離事業」，唯有「易簡工夫終久大」。而楊簡之學亦如此：

　　　　先生之學，超然自悟本心，乃易簡直截根源。〔註164〕

因爲慈湖論工夫只要能達到「不起意」即可，能不起意則不昏不亂，自善自明，這比起其師象山而言，更簡易更直截，而直達本心之學。最後，陽明也是如此，他自己說：

　　　　心即天，言心則天地萬物皆舉之矣，而又親切簡易。〔註165〕

　　　　此聖人之學所以至易至簡，易知易從，學易能而才易成者，正以大

　　　　端惟在復心體之同然，而知識技能非所與論也。〔註166〕

陽明直從心上證入，所以親切簡易，而聖人之學即此至易至簡之學。

〔註162〕見董金裕：〈楊簡的心學及其評價〉，頁38。
〔註163〕見〈戴良題楊慈湖所書陸象山語〉，《慈湖遺書補編》，頁482。
〔註164〕見〈潘汝楨刻慈湖先生遺書序〉，《慈湖遺書補編》，頁485。
〔註165〕見〈答季明德〉，《王陽明全集》卷六，頁214。
〔註166〕見〈答顧東橋書〉，《王陽明全集》卷二，頁55。

第五章　慈湖於理學之別出與開展

對於北宋以來的理學，慈湖是有很多不滿與批評的，但也因爲這些不滿和批評，使得他開出另一脈與當代理學頗爲不類的體系出來，成爲南宋理學界的一枝新秀。關於這些我們將分成三個部份來討論（以慈湖自覺的反離爲中心），希望能更加突顯出慈湖學說的歧異性與開創性，而讓我們對慈湖學有更宏觀而開闊的認識：

第一節　支裂與一元

「支裂」是慈湖批評理學家最主要的論點，是他對《大學》《中庸》《孟子》以及濂溪與二程子的批評之語，他說：

> 《孟子》有「存心養性」之説，致學者多疑惑心與性之爲二，此亦《孟子》之疵。〔註1〕（一）

> 自近世二程尊信《大學》之書，而學者靡然從之。伊川固出明道下，明道入德矣，而尤不能無阻，惟不能無阻，故無以識是書之疵。……《大學》之書，盛行於今，未聞有指其疵者，不可不論也。〔註2〕（二）

> 《大學》曰：「欲治其國者，先齊其家，欲齊其家者，先脩其身，欲脩其身者，先正其心。」判身與心而離之，病已露矣，猶未著白。至於又曰：「欲正其心者，先誠其意，欲誠其意者，先致其知，致知在格物。」噫！何其支也。〔註3〕（三）

〔註 1〕 見〈家記二：論書〉，頁 280～281。
〔註 2〕 見〈家記七：論大學〉，頁 368。
〔註 3〕 見〈家記七：論大學〉，頁 368。

子思曰：「喜怒哀樂之未發謂之中，發而皆中節謂之和。中也者，天下之大本也；和也者，天下之達道也。」孔子未嘗如此分裂，子思何爲如此分裂？〔註4〕（四）

曾子曰：「夫子之道，忠恕而已矣！」此語甚善。子思曰：「忠恕違道不遠。」此語害道，忠恕即道，豈可外之，以忠恕爲違道，則何由一貫？〔註5〕（五）

濂溪《通書》亦尚有疵，自明乎道者觀之，可以一見，決不勞多議。今自二程尊師之，其書盛行乎天下，不得已姑指眾人之所未曉者言之。濂溪曰「元亨，誠之通；利貞，誠之復。」於天下至一之中忽起通復之異說，穿鑿爲甚。又曰「誠精故明，神應故妙，幾微故幽」，異哉！裂一道而三之，誠未始不精，何必更精？誠即神，神即幾，或曰誠，或曰神，或曰幾，皆所以明道心之妙，……裂幾於彼，裂誠於此，於至一之中而強分裂之，殊爲害道。〔註6〕（六）

第一條是慈湖對《孟子》的批評，反對《孟子》心性二分的說法。因爲心即性，如何能「分裂本末」〔註7〕呢？

第二、三條是慈湖指出《大學》分裂身心，而格致誠正失之支離的弊病，並且自從近世二程子尊信之之後，猶迄未有人能指其疵者，所以慈湖甚以爲憂慮。因爲程頤教人以《大學》爲修身之準則與次序，他說：

致知在格物，格，至也，窮理而至於物，則物理盡。〔註8〕

大學之道，在明其明德，明德乃止於至善也。知既至，自然意誠。〔註9〕

自致知至於知止，誠意至於平天下，灑掃應對至於窮理盡性，循循有序。〔註10〕

程頤認爲格物之格是至也，所謂至於物而窮其理則能盡物理，爾後能致知，自然能意誠，以至於平天下。這就如同灑掃應對之循循有序，不躐等而進，

〔註4〕 見〈家記七：論中庸〉，頁371。
〔註5〕 見〈家記四：論論語上〉，頁334。
〔註6〕 見〈家記九：汎論學〉，頁388。
〔註7〕 見〈家記八：論孟子〉，頁377。
〔註8〕 見《河南程氏外書》卷十，《二程集》，頁405。
〔註9〕 見《河南程氏外書》卷十，頁365。
〔註10〕 見《河南程氏文集》卷十一，《二程集》，頁638。

此即是爲學之方。不過對於這種次序之說慈湖顯然是不能苟同而接受的。

至於第四條是關於《中庸》「中和」之說，慈湖也認爲已發未發之論，把心拆成各種層面來分析探討，同樣是分裂人心；第五條則是認爲「忠恕違道」的說法亦不合一貫。

第六條是慈湖對《通書》的非議。他認爲濂溪「通復」之說，與「誠神幾」之論，都是於天下至一之中而穿鑿之，是裂一道而三之。然自從近世二程尊師之之後，其書盛行於今，竟未能有指其疵者，因此慈湖特指其眾人所宗曉者言之。

凡此在當時學者皆信奉不疑的論述，慈湖都一一加以批判，認爲是不一、支離、分裂且害道之言。這是對《大學》工夫系統，與《孟子》《中庸》心性分論的全面否定，所以連帶對程子「格物窮理」之說，慈湖也很不以爲然，認爲那只是個人經驗之談，實不足以律全天下之人，他說：

> 程氏倡窮理之說，其意蓋謂物不必去，去物則反成僞，既以去物爲不可，故不得不委曲遷就而爲窮理之說，……格物之論，論吾心中事耳。吾心本無物，忽有物焉，格去之可也。物格則吾心自瑩，塵去則鑑自明，滓去則水自清矣。天高地下，物生之中，十百千萬，皆吾心耳，本無物也。天下同歸而殊途，一致而百慮，天下何思何慮，事物之紛紛，起於念慮之動耳。思慮不動，何者非一，何者非我。思慮不動，尚無一與我，孰爲衣與食，必如此而後可以謂之格物。格物而動於思慮，是其爲物愈紛紛耳，尚何以爲格？若曰今日格一物，明日又格一物，窮盡萬理乃能知至，吾知其不可也。程氏自窮理有得，遂以爲必窮理而後可，不知其不可以律天下也。〔註11〕

慈湖認爲程氏主張窮理而格物，已經動於思慮而不一了，如此思慮紛紛，而一物一物的格，是知其不可，所以要「去物」，「息慮」。因此，大抵說來，慈湖這種非議《大學》、《中庸》的思路是完全與程朱站在反向之地位的，關於這點吳康就說：「慈湖主一而不主二，……慈湖據是以非議《大學》修齊治平，格致誠正之說，謂其支離分析，違於一體之義。《孟子》仁，人心也，而勿正心，未嘗於心之外有作意之事；又謂《中庸》中和將吾心分裂，亦非孔門吾道一貫之訓。二程朱子表章《大學》《中庸》，爲古人爲學之寶典，以格致爲

〔註11〕見〈家記四：論論語上〉，頁 332～333。

求知之方，以中和爲明心之本。象山主孟子求放心，先立乎其大者，以易簡
爲教，已微示歧異，慈湖則更進而斥《大學》《中庸》主要觀念，多不可信，
根本推翻《學》《庸》之權威，與程朱治學方法，完全立於反對之地位矣。」
〔註12〕他認爲慈湖「主一」之思想謂《大學》、《中庸》支離分裂，是根本推
翻了《學》、《庸》之權威，其治學方面顯然與程朱立於反對之地位。因爲自
從二程子與朱子表章《學》，《庸》後，其地位如日中天，學者討論熱烈，改
本也遂逐一問世，一時焦點全聚於此，這是當時的風氣潮流；然而在主流之
外的慈湖卻自絕於此，而另有說法，完全打破傳統的觀點，這的確是前無所
承，而自成一格的。

　　不過值得注意的是慈湖雖反二程卻沒有對朱子有過重大的批評或不滿，
關於這點鄭曉江等亦有提及，即在慈湖四十四歲時曾與象山同在臨安，當時
二人遊歷西湖，作詩吟頌：

> 可以想見象山慈湖師弟相處之和樂。但令人納悶的是，我們無從知
> 曉這段時間慈湖與象山學問上的交流；尤其是作爲象山高弟的楊慈
> 湖並不像朱熹的弟子指責陸象山那樣指責朱熹（此時陸象山與朱熹
> 爭論正熱）。這就提示我們從另一視角思考楊慈湖。〔註13〕

鄭曉江所提的疑惑正是我們在理解慈湖學問上的一個未知處，因爲朱熹雖對
慈湖的言論有過批評，不過慈湖似乎並不像批評其它理學家一樣批評朱熹，
令人錯愕的是慈湖和朱熹間還似乎有那麼一種文人相知的默契存在，他們之
間其實並沒有強烈學派爭論的火藥味，反而是朱子還時時稱讚慈湖之爲人，
認爲「修潔可喜」，「爲學終身，亦皆可以取益」，〔註14〕並且引薦慈湖入朝爲
官，這些都是很令人納悶的。因爲若從慈湖學的性格看來，他能批評二程濂
溪之支離分裂，想必也是要反對朱子學的，因爲朱子比起這幾個人來是有過
之而無不及的，要說支離分裂，朱子更可以是當之而不愧的，這從朱子的學
說中即可見一般。如朱子言「理一分殊」，這是本於程頤回答楊時關於〈西銘〉
的一段對話。楊時認爲〈西銘〉有等同墨氏兼愛之弊病，而程頤也回答他說：

> 〈西銘〉明理一而分殊，墨氏則二本而無分。……分立而推理一，
> 以止私勝之流，仁之方也。無別而迷兼愛，至於無父之極，義之賊

〔註12〕見吳康：《宋明理學》，頁261～262。
〔註13〕見鄭曉江等：《楊簡》，頁38。
〔註14〕見〈行狀〉及〈本傳〉，《慈湖年譜》卷一，頁503。

也。〔註15〕

程頤認爲〈西銘〉所言之萬物一體，是有親疏差等，是「分立而推理一」的，並非如墨氏所言之全然不分的狀態。所以在終極的意義上，儘管分立亦不妨害其爲仁者，因爲他們有共通的道德原則。〔註16〕在這裡，「理一分殊」實際上是承認共同之下的差異性，然在差異之中又能尋求一體之仁的統一。這個觀點到了朱子加以發揮，認爲〈西銘〉乃一體而萬殊，朱子說：

> 天地之間，理一而已。然乾道成男，坤道成女，二氣交感，化生萬物，則其大小之分，親疏之等，至於十百千萬而不能齊也，……蓋以乾爲父，以坤爲母，有生之類，無物不然，所謂理一也。而人物之生，血脈之屬，各親其親，各子其子，則其分亦安得而不殊哉！〔註17〕

朱子認爲分殊中有所謂的理一是不變的，並且也舉了很多例子來說明，他說：

> 理只是這一箇。道理則同，其分不同。君臣有君臣之理，父子有父子之理。〔註18〕

> 本只是一太極，而萬物各有稟受，又自各全具一太極爾。如月在天，只一而已；及散在江湖，則隨處而見，不可謂月已分也。〔註19〕

> 如這片板，只是一箇道理。這一路子恁地去，那一路子恁地去，如一所屋，只是一箇道理，有廳、有堂。如草木，只是一箇道理，有桃、有李。如這眾人，只是一箇道理，有張三、有李四。李四不可爲張三，張三不可爲李四。如陰陽，〈西銘〉言理一分殊，亦是如此。〔註20〕

> 萬物皆有此理，理皆同出一原。但所居之位不同，則其理之用不一。如爲君須仁，爲臣須敬，爲子須孝，爲父須慈。物物各具此理，而物物各異其用，然莫非一理之流行也。〔註21〕

朱子舉出一月散在江湖而成萬月，然最終只是一月而已，此即「一月普現一切水，一切水月一月攝」的意思；又如同一屋，一草木，與眾人皆只是一個

〔註15〕見〈答楊時論西銘書〉，《二程集》，頁609。
〔註16〕參見陳來：《宋明理學》，頁149。
〔註17〕見〈朱熹西銘論〉，《張載集》附錄，頁410。
〔註18〕見〈性理三・仁義禮智等名義〉，《朱子語類》卷六，頁99。
〔註19〕見〈通書・理性命〉，《朱子語類》卷九十四，頁2409。
〔註20〕見〈性理三・仁義禮智等名義〉，《朱子語類》卷六，頁102。
〔註21〕見〈大學五或問下・傳五章・獨其所謂格物致知者一段〉，《朱子語類》卷十八，頁398。

道理，卻有萬殊之不同，而有桃李，張三李四等之差異；更如同理之應用在君臣父子身上，即隨之而有不同的理，或仁，或敬，或孝，或慈等等，這「『分殊』即義理之隨事隨分而合宜者」；〔註22〕然要說明的是此差異並不妨礙其為同出一源，而同屬一理的事實。這就是「物物各具此理，而物物各異其用，然莫非一理之流行」的原因。因此，所謂「理一分殊」，即是一理貫穿於萬殊之中，而萬殊各得其理，並且萬殊之理是通向一理的，故格萬殊之理能得理一。由此，「分殊決定了積累的必要性，理一決定了貫通的可能性。理會分殊是貫通一理的基礎和前提，貫通一理是理會分殊的目的和結果」。〔註23〕所以在工夫論上，朱子是重視由分殊之理而貫通一理的，並非去空想一個理一的，因為這樣是永遠找不到理一的，所以朱子說：

> 聖人未嘗言理一，多只言分殊。蓋能於分殊中事事物物，頭頭項項，理會得其當然，然後方知理本一貫。不知萬殊各有一理，而徒言理一，不知理一在何處。〔註24〕

> 所以謂格得多後自能貫通者，只為是一理。釋氏云：「一月普現一切水，一切水月一月攝」。這是那釋氏也窺見得這些道理。〔註25〕

朱子認為聖人「多言分殊」，而「未嘗言理一」，所以人不應該「徒言理一」，應該要從事事物物，頭頭項項中去窮理，久了之後自能貫通那理，這顯然與慈湖所認為的「未嘗循殊名，而失一貫之實」〔註26〕的重一，反支離，反格物窮理的思考體系是相背馳的。

關於這一點，鄭曉江等人也說：「程朱在以萬物之理皆循『太極之理』的前提下，強調分殊之理的相互差別。……而慈湖則不僅極力維護『理一』的完全同一性，更刻意於消解『分殊』之理的不同，認為執著於萬物之異固然錯，執著萬理之殊則是更大的錯。所謂『分殊』僅是『名』不同而已，其『實』則一。因此，人們須打破『分殊』之理的執著，體悟那至高至完整，無所不在無時不有的主宰之『一』。」〔註27〕程朱偏重分殊之性，慈湖則強調名殊而

〔註22〕見金峰春：《朱熹哲學思想》，頁168。
〔註23〕見陳來：《朱熹哲學研究》，頁62。
〔註24〕見〈論語九・里仁篇下・子曰參乎章〉，《朱子語類》卷二十七，頁677～678。
〔註25〕見〈大學五或問下・傳五章・獨其所謂格物致知者一段〉，《朱子語類》卷十八，頁399。
〔註26〕見〈家記八：論孟子〉，頁377。
〔註27〕見鄭曉江等：《楊簡》，頁53。

實一之「一」，並且告訴人們切莫執著於萬殊，以免離道愈遠。此外，除了程朱派重視格物致知外，心學家陸象山也很重視格物致知的功效，他說：

> 《大學》言欲正其心者，先誠其意，欲誠其意者，先致其知，致知在格物。物果已格則知自至，所知既至，則意自誠，意誠則心自正，必然之勢，非強致也。〔註28〕

象山認為物果已格，則所謂知至、誠意、正心者乃必然之勢，而無須強致。在這裡，象山肯定格物為基礎意涵的重要性。另外，在門弟子伯敏問及象山要如何修身的時，象山也回答他說：

> 「古之欲明明德於天下者，先治其國，欲治其國者，先齊其家，欲齊其家者，先脩其身，欲脩其身者，先正其心，欲正其心者，先誠其意，欲誠其意者，先致其知，致知在格物。」格物是下手處，伯敏云：「如何樣格物？」先生云：「研究物理。」伯敏云：「天下萬物不勝其繁，如何盡研究得？」先生云：「萬物皆備於我，只要明理。」〔註29〕

象山回答伯敏的入手工夫處就在於循《大學》格致誠正的路數，尤以格物為下手處，而格物即是明理，對於其意涵象山也有說明，他說：

> 某讀書只看古註，聖人之言自明白，且如弟子入則孝，出則弟，是分明說與你入便孝，出便弟，何須得傳註？學者疲精神於此，是以擔子越重，到某這裡，只是與他減擔，只此便是格物。〔註30〕

顯然象山對於格物的解釋是另有新意。他所謂的格物就是把古註弄明白即是，因為他認為聖言本自明白清楚，實無須假手於傳註，而疲精神於此，這其實就與他直悟本心，令去煩瑣的簡易工夫是相通的，所以落實在讀書上，也崇尚簡易減擔的方法，此便是「格物」。

　　總之，對理學家而言，《大學》、《中庸》、《孟子》普遍是他們崇奉的經典，「格物致知」的修養論更是他們重視的方法之一，而「中和」已發未發的探討，「心性」的分辨，都是他熱衷的話題。基本上，他們也都贊成由《大學》八條目的次序逐一達到內聖的目的，即由格物致知，而達到誠意正心的方向努力，雖然各個理學家的解釋或不盡然相同，甚至也有互相逕庭的狀況出現，不過卻不妨礙對《大學》等書的標榜與重視。

〔註28〕見〈與李宰〉，《象山全集》卷十一，頁6。
〔註29〕見〈語錄〉，《象山全集》卷三五，頁7。
〔註30〕見〈語錄〉，《象山全集》卷三五，頁8。

　　然而慈湖卻持相反之意見，並且對於那些標榜者，也通常會批評其說。我們可以說雖然慈湖只明確的批評過二程等人（比起象山「尊明道而抑伊川」，慈湖則「並明道而議之矣」。〔註31〕）而沒有對朱子象山有過直接的批評，不過從其對《學》《庸》支離、分裂的不滿，以及主一的思想看來，實際上象山和朱子在某種意義上早已不在他認同的範圍內；更明白的說如果慈湖反對《學》《庸》，反對「分殊」之意，則有八成以上的理學家在某種程度上都是在他反對之列的，難怪他會說《大學》一書「盛行」於今，而學者「靡然」從之的披靡局面，這表示慈湖已自覺的反離於當代潮流之外並獨樹一幟的。

　　另外，在對「理一分殊」的看法上，慈湖也是和程朱站在反向之思考立場的，因爲程朱重分殊之格物窮理，慈湖則主張一體不能分割，並以「『明心』爲核心觀念，批評『道學家』向外物求『理』的看法，堅持維護「心」的至高完整性。」〔註32〕

　　至於這種主一思想的淵源，前已論及是和其自身體驗，象山開導與經典之領悟有著密切關連。因爲反支離的意識在象山先生的思想中已見端倪（批評「支離事業竟浮沈」），不過象山還沒有走到極處，到了慈湖則變本加厲，更進一層，甚至以此來非議《大學》《中庸》。而這種一論：「未嘗循殊名而失一貫之實」，「聖人因人言而隨之言，大旨未嘗判裂。」〔註 33〕的思想正好與朱子所謂的「聖人未嘗言理一，多只言分殊」的情形是相反而背馳的；朱子言理一，然更重分殊中尋求理一，慈湖則歸一，不分差別。

　　總之，這種主一、一論、一貫、一元的思考模式對其論學是有不少影響的，也是他與其它理學家迥然殊色，而異於眾論的地方。

第二節　雕琢與自然

　　心性善惡之論是理學的重要課題之一，而如何爲善去惡更是其終極目的。我們可以說理學家由於心性論的差異，使得工夫修養的著落也就不盡相同，不過對大多數理學家而言，理欲的對立仍是他們關懷的重點，在普遍承認人性本善之後卻又都不忘人性的不堪處與墮落面，以致於在現實與理想的

〔註31〕見吳康：《宋明理學》，頁 263。
〔註32〕見鄭曉江等：《楊簡》，頁 94。
〔註33〕見〈家記八：論孟子〉，頁 377。

溝通上，「存天理去人欲」也就理所當然的成為他們努力的目標及方向，是他們認為欲臻聖人之境，必要的一個修養功夫，〔註34〕所以他們各自建構一套工夫修養的系統，作為修身的依據。這樣的情況即使是在心學家當中的象山陽明也不例外，這讓我們在天理人欲的對抗中看見人心的不足面。其實在存天理去人欲或滅人欲中，理欲是處於對立分裂的狀態，它並不是統合，而一體相容的，而這種排斥，背離的關係，在著名的理學家論述中是一清二楚的。例如程頤就說：

> 欲之甚，則昏蔽而忘義理。〔註35〕

> 蓋人心一有所欲，則離道矣。〔註36〕

程頤認為欲能喪義理之明，使人離道，所以當損人欲以復天理之明，此外，他又說：

> 不是天理，便是私欲。…無人欲即皆天理。〔註37〕

> 凡人欲之過者，皆本於奉養，其流之遠，則為害矣。先王制其本者，
> 天理也；後人流於末者，人欲也。損之義，損人欲以復天理而已。

> 〔註38〕

在程頤的思想中，天理與人欲是彼此對立不容的，「不是天理，便是私欲。」無人欲才是天理之全。存天理就必須去人欲，因天理是本，人欲是末，人不應以末失本，讓人欲汩滅天理，使天理隱微不彰，唯有損人欲才能復其天理之明。故君子修身一皆以此為入手工夫，所以程頤主張：

> 以道制欲。〔註39〕

所謂「以道制欲」，就是以道克制欲的橫生發展，而使其符合天理天道的準則。這是天理人欲觀的反向對立，不過走到極端，就會演變成「以理殺人」〔註40〕的恐怖局面。

　　另外，朱子也持同樣的觀點，他雖然認為「人欲中自有天理」，〔註41〕把

〔註34〕見邱敏捷：〈宋明理學「去欲」觀與佛法「離欲」說的異同〉，頁28。
〔註35〕見〈益卦〉，《周易程氏傳》卷三，《二程集》，頁917。
〔註36〕見〈夬卦〉，《周易程氏傳》卷三，頁923。
〔註37〕見《河南程氏遺書》卷十五，《二程集》，頁144。
〔註38〕見〈損卦〉，《周易程氏傳》卷三，頁907。
〔註39〕見〈遯卦〉，《周易程氏傳》卷三，頁868。
〔註40〕見錢穆：《中國近三百年學術史》，頁363。
〔註41〕見〈力行〉，《朱子語類》卷十三，頁224。

天理人欲相互包涵，不過在絕多時候，他是認爲要存理去欲，使無人欲之雜的，這也是把天理人欲對立起來，他說：

> 人之一心，天理存，則人欲亡；人欲勝，則天理滅，未有天理人欲夾雜者。〔註42〕

> 人只有箇天理人欲，此勝則彼退，彼勝則此退，無中立不進退之理。〔註43〕

> 學者須是革盡人欲，復盡天理，方始是學。〔註44〕

> 聖賢千言萬語，只是教人明天理，滅人欲。〔註45〕

朱子認爲人天生之明德若爲人欲所蔽，則昏暗不明，所以「必其有以盡夫天理之極，而無一毫人欲之私」〔註46〕方可，故於人欲將萌之時，即應戒愼恐懼，「所以遏人欲於將萌，而不使其滋長於隱微之中，以至離道之遠也」。〔註47〕這種天理人欲觀的對立，是要革盡人欲而復盡天理的，是要一方戰勝一方，一方克服一方，而彼此互爲消長的。〔註48〕這種修養方法的確不輕鬆簡單，甚至是要克服諸多困難的。

此外，陽明更不例外，雖然同爲心學家，不過在工夫涵養上，陽明與慈湖是完全不同的。陽明很重視後天人爲的修養，他認爲人要去除人欲，才能復天理之明，他說：

> 吾輩今日用功，只是要爲善之心眞切。此心眞切，見善即遷，有過即改，方是眞切工夫。如此則人欲日消，天理日明。〔註49〕

> 此心若無人欲，純是天理。〔註50〕

> 減得一分人欲，便是復得一分天理，何等輕快脫灑！何等簡易！〔註51〕

〔註42〕見〈力行〉，《朱子語類》卷十三，頁224。
〔註43〕見〈力行〉，《朱子語類》卷十三，頁224。
〔註44〕見〈力行〉，《朱子語類》卷十三，頁225。
〔註45〕見〈持守〉，《朱子語類》卷十二，頁207。
〔註46〕見〈大學章句〉，《四書章句集注》，朱熹著，頁5。
〔註47〕見〈中庸章句〉，《四書章句集注》，頁23。
〔註48〕參見張立文：《朱熹思想研究》，頁644～645。
〔註49〕見〈傳習錄上〉，《王陽明全集》卷一，頁27。
〔註50〕見〈傳習錄上〉，頁3。
〔註51〕見〈傳習錄上〉，頁28。

聖人之所以爲聖，只是其心純乎天理，而無人欲之雜。〔註52〕

在陽明文集中到處可見存天理去人欲的話語，工夫修養的目就在於「只思一個天理」，「其心純乎天理」，使能「天理日明」，「無人欲之雜」。而天理就是良知，良知即是天理，故陽明提倡「致良知」之教作爲修養論的重心，以此實踐天理，思誠天理。因爲良知雖是天植靈根，然更要「致」之，否則人有習心，一旦陷溺，而不著實地爲善去惡，便易落入空想本體的病痛中。因此陽明就說：

> 人有習心，不教他在良知上實用爲善去惡功夫，只去懸空想個本體，一切事爲俱不著實，不過養成一個虛寂。此個病痛不是小小，不可不早說破。〔註53〕

> 若只管求光景，説效驗，卻是助長外馳病痛，不是工夫。〔註54〕

而這致不致之別其實就是聖愚之分的所在，所謂「良知良能，愚夫愚婦與聖人同，但惟聖人能致其良知，而愚夫愚婦不能致，此聖、愚之所由分也」。〔註55〕所以唯有在良知上實實在在的下工夫，方能窮其全然之善，此即致良知之目的。而「致」，就是「向前推致」之意，等於孟子所說的「擴充」。「致良知」即是將良知之天理或良知所覺之是非善惡，不使它爲私欲所間隔，亦不使它昏昧滑過，而能充份地呈現出來，以見之於行事，以成就道德行爲，而回復本性之善。而這「致」的工夫行動是不間斷的，是今日如此，明日如此的，是使人之生命行爲，全體是良知天理之流行，〔註56〕這就是「致良知」之眞意。

然而人既然有習心，則要著實地爲善去惡，「刮垢磨光」，陽明說：

> 聖人之心如明鏡，纖翳自無所容，自不消磨刮。若常人之心，如斑垢駁蝕之鏡，須痛刮磨一番，盡去駁蝕，然後纖塵即見，纔拂便去，亦不消費力。到此已是識得仁體矣。〔註57〕

陽明認爲常人之心須要刮磨一番，去其駁蝕，方能心如明鏡而纖塵即見。

其次，也要「省察克治」，陽明說：

> 紛雜思慮，亦強禁絕不得，只就思慮萌動處省察克治，到天理精明

〔註52〕見〈傳習錄上〉，頁27。
〔註53〕見〈傳習錄下〉，《全陽明全集》卷三，頁118。
〔註54〕見〈傳習錄上〉，頁27。
〔註55〕見〈答顧東橋書〉，《王陽明全集》卷二，頁49。
〔註56〕參見蔡仁厚：《王陽明哲學》，頁26。
〔註57〕見〈年譜一〉，《王陽明全集》卷三十三，頁1231。

後，有個物各付物的意思，自然精專無紛雜之念。〔註58〕

教人爲學，不可執一偏。初學時，心猿意馬，拴縛不定，其所思慮
多是人欲一邊，故且教之靜坐、息思慮。久之，俟其心意稍定，只
懸空靜守如槁木死灰，亦無用，須教他省察克治。省察克治之功則
無時而可間，如去盜賊，須有個掃除廓清之意。無事時將好色、好
貨、好名等私欲逐一追究，搜尋出來，定要拔去病根，永不復起，
方始爲快。常如貓之捕鼠，一眼看著，一耳聽著，纔有一念萌動，
即與克去，斬釘截鐵，不可姑容與他方便，不可窩藏，不可放他出
路，方是眞實用功，方能掃除廓清。到得無私可克，自有端拱時在。
雖曰「何思何慮」，非初學時事。初學必須思省察克治，即是思誠，
只思一個天理。到得天理純全，便是「何思何慮」矣！〔註59〕

譬之病瘧之人，雖有時不發，而病根原不曾除，則亦不得謂之無病
之人矣。須是平日好色、好利、好名等項一應私心掃除蕩滌，無復
纖毫留滯，而此心全體廓然，純是天理。〔註60〕

陽明所謂的「省察克治」之功，就是無事時將好色、好貨、好名等私欲逐一
追究，搜尋出來，定要拔去病根，永不復起。又如同去盜賊一般，要掃除廓
清，或如同貓之捕鼠，要斬釘截鐵，不可窩藏，不可放他出路，不可姑容與
他方便，方是眞實用功處。由此可見這不是件輕鬆簡單的事，相反的，它是
至爲辛苦，也包含了諸多辛酸和努力的。〔註61〕

另外，更有「事上磨鍊」的工夫，陽明說：

人須在事上磨鍊做工夫，乃有益。若只好靜，遇事便亂，終無長進。
〔註62〕

吾昔居滁時，見諸生多務知解，口耳異同，無益於得，姑教之靜坐。
一時窺見光景，頗收近效。久之，漸有喜靜厭動，流入枯槁之病，……
故邇來只說「致良知」。良知明白，隨你去靜處體悟也好，隨你去事
上磨鍊也好，良知本體原是無動無靜的。此便是學問頭腦。我這話

〔註58〕見〈年譜一〉，《王陽明全集》卷三十三，頁1236。
〔註59〕見〈傳習錄上〉上，頁16。
〔註60〕見〈傳習錄上〉，頁23。
〔註61〕參見朱秉義：《王陽明入聖的工夫》，頁103。
〔註62〕見〈傳習錄下〉，頁92。

　　頭自滁州到今，亦較過幾番，只是「致良知」三字無病。〔註63〕
陽明認為致良知就是要你去「事上磨鍊」，不要遇事便亂，而漸有喜靜厭動，
流於枯槁的毛病。

　　此外，就是「知行合一」之教，陽明說：

　　　　今人學問，只因知行分作兩件，故有一念發動，雖是不善，然卻未
　　　　曾行，便不去禁止。我今說個知行合一，正要人曉得一念發動處，
　　　　便即是行了。發動處有不善，就將這不善的念克倒了。須要徹根徹
　　　　底，不使那一念不善潛伏在胸中。此是我立言宗旨。〔註64〕

陽明認為知行並非二事，即知即行，念一發處即是行了，故「真知即所以為
行，不行不足謂之知」。〔註65〕總之，陽明認為「致良知要事上磨鍊，要克去
己私，要知行合一，要走一段再認一段」。〔註66〕所以「致良知」這三個字絕
不是一句空話，也不僅只是一個理論，說得確切一點，它是一種切實的道德
實踐工夫。〔註67〕更因為此知是陽明於「百死千難」中所得來的，所以他
一再強調工夫力行的重要，他說：

　　　　某於此良知之說，從百死千難中得來，不得已與人一口說盡。只恐
　　　　學者得之容易，把作一種光景玩弄，不實落用功。〔註68〕

因陽明深恐學者玩弄光景，不尚實修，故自述其治學歷程，實欲免後學蹈虛
行浮。

　　最後談到慈湖之師象山，亦屢言工夫修為之重要。因為心之靈，不必然
時時顯發其靈明感通之作用，而此理雖明，亦不必然處處顯現其妙。換言之，
在人的生活裡，本心常會被其它生命元素的糾纏影響而障蔽，只能寂然不動
的隱然存在，而不能感而遂通地昭然活動，〔註69〕因此象山認為人心有所蔽，
所以要「剝落」，象山說：

　　　　人之精爽附於血氣，其發露於五官者安得皆正，不得明師良友剖
　　　　剝，如何得去其浮偽而歸於真實？又如何得能自省、自覺、自剝

〔註63〕見〈傳習錄下〉，頁105。
〔註64〕見〈傳習錄下〉，頁96。
〔註65〕見陳來：《宋明理學》，頁254。
〔註66〕見錢穆：《宋明理學概述》，頁271。
〔註67〕參見朱秉義：《王陽明入聖的工夫》，頁104。
〔註68〕見〈年譜二〉，《王陽明全集》卷三十四，頁1279。
〔註69〕參見曾春海：《陸象山》，頁104。

落？〔註70〕

> 人心有病，須是剝落，剝落得一番即一番清明。後隨起來，又剝落
> 又清明，須是剝落得淨盡方是。〔註71〕

所以「『剝落』工夫是陸九淵發覺人心有蔽以後提出來的修養方法。……它是
陸九淵心學道德修養中不可少的一個方面」。〔註72〕因為象山認為人心有血氣
五官之影響，不全為正，此時若有病，則須要得明師良友之剖剝，唯有自省、
自覺，剝落得淨盡，方能去其浮偽而歸于真實，並得此心之清明。這是象山
提出修養工夫的落實處，所以基本上象山對人「心」並非完全無條件接納與
信任的，因為他認為人心是可能會不自主而受蒙蔽，如此則須要經過一番有
心的，人為的加工處理，刮垢清洗，才能回復確保心之良善清明。所以象山
在發明本心之後，是另有一套工夫系統在等待我們一步步去實踐完成的，這
之中除了「剝落」外，更有所謂的「講學」，「收拾精神」，「涵養」，「寡欲」
等等，象山說：

> 有所蒙蔽，有所移奪，有所陷溺，則此心為之不靈，此理為之不
> 明，……不由講學，無自而復。〔註73〕

> 先生所以誨人者，深切著明，……令人求放心，……令收拾精神，
> 涵養德性。〔註74〕

> 欲良心之存者，莫若去吾心之害，……欲去則心自存矣。〔註75〕

象山勸勉學者要收拾精神，涵養德性，而去害吾心之欲者，不使此心為之蒙
蔽陷溺，這便是「易簡工夫終久大」而不尚曲折之直入本心本性的修為處。

總之，在宋明理學中，大多是以存理去欲為重要的修養歷程，不過要說
明的是這欲並非指維持生命的基本欲求，此「人欲」多指「私欲」、「肆欲」、
「縱欲」、「嗜欲」而言，意指不加節制而失之天理之欲。〔註76〕這表示對「人
欲」、「私欲」的否定、厭惡而甚至排斥的心態，視其為修養過程中的最大障
礙，所以為學首要去欲。

〔註70〕 見〈語錄〉，《陸象山全集》卷三五，頁24。
〔註71〕 見〈語錄〉：《陸象山全集》卷三五，頁20。
〔註72〕 見侯外廬等：《宋明理學史》，頁566。
〔註73〕 見〈與李宰〉，《陸象山全集》卷十一，頁6。
〔註74〕 見〈年譜〉，《陸象山全集》卷三十六，頁8。
〔註75〕 見〈養心莫善於寡欲〉，《陸象山全集》卷三十二，頁6。
〔註76〕 參見金峰春：〈《周易程氏傳》思想研究〉，頁353。

　　而這種「存天理滅人欲」的觀點，理欲實際上是處於對立的關係，而心也就成了天理人欲交戰的場所，通常不是天理得勝，就是私欲掌權；不是人欲坐大，就是天理流行，唯有心無人欲，才能純是天理。這之中呈現的是分裂、對抗而不安的狀態，人心要時時刻刻面對私欲的挑戰及威脅，一有不慎，即易陷溺，所以要戰戰兢兢，處心積慮的修持涵養，才能確保清明；不過這種凝重的氣氛在慈湖學中是感受不太到的，因為慈湖關懷的重點並不是在「心」與「欲」的對抗中，而是在「道」與「心」的統合上，雖然他也提及天理人欲之說，不過顯然並不多，而他也不太強調這種分裂，對制克治的關係，他強調的是道心的完滿與良善性。在慈湖看來，人心即道心，「此心即道」，心就是道，心與道是不可分割，互為依存，而和諧密合的心體，不僅此心自善自神自明，而且空明，虛靈，而神用變化的，並且這「道非自外而至，所以啓吾心之所自有也」，〔註77〕即是說道不是由外而至，是吾心本來就有的，所以人心的神聖光明面是吾心自足、自有、自備而不假手於外的，這是慈湖突出了「心」超時空存在的神聖性和至善至完滿的特質。

　　由於對心的高度信任肯定，慈湖並不像其它理學家一樣，著眼在工夫修養上的為善去惡，因為人心本來就是純粹至善而毫無欠缺的，所以只要保持自然本原的狀態即能顯見其妙，其餘一切外在修為不僅無益而且有害，對此慈湖就曾批評前代理學家之失，例如他批評程頤說：

> 伊川謂動容貌，整思慮，則自然生敬，敬即是主一也。主一則既不之東，又不之西，是則只是中苦也。人性自善，何必如此桔束。孔子未嘗如此教人，但曰居處恭、執事敬耳；但曰出門如見大賓，使民如承大祭耳；但曰約之以禮耳，伊川之教固愈於放逸者，然孔子曰「過猶不及」，何則？其害道均也。〔註78〕

> 或問吾道一以貫之，而曰忠恕而已矣。則所謂一者即仁否？程正叔曰：「然此一字當子細體認」。……體認兩字便見用意積力之狀，孔子未嘗教人體認，惟曰一以貫之。……不謂後世學者穿鑿撰造至於此，其病甚著。〔註79〕

慈湖認為程頤動容貌，整思慮過於拘謹桔束，而「子細體認」又見用意積力之

〔註77〕與「此心即道」同見〈檀弓〉，《先聖大訓》卷二，頁398。
〔註78〕見〈家記九：汎論學〉，頁387。
〔註79〕見〈家記四：論論語上〉，頁334。

狀，因爲「類聚體認無非意路，且孔子曰『居處恭』，恭而已，無意也」，〔註80〕孔子未嘗教人有如此穿鑿撰造之態，此與放逸者實是不相上下，因過猶不及，均能害道，故其病甚著。

此外，慈湖也批評橫渠，認爲他揠苗助長，不足爲學，他說：

> 橫渠牖銘云：「居則存其心曰存否，繼否，化否，無意否？」張子則勤矣，不草草矣，惜乎其未解，解者不如此。曾子之日三省，異乎是矣。曾子之省不過不忠不信，傳授弟子，而實未嘗習之，過皆芸苗改過，未嘗助長。如橫渠乃揠苗助長之學也。化者自化，豈容問耶？自省本心者自無意，意豈屢省之所能無耶？自省本心者自未始有間斷，何患乎不繼耶？……欲存愈不存，欲繼愈不繼，欲化愈不化，欲無意愈不無意。不省吾心自善，吾心自神。〔註81〕

慈湖認爲橫渠存否，繼否，化否，無意否即是揠苗助長，如此刻意爲之卻反失之，是不知吾心自善之妙用。所以他批評橫渠〈芭蕉〉一詩「願學新心養新德」說：

> 〈芭蕉詩〉有「願學新心」之句，此未悟本心之至善而於心外覓新心也。〔註82〕

慈湖認爲橫渠是「心外覓新心」，無異是拋棄自家本有之美玉不要，卻拼命往外頭尋覓寶藏，如此外索之失是不知本心之至善具足而完滿，豈不哀哉！因此，慈湖否定自身有意識能動性的各種思慮活動，例如他認爲凡是說到「能」者，即是「求諸心外」，而「用意害道」，〔註83〕他說：

> 《論語》載孔子之言曰：「中庸之爲德也，其至矣乎！民鮮久矣！」及子思所記，則曰：「民鮮能久矣！」加一能字，殊爲失真，已爲起意。有意則必有所倚，非中庸。夫事親從兄，事君事上，……心思力行，無非中庸，而曰不可能者，何也？……本心常虛，曰我能則失之，微起意則失之。〔註84〕

> 衛宏……曰：「〈小戎〉，美襄公也。備其兵甲以討西戎，西戎方強而征伐不休，國人則矜其車甲，婦人能閔其君子焉」，惟此閔其君子爲

〔註80〕見〈家記九：汎論學〉，頁387。
〔註81〕見〈家記九：汎論學〉，頁388。
〔註82〕見〈家記九：汎論學〉，頁389。
〔註83〕參見侯外廬等：《宋明理學史》，頁592。
〔註84〕見〈中庸〉，《先聖大訓》卷三，頁420。

得其情，夫婦至情，奚勞勉強，而宏曰「能」亦非也，夫婦正情，天地大義，人皆有是正情而自不知，其與天地為一。此固非宏之所知也。〔註85〕

《毛詩序》曰「〈天保〉，下報上也，君能下下以成其政，臣能歸美以報其上焉」。……夫上之禮其下，與下之敬其上，愛敬之情，發於中心，播於歌詩，而《序》謂之「能」，蓋諸求心外，殊為害道。〔註86〕

慈湖認為「民鮮能久矣」，「君子能閔其君子焉」，「君能」，「臣能」等等皆用「能」字，而「能」即是認為此心有所不足，有所不能，必待用力為之方可，是不知心備眾德萬善而實不勞勉強，若「能」即是起意害道，故為不可。

其次，在對堂亭的命名上，慈湖也有意見，他說：

郡宇之東有堂焉名「清心」，某心不安焉，……清心、洗心、正心之說行，則為揠苗，非徒無益而又害之。〔註87〕

儒者認為世人應該要時時「清心」，「洗心」，「正心」，用聖賢所傳的儒理綱常來矯正自己，去除自心的污垢，復返大道；然慈湖既以「心」為道，當然堅決反對「清心」，「洗心」，「正心」之說，在他看來，心純一精一，無絲毫渣滓，又如何去「清」，去「正」呢？於是他推論《易傳》「洗心」之論，《大學》「正心」之說都是錯誤的。〔註88〕因為清、洗、正等人為的行徑，在慈湖看來，無異是揠苗助長，不僅徒勞無功，甚至會反過頭來戕害心的靈明性。

因為心在慈湖來說是神明而無所不通的，並且能不被外在干擾所影響，所以不要說是不應該去「體認」或「清洗」等等，實際上更不太可能如象山所說的心會被「蒙蔽」，「移奪」，或「陷溺」等，這是師徒二人對心掌握和信任度的不同。以象山來說，他認為心可能會陷溺，因此就必須靠外力來輔助、照明；然而慈湖之心幾乎是神通廣大而能量無窮，只要保持其本有之狀態也就是最佳狀態，其餘外在的人為用力都不是必要的。

另外，慈湖也反對「收拾精神」，他說：

臨川張元度以鄉舉至禮部，持陸先生書踵門就見。接其辭氣，已知其誠確可敬，及復見，益知其篤志於學。蓋夜則收拾精神，使之於靜。

〔註85〕見〈秦風・小戎〉，頁146。
〔註86〕見〈小雅・天保〉，頁177。
〔註87〕見〈永嘉郡治更堂亭名記〉，《慈湖遺書》卷二，頁193。
〔註88〕參見鄭曉江等：《楊簡》，頁64～65。

－205－

> 某曰：元度所自有，本自全成，何假更求？視聽言動不學而能，惻隱
> 羞惡恭敬是非隨感輒應，不待詔告，清明在躬，廣大無際，精神四發，
> 不疾而速，不行而至。收之拾之乃成造意，休之靜之猶是放心。學問
> 之道無它，求其放心而已矣。吾心本無妄，舍無妄而更求，乃成有妄，
> 故曰「無妄之往何之矣。」元度猶自以爲未能無過，某曰：「有過惡
> 即改。元度精神何罪而收拾之？」〔註89〕

鄭曉江等認爲「在慈湖看來，元度先生學問修養皆有所成，但仍未達到自如
的境界，仍未獲得「無知之知」的妙處。其關鍵在於，人一定要堅信『本心』
的自知自全自善，亦是至完滿至靈明至神聖的，因此，人又何必去好知好學
好賢好善？又怎能去『收拾精神』？人之『心』本無妄，勉強抑之制之，希
望以此來無妄，實則恰恰帶來妄；人心本『靜』，收之拾之，希望達到寂然不
動之境界，可這恰恰就是『意』，就是『放心』。」〔註90〕這也與象山「收拾
精神」的工夫論不同。因此，徐紀芳也說：

> 象山去心蔽的方法，在於收拾本心，剝落，讀書講學，楊簡都不以
> 爲然，而以另一層的系統來闡發陸派心學。〔註91〕

由上之論，慈湖與象山其實很像禪宗六祖惠能與神秀之間的不同，一者要「時
時勤拂拭」，另一個則是強調「本來無一物」的空靈超越。關於這一點，高全
喜也說：

> 陸氏認爲人心有蔽，需要收拾精神，剝落塵埃，使人發明本心。楊
> 簡則更強調使人無意無念，……其它諸法都是外在的，於事無補。
>
> 〔註92〕

這正是說明了象山重外在工夫修爲的剝落，而慈湖則以爲這些都無補於事，
且傷本心，所以根本反對。這是師徒二人已各成一系的思想寫照，也是慈湖
與絕多數理學家不同之處。因此慈湖主張：

> 人心即道，不必雕琢，特有以害之。〔註93〕
>
> 此心至妙，奚庸加損？〔註94〕

〔註89〕見〈與張元度〉，《慈湖遺書》卷三，頁207。
〔註90〕見鄭曉江等：《楊簡》，頁89。
〔註91〕見徐紀芳：《陸象山弟子研究》，頁136。
〔註92〕見高全喜：《理心之間——朱熹和陸九淵的理學》，頁231。
〔註93〕見〈家記五：論論語下〉，頁358。
〔註94〕見〈炳講師求訓〉，《慈湖遺書續集》卷一，頁449。

　　即此虛明不起意之心以行，勿損勿益，自然無所不照。〔註95〕

　　因為慈湖認為心是至善至完滿，而萬善自足，無所不有，無所不能的，所以他容不得「心」中有半點污垢，當然也就不能允許任何對其進行「損益」的企圖，那怕是經典中名有出處，而現實中許多人都持此論。對慈湖而言，他堅定地使心保持為最純潔的存在，而維護自「心」的神聖性，〔註96〕讓它虛明空靈，而纖塵不染。這種反對起意，以及人為的行動思維，害怕其會支離害道，而妨礙心體自清明而無所不能的想法也就根本不須要如同理學家那樣，要努力去「存」天理，「去」人欲，或者是省察克治，革盡、遏止等等。因為不必「存」也不必「去」，不能「加」，也不能「損」；一切就在本然即是，就是人性的美善良好也是自然而有的，並非因外力的造作添加才讓它有如此良善的特質。所以慈湖認為《論語》「克己復禮」之「克」字絕非訓「勝」意，因為禮乃吾心所自有，是自自然然就能達到，而絲毫不用勉強，故「本無己私可克」，〔註97〕因為若有心為之則是起意，則反喪道心之靈明，這種觀點與理學家所謂的「以道制欲」，企圖要以什麼來牽制什麼的想法是不同的。也因此慈湖提倡「無思無為」、「非思非為」、「不思不慮」、「不識不知」，而期「無知」，「蒙昧」的狀態，因為這些才是得道的境界，才能永保道心的完整與空靈，所以慈湖說：

　　　　人心自正，人心自善，……百姓日用此心之妙而不自知，以其意動而有過，故不自知。孔子曰「改而止」，謂學者改過即止，無外起意，無適無莫，蒙以養之。孔子曰「吾有知乎哉？無知也。」文王「不識不知」，孔子每每戒學者「毋意」，意態有四，必固我皆意也。如蒙如愚，以養其正，作聖之功。〔註98〕

他認為「如蒙如愚」、「蒙以養之」，「不識不知」，「無知」的狀態方為作聖之功，所以改過即止，無外起意。這種觀點看法和象山所謂的「剝落」，「復其本心」；及陽明所謂的「致良知」、「省察克治」、「刮垢磨光」、「事上磨鍊」、「知行合一」、「為善去惡」、「調攝此心」〔註99〕等；以及程朱汲汲存天理去人欲的主張，是截然不同而方向迥異的。一者重視後天的修為，另一卻是強調先

〔註95〕見〈慈湖學案〉，頁2479。
〔註96〕參見鄭曉江等：《楊簡》，頁65～66。
〔註97〕見〈家記五：論論語下〉，頁357。
〔註98〕見〈吳學講義〉，《慈湖遺書》卷五，頁228。
〔註99〕見〈傳習錄下〉，頁100。

天之本然、自然；強調道心之當下現成，而不待致之；強調即已造道，然己卻渾渾融融，渾然不知，而無知的狀態。

總之，慈湖認爲不可以「體認」，因體認便見「用意積力之狀」；〔註100〕不可以「清心」，「洗心」，「正心」，因爲不僅「無益而又害之」；〔註101〕不可以說「能」，因「能」即是求諸心外，用意害道；〔註102〕不可以「雕琢」；不可以「加損」，這些都是強調道心自然本然的重要性，只要維持心之原初狀態即是道之所在。因此，理學擔憂人性的不堪面，所以強調對治修養工夫的重要，慈湖提倡本心的良善自足，因爲「至善至靈，故無需外尋，無需雕琢；因無所不通，故無需清心，無需正心」，〔註103〕所以對慈湖而言，此心不僅寂然不動，更是感而遂通；不僅隱然存在，更是昭然活動，道心是全自動的作用呈現，而彰顯無遺的，因此工夫修養不僅成了多餘，甚至是有害其心的，此乃徒勞無功而又於事無補，這就是慈湖與理學家觀點互異的地方。

第三節　辯難與調適

宋明理學與禪佛的交涉、融通是任何人都不會否認的。然而身爲理學家自身，卻很少不爲自己的非禪而辯護不已。他們多半也承認年少的迷失，而誤入禪家近一、二十載，這之間的糾葛或因人而異而不盡相同；然有趣的是在幾經生命的徹悟與敏覺後，卻又都不約而同，迫不急待的要與禪家劃清界限，撇開關係，而重回儒學的正統，人倫的本宗，甚至最後還反過頭來批判指責禪佛之失。姑且不論他們的學說究竟有沒有入禪，以他們攻擊佛家的心態卻是一致而無疑的。這在理學史上幾乎是不勝縷舉，而比比皆是。

以張載爲例，他早年就出入佛家，爾後卻又毫不留情地抨擊其說，認爲其誣蔑性道，敗壞風俗。張載說：

> 釋氏，……誣天地日月爲幻妄。〔註104〕

> 浮屠以山河大地爲見病之說，……誣世界乾坤爲幻化。〔註105〕

〔註100〕見〈家記四：論論語上〉，頁334。
〔註101〕見〈永嘉郡治更堂亭名記〉，《慈湖遺書》卷二，頁231。
〔註102〕見〈家記七：論中庸〉，頁371～372。
〔註103〕見鄭曉江等：《楊簡》，頁196。
〔註104〕見〈大心篇〉，《張載集》，頁26。
〔註105〕見〈太和篇〉，《張載集》，頁8。

釋氏認為天地為幻化，張載頗不以為然。所以他提出了「太虛即氣」，「太虛無形，氣之本體。」〔註106〕的說法，認為虛空並非如佛氏所說的無，空諸所有，而是實實然的存在，只是氣聚散之客形爾，以此對治佛氏有無之淺見謬論。〔註107〕另外，張載又說：

> 釋氏語實際，乃知道者所謂誠也，天德也。其語到實際，則以人生為幻妄，以有為為疣贅，以世界為陰濁，遂厭而不有，遺而弗存。就使得之，乃誠而惡明者也。儒者則因明致誠，因誠致明，故天人合一，致學而可以成聖，得天而未始遺人，……彼語雖似是，觀其發本要歸，與吾儒二本殊歸。道一而已，此是則彼非，此非則彼是，固不當同日而語。〔註108〕

張載認為釋氏究天道而遺人事，把人生當成幻化，是誠而惡明者也，然吾儒誠明相致，得天而未始遺人，而天人合一。這是張載反對禪佛「天人二本」，〔註109〕「天人不相待」〔註110〕的觀點，他又說：

> 浮屠明鬼，謂有識之死受生循環，遂厭苦求免，可謂知鬼乎？以人生為妄，可謂知人乎？天人一物，輒生取舍，可謂知天乎？……《大學》當先知天德，知天德則知聖人，知鬼神。今浮屠極論要歸，必謂死生轉流，非得道不免，謂之悟道可乎？悟則有義有命，均死生，一天人，知晝夜，通陰陽，體之不二。〔註111〕

張載認為釋氏不知鬼，不知人，不知天，更不知道，而死生輪迴之說是未之思之語。

再者，禪佛敗壞社會風氣，湮沒聖道，他說：

> 自其說熾傳中國，儒者未容窺聖學門牆，已為引取，淪滑其間，指為大道。……此人倫所以不察，庶物所以不明，治所以忽，德所以亂，異言滿耳，上無禮以防其偽，下無學以稽其蔽。自古詖、淫、邪、遁之詞，翕然並興，一出於佛氏之門者千五百年。〔註112〕

〔註106〕見〈太和篇〉，《張載集》，頁7～9。
〔註107〕參見黃秀璣：《張載》，頁51：「張載應用『氣』這個形而上的概念，對於佛學的『空』這個學說嚴格地攻擊。」
〔註108〕見〈乾稱篇〉，《張載集》，頁65。
〔註109〕可參考陳俊民：《張載哲學與關學學派》，頁82～86。
〔註110〕見朱建民：《張載思想研究》，頁121。
〔註111〕見〈乾稱篇〉，《張載集》，頁64。
〔註112〕見〈乾稱篇〉，《張載集》，頁64。

　　張載把人倫庶物，詖淫邪遁等治亂之機全然歸咎於禪佛之失，〔註113〕無疑是出於衛道的立場，所以語氣激烈。

　　另外，程顥對佛氏也同樣不懷好感，他說：

　　　　釋氏無實。〔註114〕

　　　　學禪者曰：「草木鳥獸之生，亦皆是幻。」曰：「子以爲生息於春夏，
　　　　及至秋冬便卻變壞，便以爲幻，故亦以人生爲幻，何不付與他？物
　　　　生死成壞，自有此理，何者爲幻？」〔註115〕

　　　　釋氏本怖死生，爲利豈是公道？〔註116〕

　　　　釋氏說道，譬之以管窺天，只務直上去，惟見一偏，不見四旁，
　　　　故皆不能處事。聖人之道，則如在平野之中，四方莫不見也。
　　　　〔註117〕

程顥之排佛，或以實理對治佛氏之虛空幻化，〔註118〕或論其義利之辨，或責其高遠不切實際，皆明儒佛之殊途異用而佛氏之非。而其弟程頤也是，他辯論儒佛之優劣時說：

　　　　今之學禪者，平居高談性命之際，至於世事，往往直有都不曉者，
　　　　此只是實無所得。〔註119〕

　　　　釋氏有出家出世之說。家本不可出，卻爲他不父其父，不母其母，
　　　　自逃去固可也。至於世，則怎生出得？既道出世，除是不載皇天，
　　　　不履后土始得，然又卻渴飲而飢食，戴天而履地。〔註120〕

　　　　釋氏言成住壞空，便是不知道。只有成壞，無住空。……天下之物，
　　　　無有住者。嬰兒一生，長一日便是減一日，何嘗得住？然而氣體日
　　　　漸長大，長的自長，減的自減，自不相干也。〔註121〕

〔註113〕可參見黃秀璣：《張載》，頁81～83。
〔註114〕見〈亥八月見先生於洛所聞〉，《河南程氏遺書》卷十三，頁138。
〔註115〕見〈端伯傳師說〉，《河南程氏遺書》卷一，頁4，（案：此二先生語，牟宗三
　　　　先生判爲明道語。）
〔註116〕見〈亥八月見先生於洛所聞〉，《河南程氏遺書》卷十三，頁139。
〔註117〕見〈亥八月見先生於洛所聞〉，《河南程氏遺書》卷十三，頁138。
〔註118〕參見張德麟：《程明道思想研究》，頁123～128。
〔註119〕見《河南程氏遺書》卷十八，頁196。
〔註120〕見《河南程氏遺書》卷十八，頁195。
〔註121〕見《河南程氏遺書》卷十八，頁195～196。

> 釋氏之學，……然要之卒歸乎自私自利之規模。〔註122〕

> 佛逃父出家，便絕人倫，只為自家獨處於山林，人鄉裡豈容有此
> 物？……至如言理性，亦只是為死生，其情本怖死愛生，是利也。
> 〔註123〕

程頤認為釋氏高談性命，於世無補；又猖言出世之謬論，使人絕人倫而怖生死；而住空之臆說，又妄論之極，於理難容；尤其釋氏自私自利之規模更是難見大道。

　　此外，朱子之排佛更是史上有名的，不過朱子早年也是留心佛禪，而深受佛教思想的影響與薰陶。朱子曾自述自己幼年愚魯而學不得其方的感受，並也因而出入了釋氏一二十年，最後才又在某些機緣下重返儒門而知為學之大方。不過這種際遇也讓朱子更能深入剖析儒佛之界限與優劣，在往後批評佛教的觀念上有更精確的見解。如他曾說：

> 莊老絕滅義理，未盡至。佛則人倫滅盡，至禪則義理滅盡。〔註124〕

> 釋氏棄了道心，卻取人心之危者而作用之；遺其精者，取其粗者以
> 為道。如以仁義禮智為非性，而以眼前作用為性是也。此只是源頭
> 處錯了。〔註125〕

> 佛家說要廢君臣父子，他依舊廢不得。且如今一寺，依舊有長老之
> 類，其名分亦甚嚴，如何廢得！但皆是偽。〔註126〕

朱子認為佛禪滅盡人倫義理。此外，其以作用是性，便是源頭大失。所以這種表面棄君臣，然寺中長老名份依然森嚴的不一狀況，全是作偽。另外，象山也是，這在前一章有論及，此不再重複。

　　最後是陽明，他也同樣批評禪佛推卸責任，他說：

> 佛氏不著相，其實著了相；吾儒著相，其實不著相。……佛怕父子
> 累，卻逃了父子；怕君臣累，卻逃了君臣；怕夫婦累，卻逃了夫婦。
> 都是為個君臣、父子、夫婦著了相，便須逃避。如吾儒有個父子，
> 還他以仁；有個君臣，還他以義；有個夫婦，還他以別。何曾著父

〔註122〕見《河南程氏遺書》卷十五，頁152。
〔註123〕見《河南程氏遺書》卷十五，頁149。
〔註124〕見〈釋氏〉，《朱子語類》卷一百二十六，頁3014。
〔註125〕見〈釋氏〉，《朱子語類》卷一百二十六，頁3021。
〔註126〕見〈釋氏〉，《朱子語類》卷一百二十六，頁3035。

子、君臣、夫婦的相？〔註127〕

吾儒養心，未嘗離卻事物，只順其天則自然，就是功夫。釋氏卻要
盡絕事物，把心看做幻相，漸入虛寂去了。與世間若無些子交涉，
所以不可治天下。〔註128〕

陽明認爲釋氏不著相，其實是著了相，且其說不能治天下，漸入虛寂，無用
於世事。陳榮捷先生說：「陽明之批評佛家之心的觀念，特別從心之功用上著
想。……朱子『觀心說』，……皆言心之體，而陽明則側重心之作用。大概在
體上說，陽明之心說與禪家之心說頗近，故不能不於心之作用處，闡明其與
禪之不同。所以攻禪，亦即所以自衛也」，〔註129〕總括其論，此說得之。

　　然平心而論，陽明實不免有所偏執。陳先生又云：「陽明之批評禪學，正如
明儒之批評陽明，皆不免門戶之見。於禪宗之好處與其偉大貢獻，均不置一詞。
只攻其出世，而忽視其聖俗並重。即於佛家之心說，亦欠了解」，〔註130〕此說
亦爲公允。

　　不過這種情形與排斥的心態在慈湖身上是很難見到的。慈湖與禪佛之交
涉在第三章有過論述，其思想在某種程度上和禪佛的確甚爲相近，甚至還以
達摩祖師「以心傳心」之學來詮解「心之精神是謂聖」一語，他說：

孔子曰：「心之精神是謂聖」，即達摩謂從上諸佛，惟以心傳心，即
心是佛。除此心外，更無別佛。〔註131〕

這樣的一種講法是很值得注意的，因爲這顯然是公開引用禪家的思想來解釋
他自己所認定的儒學話頭，而形成儒釋會通的表現。這樣大膽的作風在理學
家當中的確是絕無僅有，而難得一見的。此外，慈湖也曾以佛教的宗教修養
和儒家的倫理道德修養混同起來。他在〈奠馮氏妹詞〉中曾這樣寫道：

婦而能覺，古惟太姒，自茲以降，以俾行稱於史，固不乏求，其內
明心通，惟龐氏母子，及吾伯姊暨妹。〔註132〕

太姒是文王的后妃，慈湖在《慈湖詩傳》中曾多次贊頌她有「道心」，而其佐助
文王，輔治成化當然是儒家倫理道德的圭臬。至於龐氏母子在唐代是舉家修禪

〔註127〕見〈傳習錄下〉，頁99。
〔註128〕見〈傳習錄下〉，頁106。
〔註129〕見陳榮捷：《王陽明與禪》，頁80。
〔註130〕見陳榮捷：《王陽明與禪》，頁80。
〔註131〕見〈炳講師求訓〉，《慈湖遺書續集》卷一，頁449。
〔註132〕見〈奠馮氏妹詞〉，《慈湖遺書續集》卷一，頁459。

的虔誠佛教信徒，而慈湖把儒家的典範和佛門的信徒視爲同類，視爲一心，也是引佛入儒，儒佛會通的表現，這或者就是象山所說的「習氣未盡」。〔註133〕

　　所以侯外廬等對此就頗有不滿的意見，他們說：「陸派心學與佛家禪宗之間這種雖然晦隱但確然有別的情況，只有陸九淵自己清醒地意識到。當程朱派指責楊簡是禪，「不讀書，不窮理，專作打坐工夫，求形體之運動知覺者以爲妙訣」時，陸九淵替他辯護道「楊敬仲不可說他有禪，只是尚有習氣未盡」，而楊簡自己卻覺察不到這種區別。這與其說是由於他儒學論修養不足，還不如說是他的佛學理論修養不足。在楊簡的著作裡，不只一次對老莊思想提出批評，但對佛家思想卻無一句品評的言詞。他模糊地將孔子之「心」認作達摩之「佛」，把心學和佛學完全等同起來。」〔註134〕侯等認爲慈湖分不清儒佛之界限，而模糊其中，把二者等同起來，故論其佛學修養之不足。其實平心而論，從慈湖的著作中我們很難判斷慈湖對禪佛的態度及觀點。因爲在文集中，他很少提及對於佛學的想法，除了上面的那條論述外，另外一條就是對佛教不禮拜君王父母的看法，他說：

　　釋徒多昏蔽，誤讀《梵綱戒經》，不禮拜君王父母，大悖逆，大壞人
　　心，大敗風俗。〔註135〕

除此之外，我們很難找到其它的資料來談慈湖對佛教的心態，因爲他既不像其他理學家一樣，大量的攻擊佛家，就連在《年譜》中，能記載其成學的歷程及背景的，也似乎沒有一語道及他早年有出入釋老而重返儒門的記載，這又與理學家往往自述其出入釋氏者幾十年實有天壤之別。況且在《年譜》的描繪下，慈湖早歲即資器非凡，恭敬有度，在家風的薰染下，更是個不折不扣的純儒，其一言一行莫不以聖人爲師，而嚴恪謹實，乃至生平無作一草字，與所謂出入老釋者又大不相似。然而即使《年譜》並未詳細記載，慈湖卻也難逃被指控與禪佛有諸多交涉的嫌疑，甚至連他的老師象山在內，也都不免要迴護他只是「習染未盡」而已，不可說是入禪，但畢竟皆爲世俗觀點，因爲修爲更勝一切，就算有關聯，也只是概念的使用，不能因此而劃上等號，世人在此應詳加分辨。此於第三章已有論及。

〔註133〕參見崔大華：《南宋陸學》，頁149。
〔註134〕見侯外廬等：《宋明理學史》，頁591。
〔註135〕見〈家記五：論論語下〉，頁355。

第六章　慈湖學之成就影響與評價

慈湖之流風餘韻，前人論述頗多。如《宋史》論曰：

> 楊簡之學，非世儒所能及，施諸有政，使人百世而不能忘。〔註1〕

王應麟曰：

> 四明鄉先生有九人焉！宋慶曆建學之初，楊、杜、二王、樓公以道
> 德文行師表後進，或授業鄉校，或講道閭塾，衣冠文獻益盛以大，
> 五先生之功也。淳熙之舒、沈、楊、袁諸公，以尊德性求放心為根
> 本，闡繹經訓，躬行實踐，學者知操存持養以入聖賢之域，四先生
> 之功也。〔註2〕

全祖望說：

> 六百餘年，猶有奉慈湖之祀，香火可為遠矣。〔註3〕

《慈谿縣志》載：

> 慈谿一邑，……民氣靜謐，往往孝弟力田，……故宦斯土者，開誠
> 而政教易施；游斯鄉者，取友而學問有本。任侗、裴儆之嘉績，楊
> 簡、黃震之好修，名宦鄉賢，千載不墜廢矣！〔註4〕

> 慈谿故句章地，其俗一而不襍，……其士皆崇禮讓，勵廉隅，以文
> 學風義相尚，鄉曲之閒，孝友廉潔，貞苦卓立之儔，不待閒世而出，
> 固其山川之秀，鍾孕瓌奇，亦由往時慈湖、東發諸先生流風餘韻有

〔註1〕　見《宋史》卷四百七，頁12299。
〔註2〕　見〈九先生祠堂記〉，《深寧文鈔摭餘編》卷一，頁11～12。
〔註3〕　見〈石坡書院記〉，《鮚埼亭集》外編卷十六，頁680。
〔註4〕　見〈序〉，《慈谿縣志》，頁2。

以興起之也。〔註5〕

《四庫提要》云：

> 簡……歷官中外，政績可觀，在南宋爲名臣。〔註6〕

以上所論皆明慈湖之風範瑰行與政績德論影響深遠，其淳化風俗，餘惠鄉民，使人百世而不能忘。

第一節　成就——聖學之全　世儒難及

一、經學之新氣象——經學心學化

經學是中國學術之精髓，更是透析中國思想最直接的入手處。她的豐富內涵，因在歷代鴻儒的裝飾下，而不一其貌；就如同一位千面女郎般的風姿千變，風彩萬現。她曾經是政壇的行路人，宗教界的傳奇；也曾爲老莊的貴客，禪佛的上賓；她更是讀書人進躍的階梯，卻也從來不曾忘記要作爲凡夫俗子的榮耀。雖然她從沒有忘記過要回復自我，不過她的分身顯然就在飄泊的旅途中成就了多元而炫爛的色彩。在這場中國學壇的千年盛會中，她也從不缺席，時而盛妝，時而清疏，時而堅強，時而柔媚，而這異種風情就在她的淡妝濃抹，與剛柔互濟的變化中展現到了淋漓盡致。

當時光回到宋代，我們逐漸嗅到當時心性彌漫的氣氛，耳聞佛老並席的對話，當人們的焦點都集中在孔門精神的再現，與儒學眞意的復原時，卸妝想來是必然的；當人們都期待見到繁華落盡的眞純時，清新佳人的現身已然呼之欲出。

然而在這場盛會中，與會人士又迫不及待的要再爲她量身訂作，裁製新衣，慈湖當然也與有榮焉。在他精心策劃下，這件「心」衣果然讓全場觀眾耳目一新，而議論紛紜，或有驚嘆，或有嘲諷，或有聞風而至，或有棄絕而去者，不過慈湖仍舊自信滿滿地認爲已深獲佳人之青睞與讚賞。

「江山代有才人出，各領風騷數十年。」時代在變，人心思變；人心如此，學術更是如此；學術反映人心，人心照映學術，在人心的脈動下，學術顯然已進入了另一個不同的國度了。而慈湖此舉又擲下了多大的漣漪與回

〔註5〕　見〈序〉，《慈谿縣志》，頁1。
〔註6〕　見〈四庫全書提要〉，《楊氏易傳》，頁189。

響，我們就藉著鄭曉江等的觀點來看看，他說：

> 自唐韓愈、李翱以來，由心性詮釋經書已經成了一股潮流，而且帶
> 有明顯的由經書體悟先聖智慧，從而恢復埋藏在無數經書中的儒學
> 之真精神的動機。……雖然楊慈湖由象山而承繼了心學學統，但卻
> 是偶爾受到一次古訓之啟發，才確立以心立說的。……楊慈湖不僅
> 以心釋「六經」，也以心釋《論》、《孟》、《庸》、《學》等所有他能接
> 觸到的儒學經典。〔註7〕

鄭曉江等認為自唐代的韓愈、李翱以來，在解釋經典方面已有不同於以往的
態度及方法，即是提出了恢復儒學真精神的任務，由經書體悟先聖智慧。而
李翱以「心性」解經別開生面，到了宋代，儒者起而效之，雖說象山也認為
「六經注我」，不過他究竟過於瀟灑，而沒有勤於著述，努力在經典中表達他
的學理思想，直到弟子慈湖才確立以心立說，把心學解經的思想發揮得徹底，
所以這種方法是有別於其它學派的，鄭曉江說：

> 慈湖以心性釋經解典，異於玄學的自然主義方法，也異於邵雍的象數
> 方法，與程頤、朱熹的義理方法似也有別。故被認為自成一派。〔註8〕

慈湖以心釋經是不同於玄學派的自然主義方法，也異於象數及義理派的精神。

　　總之，慈湖是自成一派，而另立系統的，象山沒做得，他完成得淋漓盡
致，象山播種，慈湖耕耘，而經學論述就在象山的瀟灑，與慈湖的執著中帶
上了另一個顛峰，這師徒二人的通力合作也完成了「經學心學化」的時代目
標。而慈湖也本著「直指本心」的精神，從經書中「打通了一己之心與古聖
賢之心的隔閡」，並用「一己之生命智慧呼應先哲之生命智慧」，證實了「人
心本善」的終極道理。〔註9〕

二、深化與純化心學──南宋心學之圭璧

　　另外，在心學方面，我們要談的是慈湖在純化深化心學層面的貢獻。這
是他比象山更為精純而專一的地方。因為象山心學仍有不純粹於「心」的範
疇，在型式上，「理」似乎比「心」更有廣泛的內容與獨立的性質。然而慈湖
則不同，他把心推向了「極致」，達到了心學強調此心之極處，從而深化了心

〔註7〕　見鄭曉江等：《楊簡》，頁207。
〔註8〕　見鄭曉江等：《楊簡》，頁209～210。
〔註9〕　見鄭曉江等：《楊簡》，頁209。

學，這比象山更爲「深純」。〔註 10〕董金裕說：「陸象山既認爲心即理，……則心之所以有其地位，蓋因心具有此理的緣故；心之具有此理又由於天所賦與。因而在其觀念中，心並非第一義，亦即尚未達到心學強調此心之義的極致，而有待於後來者繼續闡發。陸象山弟子楊簡即爲繼承此一工作，深化心學內容的代表人物。」〔註 11〕

其次，在「惡」的討論上，徐紀芳等認爲象山仍免不了用「氣」，「勢」，「物」，「習」〔註 12〕等異於「心」的範疇來解釋，這使心學不純然而異質並列。也因此在去心蔽的工夫論上，象山並不排斥用外在的修爲來糾正心的偏差，或收拾本心，或剝落，或讀書講學等等，這與慈湖只從起「意」的層次上來論者實爲不同，因爲意是從心內而發，「由心派生」，而包容意念的，「只要直心直意，實現對心的直覺，意念不會產生。」〔註 13〕這沒有涉及氣物的層面，可以單純地就心立說，也可以除去象山的「沿襲之累」。

此外，在「情」的探討上也是值得注意的。因爲談心必然會論及情、性，這是難以分割的。大抵在理學家眼中，他們雖然認爲情雖出於人性之自然，然若「縱」之，「恣」之，亦將爲壞而流於惡邪。〔註 14〕因此，情要加以節制。這在象山和陽明也是，象山雖是「性情合一論」〔註 15〕者，主張「情性心才都只是一般物事，言偶不同耳。」〔註 16〕但對情恣之害，他也有同感，他說：

> 異端邪說，充塞彌滿，遂使有志之士罹此患害，乃與世間凡庸，恣情縱欲之人，均其陷溺，此豈非以學術殺天下哉！〔註 17〕

此外，陽明也認爲：

> 喜怒哀懼愛惡欲，謂之七情。七情俱是人心合有的，但要認得良知明白。……；七情順其自然之流行，皆是良知之用，不可分別善惡，但不可有所著；七情有著，俱謂之欲，俱爲良知之蔽，然纔有著時，

〔註 10〕見董金裕：《楊簡的心學及其評價》，頁 37。

〔註 11〕同上，頁 31。

〔註 12〕見徐紀芳：《陸象山弟子研究》，頁 136。

〔註 13〕與「由心派生」同見劉宗賢：《陸王心學研究》，頁 178。

〔註 14〕見張立文：《中國哲學範疇發展史》（人道篇），頁 506～508：「二程認爲……情爲性之動處，……一旦情支配性，便縱情害性。」所以要「性其情」，約其情使合于中，以養其性；而不要「情其性」，縱其情而至於邪僻，而梏其性。

〔註 15〕參見蒙培元：《理學範疇系統》，頁 258～259。

〔註 16〕見〈語錄〉，《象山全集》卷三十五，頁 10。

〔註 17〕見〈與曾宅之〉，《象山全集》卷一，頁 3。

　　良知亦自會覺，覺即蔽去，復其體矣！〔註18〕

　　父之愛子，自是至情。然天理亦自有箇中和處，過即是私意。人於
　此處多認做天理當憂，則一向憂苦，不知已是有所憂患，不得其正。
　大抵七情所感，多只是過，少不及者。才過便非心之本體，必須調
　停適中始得。〔註19〕

象山認為恣情縱欲，均為陷溺之人。陽明則認為七情俱是「人心」所合有，
而不可缺少的；然而當七情有所「著」時，則將流於欲而蔽良知之善。因為
七情所感未必「和」，「中」才是標準；否則，過與不及皆成私意。〔註20〕可
見陽明非常重視對情的自我「調停」。這些都說明七「情」六欲有可能危害善
「心」良性。所以，基本上，他們雖然都主張心即理，也肯定心善性善，不
過在對情、氣的處理上，顯然已對惡留下了出口，他們所謂的心善之心並非
如此堅固，整全，它有破綻。因為當「情」恣，「氣」染時（陽明也認為「學
者信得良知過，不為氣所亂，便常做個羲皇已上人。」〔註21〕）「心」就會受
到牽連而有墮落不明的危險，惡也就跟著趁虛而入。因此，在某種程度上，
它們已經成為心之拖累，善之殘害，使心成為不甚穩定而危機四伏的狀態，
在這種情況下工夫修養成為必然的。

　　不過這些狀況在慈湖來說則有不同。他認為「喜怒哀樂皆大道」〔註22〕
「喜怒哀樂無不中乎道」，〔註23〕把喜怒哀樂視為道心之變化，而自然的流
露；更因為是道心，所以當然是善的，因此並不會構成對心的戕害。慈湖這
種處理方式是以「心」併吞了「情」，把喜怒哀樂等情之活動說成是「『本心』
的作用」，〔註24〕是心之變化云為，因此情不會叛亂而反過頭來傷害道心之靈
敏清明。至於惡，慈湖則只鎖定在「意」上。他認為只要抑制之，使「意」
不起，便可維護保持本心之善，而滅去人間之一切惡。因為「『意』與『情』
不同，它僅是一種心理狀態，沒有感性表現形式；……它靜止時與心為一；

〔註18〕見〈傳習錄下〉，《王陽明全集》卷三，頁111。
〔註19〕見〈傳習錄上〉，《王陽明全集》卷一，頁17。
〔註20〕見〈傳習錄上〉，頁19：「喜怒哀樂本體自是中和的；纔自家著些意思，便過
　　　　不及，便是私。」
〔註21〕見〈傳習錄下〉，頁116。
〔註22〕見《家記三：論禮樂》，頁313。
〔註23〕見《家記八：論孟子》，頁376。
〔註24〕參見蒙培元：《理學範疇系統》，頁259。

但『意』有起的可能性，而『意起』實際上是聲、色、利、欲、名的誘惑，這樣就通過『意』把形上之善性與形下之惡溝通起來，並通過『毋意』、『絕意』的方法，去除聲、色、利、欲、名的誘惑，保持心之善性。」〔註25〕這即是慈湖在處理惡上很直接、很單純的地方。

因此，在「心」「性」「情」「意」「氣」這幾個範疇的處理上，慈湖認爲心性爲一，而情與意則已納入心之範疇內，成爲心之變化與心之所發。並且「心」「性」「情」是善的，至於「氣」物層次，慈湖則擺脫其糾纏，指心非血氣之心，而不落入氣物的層面，使其無形體所可執；只有「意」才能構成對心的傷害。這與象山陽明在肯定「心」善下，而留下「情」「意」「氣」這些缺口與惡有了藕斷絲連的關係顯然有所不同。所以在對心至善至完整性的維護上，慈湖是比象山陽明要來得強勢，他的快刀斬亂麻，而直接截斷懸空論心，使心能如此超然，空靈，輕盈自若而無滯。這種把心外的異質剝落得徹底，純然以「心」爲中心的論述，使心學之心顯然更加縝密精緻而完固。所以鄭曉江等說：「不管這種說法有多少參考價值，但楊慈湖在處理心學之善本體與現世惡之關係，……比象山更具膽識與才華。」〔註26〕

前面說過在對心善的堅持上，慈湖是比象山陽明還要來得堅定而不移。我們可以說他們雖同爲心學家，也同樣主張心即理，在理論上似乎把心抬得很高，很有地位，給人很大的信心；然而在人性罪惡的摧折下，他們畢竟對人心並非那麼百分百的相信。這種十足肯定卻又不完全信任的態度，總讓人有那麼一點缺憾，遺憾世間的罪惡，感傷人心的墮落。因爲道心是那麼的清明自在卻又如此的脆弱，脆弱到難堪私心的一擊，私欲的侵蝕。這種受傷到需要復原，需要留意，而小心翼翼維護，深恐不測的心態也正顯示了他們始終對現實面的重視與抗拒，所以說象山陽明學與其是在肯定人心的良善面，還不如說是在教人如何把持住人心善的這一面。

然而慈湖則不一樣，現實面的諸多光怪陸離，人心的種種畸形險惡並不能因此使他喪失了對心的信任與尊重，因爲他的思想就在於「信」，〔註27〕自信、相信心之良善，善性能「自顯」，〔註28〕自發，心能全自動彰顯它本有的

〔註25〕見鄭曉江等：《楊簡》，頁219。
〔註26〕見鄭曉江等：《楊簡》，頁218。
〔註27〕見〈井卦〉，頁337。
〔註28〕參見鄭曉江等：《楊簡》，頁218。

美好神妙特質。也或許就這麼的簡單，這麼的堅持，這麼的不變，卻又這麼的自在。只是這或許需要的更多是勇氣，而不只是信心吧！

　　因此，陳榮捷先生就說慈湖「只重在心」；〔註29〕侯外廬先生說「在慈湖的思想裡，只有「心」這個最高的範疇。」〔註30〕而它被慈湖純化為無塵無垢的明鏡狀態；董金裕也認為慈湖「將陸象山的心學再往前推進，詳加闡述，使得陸派心學呈現出更新更徹底的風貌」，「而將陸象山的心學推展至另一更高的境界」，從而「確立心在其思想中的最高地位。」〔註31〕這就是慈湖讓心更純粹無雜質，所以我們可以說心學的「心」直要到慈湖身上才徹底展現出它獨特的地位和價值，讓「心」可以如此的自足充實而圓滿，並且不受外在的干擾。所以吳康認為性理之學中的心學是完成於慈湖的，他說：

　　　　性理學史中所謂心學，倡之於象山，而成之於慈湖。〔註32〕
這說明了慈湖在心學方面的確產生了不同凡響的貢獻及影響。

三、經學經世與經師人師之典範

　　理學家多半絕意仕途，對科舉為官不怎麼感興趣，例如慈湖的弟子錢時即「絕意科舉，究明理學。」〔註33〕他們或者是對政治失望，或者是對功名的追求視若浮雲。像王陽明那樣，內聖外王兼具，而德治兼修的，實是屈指可數。想要獨善其身，又能兼善天下談何容易，因為為官者不一定有德，有德者不一定能作官，更何況獨善其身者也不一定想兼善天下。而當魚與熊掌不可兼得時，獨善其身顯然是比較容易的。

　　慈湖就是一個不僅獨善其身還不忘要經世濟民的人。他的大半輩子都在從政中渡過，雖然並不像陽明那樣功勳彪炳，征戰撥亂；不過在地方為政中，他的政績顯著，往往能受到民眾的愛戴敬仰，而視之如父；更屢上諫言於帝，勸以生民為念，以仁德存心。在《年譜》中，我們就經常發現慈湖上書的言辭是如此的忠誠感人。因為他把他的心學涵養，聖人之學貫徹在政令措施中，故其惠澤鄉民，影響甚深。所以他的確是一個不折不扣、十足典型的學仕兼備之人。更是傳統儒家講求內聖外王，經學與經世合一下的理想人格。

〔註29〕見陳榮捷：《宋明理學之概念與歷史》，頁270。
〔註30〕以上見侯外廬等：《宋明理學史》，頁588～589。
〔註31〕見董金裕：〈楊簡的心學及其評價〉，頁32，34。
〔註32〕見吳康：《宋明理學》，頁260。
〔註33〕見《宋史》卷四百七，頁12292。

　　然而從政的辛勞並不曾使慈湖忘了講學著述，他是個非常注重教育、文化涵養的政治家，除了在施政上的落實外，慈湖本人是著作浩瀚，勤於學術的。全謝山說：

> 朱子謂浙東學者皆有爲己之功，持守過人，而微嫌其讀書窮理有未備。其實不然，慈湖於諸經皆有所有著，垂老更欲修群書以屏邪說而未就。……是四先生皆以持守爲本，而從事於擇識以輔之，其致功之次第歷然可考也。總之，古人爲學，其途徑所發軔或不能盡同，然究竟則必無相背而馳者。朱子嘗自言，目前爲學，緩於反己，反以文字奪其精神。其惟恐流於口耳之弊如此，所以不墮於支離也。四明之學，正不敢於方寸澄然之後，怠其致知格物之務，此所以不流於頓悟也。然則其殊途而同歸者，總所以求至於聖人而已。〔註34〕

全謝山說慈湖垂老更欲修群書，而致功之次第歷然可考，並非如朱子所言不讀書不窮理。就是在經學上，慈湖不但長於義理，更是精於考證，在《慈湖詩傳》，《先聖大訓》，及《石魚偶記》中，我們很驚訝慈湖於考證名物訓詁方面的用心及成就，例如在《詩傳》中慈湖就兼採《韓》《毛》鄭孔與各家之說而釋之，以求其適宜合理。〔註35〕在〈齊風‧盧令令〉中，慈湖說：

> 韓詩作盧泠泠，說文引詩作獫。〔註36〕

慈湖斟酌《韓詩》，《說文》等以備參考。而這些特色，在《四庫提要》、陳其柱及張壽鏞所作的〈序〉裡都有述及，《提要》評《詩傳》說：

> 其於一名一物一字一句，必斟酌去取，旁徵遠引，曲暢其說。其考核六書則自《說文》、《爾雅》、《釋文》，以及史傳之音註，無不悉蒐；其訂證訓詁，則自齊、魯、毛、韓以下，以至方言雜說無不博引，可謂折衷同異，自成一家之言。〔註37〕

《提要》評《先聖大訓》說：

> 秦漢以來，百家詭激之談，緯候怪誕之說，無一不依託先聖爲重，龐雜蕪穢，害道滋深，學者愛博嗜奇，不能一一決擇也。簡此書削

〔註34〕見〈淳熙四先生祠堂碑文〉，《鮚埼亭集》外編卷十四，頁657～658。
〔註35〕見〈慈湖詩傳自序〉，《慈湖詩傳》，頁51。
〔註36〕見〈齊風‧盧令令〉，頁128。
〔註37〕見〈四庫全書提要〉，《慈湖詩傳》，頁50。

除僞妄，而取其精純；刊落瑣屑，而存其正大。其間字句異同，文義舛互，亦皆參訂斟酌，歸於一是，較之薛據集語，頗爲典核。求洙泗之遺文者，固當以是爲驪淵矣。〔註38〕

陳其柱評《先聖大訓》也說：

先生纂註《先聖大訓》，讀之卒業，作而嘆曰：懿哉！是編眞聖經之羽翼，而紫陽氏之同調也。夫聖言若化工然，一元渾淪。……自得紫陽傳註而微言炳於日星，萬古不爲長夜。紫陽固聖道之功臣也。若夫列國之咨諏，門弟子之問難，條分縷析、義精旨微，固即廣大中之悉備；而散見於《家語》《戴記》諸書者，惟慈湖先生爲之訂其同異，彙爲大訓。一編時出，獨解詮釋之奧衍宏深，洵足羽翼聖眞，以絜紫陽，幾相亞者。〔註39〕

另外，張壽鏞評《石魚偶記》說：

《遺書》中自卷七至卷十六爲家記十卷。凡先生〈論易〉、〈論書〉、〈論詩〉、〈論春秋〉、〈論禮樂〉、〈論論語〉、〈論孝經〉、〈論大學〉、〈中庸〉、〈論孟子〉、〈諸子〉、〈論治務〉、〈論治道〉、〈論封建〉、〈論兵〉，義理所在，編者彙而著之。而《偶記》則先生本所考據，閒發議論，手錄於冊者也。有與〈家記〉同者，有與〈家記〉詳略差異者，而要以〈家記〉未見者爲多。人但知先生精於義理，而不知先生勤於考據。今讀斯記，審定所及，孔壁之《尚書》、《古禮》，《七略》所錄誌於藝文者，雖以康成之學說，有不肯苟同；至於物名之異同，五行之變遷，大而九式之匪頒，細而三咤之定義，一一辨證無遺。〔註40〕

《提要》稱讚《慈湖詩傳》旁徵遠引，無不悉蒐，訂證訓詁，折衷同異，自成一家之言。而《先聖大訓》參訂斟酌，刊落瑣屑，取其精純，爲洙泗驪淵。至於陳其柱則認爲《先聖大訓》擴及《家語》，《戴記》等諸書，是朱子所不能及者，洵足羽翼聖眞，追步紫陽。另外，張壽鏞認爲《石魚偶記》於古書物名之異同，五行之變遷，九式之匪頒，三咤之定義，不管大小巨細，都能一一辨證無遺。這種篤厚的態度讓我們對慈湖之性格更感不解，因程朱派的學者多批評陸王心學只顧頓悟本心，而不讀書窮理，以致空疏不切事實；然

〔註38〕見〈四庫全書提要〉，《先聖大訓》，頁336。
〔註39〕見〈序〉，《先聖大訓》，頁338。
〔註40〕見〈石魚偶記序〉，《石魚偶記》，頁63。

而觀慈湖之行卻又不類，這種義理考證兼善的特質的確豎立了尊德性且道問學的最佳典範。所以張壽鏞就稱讚慈湖是經師更是人師的理想典型，他說：

> 先生年事最高，故其成就有大過人者，斯書爲晚年作，明白坦夷，
>
> 由博返約，經師人師典型具在。〔註41〕

由此可見慈湖之聖學風範。

第二節　影響——流風餘韻　百世不忘

一、南宋傳播——慈湖弟子

慈湖後學人數眾多，據《宋元學案》舉出者有七十位左右，而《四明叢書》中《慈湖遺書》新增附錄則有八十四位。在這麼多人中，我們僅選擇一些比較有名或影響較大的來介紹。全謝山認爲慈湖弟子中最能昌明師門者，除了錢時以著述取勝外，以袁甫，陳習菴，及桂石坡爲主，他說：

> 慈湖弟子遍於大江以南。宋史舉其都講，爲融堂錢氏。予嘗考之，
>
> 特以其著述耳。若其最能昌明師門之緒者，莫如鄞之正肅袁公蒙齋，
>
> 侍郎陳公習菴，及慈之寶章，桂公石坡。顧袁陳以名位著，而桂稍
>
> 晦。〔註42〕

全謝山認爲錢時著述較多，而石坡稍晦，袁陳以名位著；除此之外，尚有在其它方面發揚其學者，所以以下我們略述其要，觀其如何光大慈湖之學：

（一）馮興宗

馮興宗，字振甫，慈溪人，慈湖高弟，于書無所不讀。每聆誨言，輒心領神會，袁蒙齋甫持節江左，延爲象山書院堂長，群士信嚮。蓋其人忠信篤敬，毫髮無僞，訓警懇至，語自肺腑流出，故人之感悟者亦倍深切。慈湖誘掖後進，許與固多，至其稱先生，謂于聖道獨有啓發，晚益融貫，表現洞然，殆知及而進於仁矣。其弟國壽亦師事慈湖，時號二馮。〔註43〕

（二）桂萬榮

桂萬榮，字夢協，慈溪人，講學於「石坡書院」，號「石坡」。以進士授

〔註41〕 見〈石魚偶記序〉，《石魚偶記》，頁 63。

〔註42〕 見〈石坡書院記〉，《鮚埼亭集》外編卷十六，頁 680。

〔註43〕 以上皆見〈慈湖學案〉，頁 2482。

餘干尉，邑多豪右，石坡一以紀律繩之，馭民則用慈愛，子弟獲訓迪者，恥為不善。秩滿，民乞留，調建康司理參軍。鄉人史彌遠為相，欲招致之，先生以分定固辭。差主管戶部架閣，除太學正。輪對，奏絕敵，選將二事。除武學博士，出判平江府。累官直祕閣，遷尚書右郎，除直寶章閣祠歸。

　　桂萬榮嘗問道於慈湖，慈湖告以「心之精神是謂聖」，遂築「石坡書院」，讀書其中。〔註44〕在慈湖弟子中，石坡是最得慈湖之實學者，關於這一方面，我們可由以下幾點來看，首先是「世守慈湖家法」方面，全謝山說：

> 今慈湖東山之麓，有石坡書院，即當年所講學也。桂氏自石坡以後，世守慈湖家法。明初尚有如容齋之敦朴，長史之深醇，古香之精博，文修之伉直，聲聞不墜。至今六百餘年，猶有奉慈湖之祀，香火可為遠矣。〔註45〕

全謝山說桂氏自石坡以後，世守慈湖家法，至明尚有奉慈湖之祀，並且聲聞不墜曾達「六百餘年」之久，可見慈湖之流風餘韻，傳之深遠。另外，在講學方面，石坡則是樸質無華，全謝山又說：

> 石坡講學之語，皆本師說。曰明誠、曰孝弟、曰顏子四勿、曰曾子三省，其言朴質無華葉。〔註46〕

可知石坡講學之語亦本師說，乃明誠孝弟之言。再者，於踐履方面，石坡更是大類慈湖，全謝山也說：

> 蓋以躬行為務，非徒從事於口耳。故其生平踐履，大類慈湖。《宋史》言慈湖簿富陽，日講《論語》《孝經》，民遂無訟，石坡尉餘干，民之聞教者恥為不善。慈湖守溫州，力行《周官》任卹之教，豪富爭勸勉。石坡在南康感化驕軍，知以衛民為務。慈湖以忤史氏，累召不出；石坡方嚮用，力辭史氏之招，丐祠終老。……論者以為石坡力不媿其師。〔註47〕

全謝山說石坡「生平踐履，大類慈湖。」並舉了不少例子來明證其「不愧於師」，表明了石坡真能深契慈湖學之風範。最後全謝山稱讚石坡道：

> 慈湖之心學，苟非驗之躬行，誠無以審其實得焉與否？今觀石坡之

〔註44〕以上皆見〈慈湖學案〉，頁2490～2491。
〔註45〕見〈石坡書院記〉，《鮚埼亭集》外編卷十六，頁680。
〔註46〕見〈石坡書院記〉，《鮚埼亭集》外編卷十六，頁680。
〔註47〕見〈石坡書院記〉，《鮚埼亭集》外編卷十六，頁680。

造詣，有爲有守，豈非眞儒也哉！石坡晚年最稱耆壽，東浙推爲楊

門碩果。……蓋其道之尊如此。〔註48〕

謝山認爲石坡有爲有守，驗之躬行，實是眞儒，確爲「楊門碩果」，乃「慈湖

之一線寄於是堂」〔註49〕也。

（三）袁 甫

袁甫，子廣微，絜齋之子。嘉定七年進士第一，累官權兵部尙書。卒，

贈通奉大夫，諡正肅。少服父訓，謂「學者當師聖人，以自得爲貴」，自謂「吾

觀草木之發生，聽禽鳥之和鳴，與我心契，其樂無涯」云。又從慈湖問學，

曾曰「不見慈湖二十年，憂心如醉復如顚。我來忽見慈雲閣，恍若慈湖現我

前。」著有《蒙齋中庸講義》四卷，所闡多陸學宗旨。〔註51〕

至於蒙齋之思想主要表現在下列幾點，首先，蒙齋提出了「觀心說」，以

判君子小人之法，他說：

子曰「君子成人之美，不成人之惡。」……人之有善，則必喜談而

樂道之，又從而左右羽翼之，惟恐其美之不成也。……此其用心，

洞洞乎其公也，休休乎其大也，是眞可以爲君子人也。乃若小人則

反是，人之有美，惟恐其成也，嫉之壞之而已耳。人之有惡，惟恐

其不成也，誤之陷之而已耳。此其用心。知有己而不知有人，知有

私而不知有公，是眞可以謂之小人也。嗚呼！人主每病于君子小人

之難察也，豈知觀人之道，不必觀諸他，而當觀諸心。人孰無善善

惡惡之心哉，能視人猶己者則爲君子，不能視人如己者則爲小人，

此觀人之法也。〔註51〕

蒙齋認爲君子與小人之別只在於私與公而已。小人因己因私，故懼人之美，

喜人之惡；君子反之，唯成人之美，而懼其惡也，此即察人之道。由此蒙齋

提出了觀人當觀其心，由心觀人之法，這與慈湖心學有相通之處。

再者，蒙齋也提出了「文即道」的觀點，他說：

聖門所謂文者，非詞華之謂也。夫子曰「文王旣沒，文不在茲乎？」

顏淵曰「博我以文」，所謂文者，即道也。彝倫之懿，粲然相接者，

〔註48〕 見〈石坡書院記〉，《鮚埼亭集》外編卷十六，頁 680～681。
〔註49〕 見〈石坡書院記〉，《鮚埼亭集》外編卷十六，頁 681。
〔註51〕 以上皆見〈絜齋學案〉，《宋元學案》卷七十五，頁 2530 及 2535。
〔註51〕 見〈絜齋學案〉，頁 2530～2531。

皆文也。三千三百，待人以行者，皆文也。孔子振木鐸于衰周，正
將以續斯文之將墜耳。一時以文會友，莫盛于洙泗，麗澤之兌，何
往而非斯文之講習哉！既曰文，而又曰仁，同乎？異乎？曰文者，
其所著見，而仁者，其根本，名異而實同也。會之以文，蓋所以輔
吾之仁也。〔註52〕

蒙齋認為文者即道，文者即仁，文所以輔吾之仁也，雖名異而實同。在這裡
蒙齋發揮了慈湖諸德異名同實，一以貫之的思想，不僅視諸般道德為異名同
實，而且把人生世故，書經典策，交際言行等所著見者也視為仁之異名。我
們可以看見「異名同實」的觀念在蒙齋這裡有具體化、延伸化的趨勢。〔註53〕

最後是「克己」之修養方法，蒙齋云：

顏淵問仁，孔子告以克己復禮。夫具耳目口鼻四肢百骸而有此身，
此身本與天地相似，與萬物一體，如之何而克己？曰，己與天地萬
物本無隔也，而認八尺之軀為己，則與天地萬物始隔矣，故惟克己，
則洞然大公，不見有己矣。何謂克？曰，以〈艮卦〉所謂「艮其背，
不獲其身，行其庭，不見其人。」觀之，則是內不見己，外不見物，
而克己之義瞭然矣。克己何以能復禮？曰，禮者，周流貫通乎天地
萬物之間，無體無方，無不周偏。……苟不認己為己，則天地高下，
萬物散殊，皆禮也。吾亦天地萬物中一物耳，無往非禮，而何有于
己哉！故不克己則禮失，既克己則禮復。〔註54〕

蒙齋認為「克己」即是忘掉形我，洞然大公而不見有己物。而禮在天地萬物
間，己亦天地之一物，能克己即能與天地同體，即是禮也。這與慈湖萬物萬
化皆一的觀點相通。〔註55〕另外，蒙齋同鄉有十四人建慈湖書閣，並薈萃慈
湖遺書于其中，惓惓不忘，以記念慈湖之風範者，而蒙齋為之作記曰：

書閣之建，邑之令佐謝君溥，許君應龍，與夫有職于學者，舒君益
而下，凡十有四人，薈萃先生所著群書于閣，而率學子日觀習焉。
蓋先生嘗宰斯邑矣，邑人沐先生遺化，歌思至今弗忘，故惓惓于其
遺書如此。閣既成而求某為之記。〔註56〕

〔註52〕見〈絜齋學案〉，頁2531。
〔註53〕參見鄭曉江等：《楊簡》，頁182～183。
〔註54〕見〈絜齋學案〉，頁2532。
〔註55〕參見鄭曉江等：《楊簡》，頁183。
〔註56〕見〈樂平縣慈湖先生書閣記〉，《蒙齋集》卷十四，頁200。

（四）錢　時

　　錢時，字子是，淳安人，慈湖高弟。讀書不爲世儒之習。以《易》冠漕司，既而絕意科舉，究明理學。江東提刑袁蒙齋建象山書院，招主講席，學者興起，大抵發明人心，指摘痛快，聞者皆有得焉。丞相喬行簡薦之，授祕閣校勘。詔守臣以其所著書上來。未幾，出佐浙東幕。召入史館檢閱。以江東帥屬歸。

　　著有《周易釋傳》，《尙書演義》，《學詩四書管見》，《春秋大旨》，《兩漢筆記》，《蜀阜集》，《冠昏記》，《百行冠冕集》，人稱「融堂先生」。〔註 57〕是慈湖弟子中著述最豐富者。

　　至於錢時在心學方面的表現主要有以下幾點，首先他認爲「意動則失仁」，他說：

> 仁，人心也。此心即仁，虛明渾融，本無虧闕。爲意所動，始失其
> 所以爲仁；爲物所遷，始失其所以爲仁；爲習所移，始失其所以爲
> 仁；爲欲所縱，始失其所以爲仁。狂迷顛倒，醉生夢死，昏昏憒憒，
> 日用而不知，皆己私爲之窟宅，非本心然也。〔註 58〕

錢時認爲不起意，則心自善自聖，也歸於仁。〔註 59〕另外，錢時認爲「禮即仁」也，而「克己工夫，全在一勿字。」他說：

> 先聖于此，不曰克己爲仁，而曰「克己復禮爲仁」，非于禮之外而他
> 有所謂仁也。曰「復禮爲仁」者，所以明復禮之即仁也。……大哉！
> 禮乎！……此即本心之妙，即所謂仁也。克己即復禮矣，復禮即爲
> 仁矣。〔註 60〕

> 人之日用，應酬萬端，舉不外乎視聽言動之四者，名四實一，無非
> 天則。非禮則勿是之謂克。雖然，不特接于目而後爲視也，暗室屋
> 漏，一念之邪，而不正之色，已雜然乎在目，知其非禮，隨即泯然，
> 則視無所蔽矣。不持接于耳而後爲聽也，暗室屋漏，一念之妄，而
> 不正之聲已譁然乎在耳，知其非禮，隨即泯然，則聽無所蔽矣。以
> 至于言，以至于動，不特宣之于口，發之于事，而後見也，念慮隱

〔註 57〕以上皆見〈慈湖學案〉，頁 2485。
〔註 58〕見〈慈湖學案〉，頁 2486。
〔註 59〕參見鄭曉江等：《楊簡》，頁 185。
〔註 60〕見〈慈湖學案〉，頁 2486。

微之地，大明澄照，微過則改，則言動無所蔽矣。克己工夫，全在
一勿字上，行之而熟，守之而純，變化虛明，略無所累，則雖縱目
而視，縱耳而聽，肆口而言，隨感而動，安往而非仁哉！〔註61〕

錢時認為「克己即復禮」，「復禮即為仁」，所以克己為仁，故「非禮則勿」。
不管是視聽言動，只要是一不合乎禮，即當克之，勿使其一念之妄萌生於耳
目心中，而後可以無所蔽矣。

（五）童居易

童居易，字行簡，慈溪人，號杜洲。嘗從鄉先生李耸學古文，又學《小
戴禮》于校書郎王休。一日參慈湖，與語，大奇之，遂舍所學學焉。登嘉定
十六年進士，鄭忠定清之柄國，舉補登仕郎。朝議欲使諸路置買浮鹽司，除
擬已定，先生詣執政歷陳利害，命遂寢。相國趙忠靖葵開閫淮東，以先生攝
天長簿。時諸路屯兵，每棄熟，禁民採取，民失其利。先生上書乞弛其禁，
旁九郡皆獲免。既而元兵攻城急，邑令與主將不協，軍民疑阻，先生力為陳
解，遂協力捍防，城賴以全。

調諸暨簿，惡少攻剽為姦，尉莫能致，先生以計悉擒之。遷太學博士，
以身為教，學者仰之。升中奉大夫，知廣東德慶府，蠻獠雜居，民悍難化，
先生撫以愷悌，三載，民樂耕桑，門不夜闔，獄囚屢空。尋上章乞歸，居杜
洲之濱，學者從之，稱「杜洲先生」。〔註62〕

而杜洲孫建造「杜洲書院」，繁盛一時，關於此書院的盛況，全謝山曾云：

> 慈溪縣鳴鶴鄉者，杜洲童先生居易家焉。慈湖世嫡弟子，石坡桂氏
> 而外，即推童氏。累代不替，諸家學錄中所未有也。書院之置，則
> 先生之孫副尉金始肇造之，而得朝命於其子桂。嘉興顧嵩之，吾鄞
> 孫元蒙，俱來為山長。其時甬上書院多設山長者，而以杜洲為最盛。
> 有先聖碑亭，有杏壇，有禮殿，有講堂，有六齋，曰志道，曰尚德，
> 曰復禮，曰守約，曰慎獨，曰養浩。其中為「慈湖祠」，旁為六先生
> 祠，有書庫，有祭器，門廊庖湢，纖悉畢備。有田租以資學者，蓋
> 彷彿四大書院之規制而為之，其意良厚矣。〔註63〕

謝山詳細介紹了杜洲書院的設置沿革，與講學宗旨。以及鳴鶴鄉自唐以後淪

〔註61〕見〈慈湖學案〉，頁2486～2487。
〔註62〕以上皆見〈慈湖學案〉，頁2491～2。
〔註63〕見〈杜洲六先生書院記〉，《鮚埼亭集》外編卷十六，頁681。

爲魚鹽斥鹵之區，風流已眇，自慈湖之教及之，杜洲一門首倡，而躬行君子方駢集其間，其學遂盛。〔註64〕此即慈湖爲己之功，而流風遺澤至此不墜。

（六）陳 塤

陳塤，字和仲，鄞縣人。嘉定十年，登進士第，調黃州教授。喪父毀，考古禮行之，歎曰「俗學不足學」，乃師事慈湖，攻苦食淡，晝夜不怠。再調處州教授，累官至太常博士，獨爲袁絜齋議諡，餘皆閣筆。論政直切，史彌遠乃習庵之舅氏，正值當國，問之曰：「吾甥殆好名邪？」習庵曰「好名，孟子所不取也。夫求士于三代之上，惟恐其好名；求士于三代之下，惟恐其不好名耳。」出判嘉興府。彌遠卒，召爲樞密編修官，入爲國子司業，知溫州，未上而罷。

史彌遠擬爲習庵謀加恩數，習庵卻之，足見習庵之清廉自守，不尚結黨。而關於習庵在慈湖後學中的地位，全謝山說：

> 吾鄉前輩，於朱、呂、陸三家之學並有傳者，而陸學最先，楊、袁、舒、沈，江右弟子莫之或京。楊、袁尤多昌明之功，顧其大弟子自袁正肅公而外，陳侍郎習庵其最也。〔註65〕

謝山認爲慈湖大弟子除袁甫外，則當推陳習庵爲最，是知其發揚師學之功亦不可沒。

二、元明書院及明季解經風尚

慈湖流風餘澤直至元明兩代，仍有人建造書院以記念之：

> 至元十九年，縣尹翟衡得魏氏之隙地於縣治之東爰，築宮其上，率諸生舍奠焉，事聞賜額曰「慈湖書院」，設官如今式。〔註66〕

> （嵊）縣西北一里有楊公橋，以簡得名。北門內桃源坊有「慈湖書院」，明嘉靖三十三年，提學副使阮鶚檄知縣吳三畏爲簡立。〔註67〕

元翟衡，及明吳三畏都曾建書院以紀念慈湖之嘉言懿行。另外，《四庫提要》則指出慈湖以心解經的影響，《提要》說：

> 簡則爲象山弟子之冠，如朱門之有黃榦；又歷官中外，政績可觀，

〔註64〕見〈杜洲六先生書院記〉，《鮚埼亭集》外編卷十六，頁681。
〔註65〕見〈慈湖學案〉，頁2490。
〔註66〕見《樂平縣志》，《慈湖年譜》卷一，頁510。
〔註67〕見《嵊縣志》，《慈湖先生年譜》卷一，頁505。

　　在南宋爲名臣，尤足以籠罩一世。故至於明季，其說大行，紫溪、
　　蘇濬解《易》遂以冥冥篇爲名，而《易》全入禪矣。〔註68〕

《提要》認爲由於慈湖以心解經的影響，至明季其說大行，而《易》遂全入
禪矣。不過這的確是講重了，因爲慈湖不曾蹈空立說，且學行一致，而明季
心學，尤以末流者卻大多束書不觀，游談無根，甚而放浪行骸，蔑視禮教，
其侈言出於本心之眞，卻反成名教之罪人。此與慈湖實有天壤之別，故不應
相提並論，視爲一類。然而這也反映出了慈湖學在某種程度上的廣泛影響。

　　而鄭曉江等認爲「慈湖後學隊伍龐大，呈多極發展之勢。具體而言，理
論之創設，心學之踐履，師道之傳發，書院之建設等方面，均表現出相當的
成就。無怪乎慈湖得意地說：『此一二十年來，覺者逾百人矣，古未之見，吾
道其亨乎？』儘管如此，與朱子後學相比較，與其師陸象山後學比較，慈湖
後學更顯得單薄且缺乏氣勢，雖然六百年尚有兢其道者，但理論開新方面畢
竟不足，影響微弱。」〔註69〕而原因何在，鄭曉江等也分析了幾大點，他認
爲「慈湖心學在一定程度上可以看成象山心學的極端。如果說象山規模狹窄，
那這種狹窄之後果在慈湖這裡已顯示出來。」其次，慈湖「尚躬行實踐輕理
論建設。……以禪佛的方式闡釋儒家經典，將儒家學問推向直截、簡易，掏
盡其理論內容。很難想像缺乏理論伸縮度的學派會有好的前途。」最後，「官
方對朱子學殊寵。這就大大減弱了人們學習心學和興趣。如此，慈湖心學自
然只能在相對狹小天地中生存。這也說明，心學若能重興，唯有從理論建設
方面下工夫。」（同上）

　　以上所論皆深入細微，而見解精要，認爲心學不能只滿足於那狹小的規
模，要在理論層面有所突破才行。

　　不過要補充的是，理學是世間學問，而它應該不只是一種學問，更應該
是一種實踐。因爲理學的眞精神在踐履躬行，不只紙上談兵。若理學只以理
論架構取勝，若學者也只以此爲志，則十足可悲，因爲那只是死的學問，只
是裝點門面的虛榮。這個社會儘管可以不要長篇大論，放言高論的僞君子，
卻不能不要踐履躬行的凡人；販夫走卒儘管不識一字，卻也有他崇高的堅持，
不變的執著；在學術，我們要求理論的傳播千載；在世間，我們渴望世人的
付諸行動，踐履爲之。況且紙上之言易播千載而不墜，然而躬行之影響，若

〔註68〕見〈四庫全書提要〉，《楊氏易傳》，頁189。
〔註69〕見鄭曉江等：《楊簡》，頁194。

不錄之於書，則不易爲人所知，更遑論傳之千載。因此，實二面觀之，方能
直透聖人之學，而立論才能公允不偏。

三、流通——陽明心學與泰州學派

在這裡，我們可以親切的體貼到慈湖精神的再現，感受出其思想性靈蕩
漾在明代的心學界（不一定是直接影響，然實有暗合之處）。其中，陽明雖對
他也略有微詞：「楊慈湖不爲無見，又著在無聲無臭上見了。」〔註70〕然其影
響終是難以磨滅的：

（一）「道」之日用庸常化——王艮之「百姓日用即道」

王艮，號心齋，陽明弟子。他與慈湖的思想有許多共通之處。例如在道
的平易上，他們都強調「百姓日用不知」，王艮說：

> 先生言百姓日用是道，初聞多不信。先生指僮僕之往來、視聽、持
> 行，泛應動作處，不假安排，俱是順帝之則，至無而有，至近而神。
> 惟其不悟，所以愈求愈遠，愈作愈難。〔註71〕

> 或問中？先生曰：「此童僕之往來者中也。」曰：「然則百姓之日用
> 即中乎？」曰：「孔子云『百姓日用而不知』，使非中，安得謂之道？」
> 〔註72〕

他認爲「百姓日用即是道」，道就在僮僕之往來、視聽與動作間，是至近而神，
日用不知的，惟不悟者，乃愈求愈遠，離道愈甚。關於「百姓日用即道」的
涵義，陳來先生說：「一個是即百姓日用而指示道無所不在」，另一個是說明
「道無所不在，百姓日用中也有道的體現，只是常人日用而不知。」〔註73〕
此外，王艮還說：

> 百姓日用條理處，即是聖人條理處。〔註74〕

> 聖人經世只是家常事。〔註75〕

> 聖人之道，無異於百姓日用，凡有異者，皆謂之異端。〔註76〕

〔註70〕 見〈傳習錄下〉，頁115。
〔註71〕 見〈年譜〉（四十六歲），《重鐫心齋王先生全集》卷二，頁22。
〔註72〕 見〈語錄〉，《重鐫心齋王先生全集》卷三，頁4。
〔註73〕 見陳來著：《宋明理學》，頁352。
〔註74〕 見〈年譜〉（四十二歲），《重鐫心齋王先生全集》卷二，頁16。
〔註75〕 見〈語錄〉，《重鐫心齋王先生全集》卷三，頁4。

他認為聖人之道並不離乎百姓日用間，若離乎此則為異端非道。因此，在立教之法上，王艮落實其間，《年譜》即記載說：

> 四方從游日眾，相與發揮，百姓日用之學甚悉。〔註77〕

所謂四方學者相與發揮此學，足見其盛行之狀。

不過這個觀點，王艮應是承自陽明，他自己說：

> 多指百姓日用，以發明良知之學。〔註78〕

王艮認為陽明在會稽講學時即已提倡日用之學。其次，鄒汝海也說：

> 往年有一友問心齋先生云：「如何是無思而無不通？」先生喚其僕，即應，命之取茶，即捧茶至。其友復問，先生曰：「才此僕未嘗先有期我呼他的心，我一呼之便應，這便是無思無不通。」是友曰：「如此則滿天下都是聖人了。」先生曰：「卻是日用而不知，有時懶困著了，或作詐不應，便不是此時的心。」陽明先生一日與門人講大公順應，不悟。忽同門人遊田間，見耕者之妻送飯，其夫受之食，食畢與之持去。先生曰：「這便是大公順應。」門人疑之，先生曰：「他卻是日用不知的。若有事惱起來，便失這心體。」〔註79〕

他指出陽明與王艮皆提百姓日用之教。至於陽明本人即有如是主張，他說：

> 人的良知，就是草木瓦石的良知。若草木瓦石無人的良知，不可以為草木瓦石矣。〔註80〕

> 日用間何莫非天理流行，但此心常存而不放，則義理自熟。〔註81〕

鄭曉江等認為陽明「強調對『常道』的踐履。」〔註82〕侯外廬等說：「王守仁企圖通過『日用常行』去啟發人們的良知。」〔註83〕因此，從來源上說，陳來先生認為王艮「百姓日用是道」的思想源於陽明，〔註84〕侯外廬等也認為：「王艮的『百姓日用之學』，在理論形式上繼承了古代儒家的傳統和王守仁的

〔註76〕見〈語錄〉，《重鎸心齋王先生全集》卷三，頁11。
〔註77〕見〈年譜〉（四十九歲），《重鎸心齋王先生全集》卷二，頁25。
〔註78〕見〈年譜〉（四十二歲），《重鎸心齋王先生全集》，頁16。
〔註79〕見〈江右王門學案一：聚所先生語錄〉，《明儒學案》卷十六，頁354。
〔註80〕見〈傳習錄下〉，頁107。
〔註81〕見〈答徐成之〉，《王陽明全集》卷四，頁145。
〔註82〕見鄭曉江等：《楊簡》，頁199。
〔註83〕見侯外廬等：《宋明理學史》，頁434。
〔註84〕見陳來：《宋明理學》，頁349。

『良知』說。」。〔註85〕

其次，在提倡「百姓日用即道」的貢獻上，後人給與王艮頗高的評價，如王艮弟子王一菴就說：

> 自古士農工商，業雖不同，然人人皆可共學。孔門弟子三千，而身通六藝者纔七十二，其餘則皆無知鄙夫耳。至秦滅學，漢興，惟記誦古人遺經者，起爲經師，更相授受，於是指此學獨爲經生文士之業，而千古聖人與人人共明共成之學，遂泯沒而不傳矣。天生我師，崛起海濱，慨然獨悟，直超孔、孟，直指人心，然後愚夫俗子，不識一字之人，皆知自性自靈，自完自足，不暇聞見，不煩口耳，而二千年不傳之消息，一朝復明。先師之功，可謂天高而地厚矣。〔註86〕

一菴認爲古代學術原爲士農工商所共有，然在秦滅漢興以後，成爲「經生文士」之業，遂與百姓日用漸行漸遠，致千古聖學泯沒不彰。直至王艮，這「人人共明共成之學」方始復明，所謂「自性自靈，自完自足。」其功甚著。這是對平民之學的肯定與重視，企圖「以愚夫俗子的『日用之學』去取代『經生文士』的正宗儒學」。〔註87〕

另外，黃宗羲也在《明儒學案》說：

> 陽明卒於師，先生迎哭至桐廬，經紀其家而後返。開門授徒，遠近皆至。同門會講者，必請先生主席。陽明而下，以辯才推龍溪，然有信有不信；惟先生於眉睫之間，省覺人最多。謂「百姓日用即道」，雖僮僕往來動作處，指其不假安排者以示之，聞者爽然。〔註88〕

黃宗羲認爲心齋講「百姓日用即道」，遠近皆至，而省覺人最多。因此近人馮達文認爲：「在黃宗羲看來，『百姓日用即道』說爲王艮所獨創而不同於王陽明師說者。」〔註89〕而侯外廬等也認爲：「王艮的『百姓日用之道』，又稱『百姓日用即道』或『百姓日用之學』，是中國思想史上頗有創造性的思想學說。」〔註90〕

以上所論，是歷代學者對於「百姓日用即道」的許多推崇與重視。不過，

〔註85〕見侯外廬等：《宋明理學史》，頁434。
〔註86〕見〈泰州學案一〉，《明儒學案》卷三十二，頁741。
〔註87〕見侯外廬等：《宋明理學》，頁437。
〔註88〕見〈泰州學案一〉，《明儒學案》卷三十二，頁710。
〔註89〕見馮達文：《宋明新儒學略論》，頁238。
〔註90〕見侯外廬等：《宋明理學史》，頁433。

比王艮更早的慈湖在南宋時代就已經大力提倡,這在其學說思想中可見一
斑,例如慈湖說:

> 百姓日用斯道而自不知,百姓日用無非妙者,惟不自知。〔註91〕

> 《易大傳》曰:「百姓日用而不知。」孔子曰:「中庸之為德也,其
> 至矣乎,民鮮久矣。」非謂民無此道也,民日用此道而自不知,故
> 鮮德。其實庸常日用皆道。〔註92〕

> 日用云為,無非變化,無非斯道。視者斯道,所視之形色,亦斯道。
> 聽者斯道,所聽之音聲亦斯道。思者斯道,所思之人情事理亦斯道。
> 自清濁未分以至於既分陰陽,交而四時行,百物生,皆斯道。動靜
> 有無皆斯道。〔註93〕

慈湖主張日用庸常之即道,而百姓日用斯道卻不自知,所以「天有四時,春秋
冬夏,風雨霜露,無非教也;地載神氣,神氣風霆,風霆流形,庶物露生,無
非教也。」〔註94〕表示即使是四時霜露等自然之變遷都能是我們學習的對象。
因此,落實到人生上,慈湖認為「孝,此道也;禮,此道也;樂,此道也。」
〔註95〕若以道為遠,而求道於心外只會「愈求愈遠,愈為愈遠。」〔註96〕這即
使是愚夫愚婦亦復如此,因為聖賢不為多,百姓不為少,他說:

> 道心大同,人自區別。人心自善,人心自靈,人心自明,人心即神,
> 人心即道,安睹乖殊?聖賢非有餘,愚鄙非不足。何以證其然?人
> 皆有惻隱之心,皆有羞惡之心,皆有恭敬之心,皆有是非之心。惻
> 隱,仁;羞惡,義;恭敬,禮;是非,知。仁義禮知,愚夫愚婦咸
> 有之,奚獨聖賢有之?人人皆與堯舜禹湯文武周公孔子同,人人皆
> 與天地同。……舉天下萬古之人心皆如此也。〔註97〕

這強調了人人作為道德主體性的自足與自全,實不因聖賢愚鄙,古今之異而
有不同,是舉天下萬古人心皆如是的,因道不私一人,而遍及眾人。在《詩
傳》中,慈湖也一再強調三百篇皆出於道心之觀念,那怕是販夫走卒,賤夫

〔註91〕見〈家記三:論禮樂〉,頁304。
〔註92〕見〈周南・采采芣苢〉,《慈湖詩傳》卷一,頁63。
〔註93〕見〈家記四:論論語上〉,頁340。
〔註94〕見〈著庭記〉,《慈湖遺書》卷二,頁196。
〔註95〕見〈家記四:論論語上〉,頁335。
〔註96〕見〈家記七:論大學〉,頁373。
〔註97〕見〈二陸先生祠記〉,《慈湖遺書》卷二,頁191～192。

愚婦，只要是出自良心所發，聖人亦有取焉而不廢，這就是對平民老百姓的肯定與尊重。

其次，在先大夫的訓誨中，慈湖也說：

> 道無大小，何處非道？當於日用中求之。衣服飲食，道也；娶妻生子，道也；動靜語默，道也。但無所貪，正而不邪，則道不求而自得。〔註98〕

這些都表示慈湖對常道的重視。而這些觀點在往後泰州學派王艮的思想中被提倡，所謂道乃如此平易近人。關於這點，張立文等則認爲王艮是受到慈湖之影響，他們說：

> 楊簡「日用無非道」的思想還影響到明代泰州學派的創始人王艮，王艮提出的「聖人之道無異於百姓日用」的思想明顯地具有楊簡道論的痕跡。〔註99〕

> 王艮吸收了楊簡「日用無非道」的思想，把百姓日常生活作爲道的內容。〔註100〕

另外，在工夫論上，王艮也與慈湖有類似之處，他們都強調自然，不尙人爲，王艮說：

> 問：莊敬持養工夫。曰：道一而已矣。中也，良知也，性也，一也。識得此理，則現現成成，自自在在。即此不失，便是莊敬；即此常存，便是持養，眞不須防險。不識此理，莊敬未色著意，纔著意，便是私心。〔註101〕

> 南野公嘗講致良知。先生戲之曰：「某近講良知致。」南野延先生連榻數宵，以日用見在指點良知，自是甚相契。〔註102〕

王艮以「日用見在」指點良知，「以人們在日常生活中表現出來的現成良知來指點人們」，〔註103〕認爲只要識得良知「現現成成，自自在在」，而常存不失，並不須要莊敬防檢，而流於著意之失。「只要是不假思索、自自然然，而又不逆於理，這就是『道』，所以『道』並不是什麼神秘高遠的東西。道就是我們

〔註98〕見〈紀先訓〉，《慈湖遺書》卷十七，頁428。
〔註99〕見張立文等：《中國哲學範疇精粹叢書——道》，頁244。
〔註100〕見張立文等：《中國哲學範疇精粹叢書——道》，頁297。
〔註101〕見〈泰州學案一〉，《明儒學案》卷三十二，頁716。
〔註102〕見〈年譜〉（五十一歲），《重鐫心齋王先生全集》卷二，頁27。
〔註103〕見陳來：《宋明理學》，頁349。

體現於生活中的精神、態度。」〔註104〕這說明「良知是『現在』，即現成的。
每個人都現成地具有良知，人只要率循此個良知自然而行，這就是成聖成賢
的工夫。在他看來，『致良知』的說法帶有一種十分用力、努力的色彩，有孟
子所說『助』的毛病。而他所提的『良知致』則主張因任良知之自然，不必
十分用力，也就是『不犯作手』。」〔註105〕

　　這種反對造作用力與程朱派的莊敬持養，與慈湖其實是有共通之處的，
都同樣強調自然、本然，自足自在而自完滿的意涵。

（二）「意」與「良知」「靈明」之心

　　慈湖言「意」之影響，明潘汝楨說：

> 明王文成公良知一脈，固毋起意鼓吹也。稱慈湖見解已晤無聲無臭
> 之妙。嗟嗟，讀是書者，能潛撤邊見，默默證心，其禪耶？非禪耶？
> 亦當有會於聲臭外。〔註106〕

他認爲陽明良知之學固慈湖毋起意之鼓吹。關於這點，劉宗賢也說：「與王守
仁的不同是，他（慈湖）把『念慮』完全作爲消極之物。王守仁把『意』與
『知』聯系到一起，提出『意之本體即是知』（《傳習錄上》），又認爲『有善
有惡是意之動』（《傳習錄下》），主張發揮良知的活動機能，以把意念規範到
本體之『知』上來。這就是說，王守仁對人的思維活動所產生的意念有了更
辨證的認識，因此他在修養中就不用採取消極排除意念的方法了。而對意念
以及意、物關係的這種新認識也正是王守仁『知行合一』命題中的核心內容。
這無異說明了王守仁『知行合一』命題與楊簡思想是有聯系的。」〔註107〕因
爲王守仁的知行合一說，認爲在知之發動處雖未及行已是行了，他認爲「一
念發動處，便即是行了；發動處有不善，就將這不善的念克倒了。須要徹根
徹底，不使那一念不善潛伏在胸中。」〔註108〕意念有善有惡，唯良知知之，
唯有對良知體認，而爲善去惡，把惡之意念消除盡，才能純是天理。所以慈
湖是把意全部去除，認爲意都是不好的，工夫落在毋意上；陽明則二分，認
爲意有善有惡，因此又另外設了良知來監控它，所以工夫的起頭就落在知上

〔註104〕見陳來：《宋明理學》，頁350。
〔註105〕見陳來：《宋明理學》，頁348。
〔註106〕見〈潘汝楨刻慈湖先生遺書序〉，《慈湖遺書補編》，頁485。
〔註107〕見劉宗賢：《陸王心學研究》，頁178。
〔註108〕見〈傳習錄下〉，頁96。

面，當知惡意起時即行克去。也因此，這種對惡意念之去除的知行合一說，跟慈湖毋意，不起意的確有相通之處。

因此，鄭曉江等就認爲「意」概念的確對心學與中國哲學都是一個貢獻，他說：「『意』範疇的引入，與心學本體論保持了一致，同時也爲區別本有之善與現世之惡找到了根據，並克服了性善與現世之惡存在的理論矛盾。『意』概念之確立非但對心學，即便是中國哲學都是一個貢獻。我們在明朝心學大師王陽明思想中發現，『意』成爲其道德哲學體系中的一個基本術語和範疇。……『指心之發動處謂之意，指意之靈明處謂之知，指意之涉著處謂之物，只是一件。』」〔註109〕

他們認爲「意」之提出，解決了心學善惡間的問題，使心學在處理性善與現世惡時，更加合理而一致；並且這在王陽明的思想中也成爲他學說立論的重要概念，這在中國哲學上無疑是一個開創。

其次，是靈明之心與良知間的關係。慈湖認爲人心自善、自靈、自明，而陽明也稱良知之靈明，二者看法實相近。〔註110〕並且此心之虛明是「無所不照」〔註111〕「無所不通」〔註112〕的，以及「此心非知非不知，苟明此心，自然非知不知之所及，此之謂眞無知。不得此心而求無知，則愈無知愈多知。去卻一重障，又有一重籬，不如休心無作，即心自是妙。」〔註113〕這與陽明所謂「無知無不知，本體原是如此。譬如日未嘗有心照物，而自無物不照，……。良知本無知，今卻要有知，本無不知；今卻疑有不知，只是信不及耳。」〔註114〕亦甚爲相似。

（三）「無體」與「太虛」

這是強調心之空靈無滯性。陽明認爲心無體，而太虛，他說：

> 目無體，以萬物之色爲體；耳無體，以萬物之聲爲體；鼻無體，以萬物之臭爲體；口無體，以萬物之味爲體；心無體，以天地萬物感應之是非爲體。〔註115〕

〔註109〕見鄭曉江等：《楊簡》，頁219。
〔註110〕見劉宗賢：《陸王心學研究》，頁177。
〔註111〕見〈安止記〉，《慈湖遺書》卷三，頁200。
〔註112〕見〈饒娥廟記〉，《慈湖遺書》卷二，頁191。
〔註113〕見〈家記五：論論語下〉，頁353。
〔註114〕見〈傳習錄下〉，頁109。
〔註115〕見〈傳習錄下〉，頁108。

德洪請問，先生曰：「有只是你自有，良知本體原來無有。本體只是
太虛，太虛之中，日月星辰、風雨露雷、陰霾曀氣，何物不有？而
又何一物得爲太虛之障？人心本體亦復如是，太虛無形，一過而化，
亦何費纖毫氣力？」〔註116〕

其中第二條是陽明針對德洪論四句教中「無善無惡心之體」的回應。陳來認
爲：「根據王守仁對德洪的解釋可知，『無善無惡心之體』所討論的問題與在
理學的善惡無關，根本上是強調心作爲情緒——心理感受主體具有的無滯
性，無執著性。照他的說法，這種性質正如虛空一樣，各種星辰風雷在太虛
運行出沒，一過而化，決不會成爲滯泥在太虛之中的障礙，因爲太虛本然之
體是對任何事物無滯無執的。人心本體即本然狀態也具有純粹的無滯性，與
太虛一樣，喜怒哀樂往來出沒人心，但心之本體無喜無怒無滯無執，因此人
心雖生七情，卻應使之一過而化，不使任何一種留滯心中。這個無滯無執著
的心體就叫做無善無惡心之體。……『無善無惡心之體』是指出良知作爲情
緒主體具有的『虛』『無』（無滯）特性，這種特性表現在良知不會使自己『著』
在那一事物上，而使之成爲良知流行無滯的障礙。……指心對任何東西都不
執著的本然特性是人實現理想的自在境界的內在根據。」〔註117〕陳氏認爲陽
明對德洪所解釋的「無善無惡心之體」，意指心之無滯無執著性。也就是說心
體之良知就如同「太虛」一樣，雖有風雨星辰等萬狀，然「一過即化」，並不
會凝滯在太虛身上，著於其間，而成爲太虛之障蔽；良知亦是如此，此無善
無惡之體不會執滯於任何事物，故心體才能自由自在，毫無阻滯。

　　而心這種空靈性，「明瑩無滯」〔註118〕與慈湖的「心本無體」，「太虛」，「不
凝滯」，「無所阻滯」之意實相通，慈湖說：

吾心自寂然不動，自無體。無體則無始終，……云爲變化自不凝滯。
〔註119〕

道心無體，……清明在躬，中虛無物，……雖有神用變化云爲，其
實無體。〔註120〕

〔註116〕見〈年譜三〉，《王陽明全集》卷三十五，頁1306。
〔註117〕見陳來著：《宋明理學》，頁261～262。
〔註118〕見〈傳習錄下〉，頁117。
〔註119〕見〈家記九：汎論學〉，頁388。
〔註120〕見〈家記一：汎論易〉，頁263。

慈湖認爲無體，所以「目雖視而不流於色，耳雖聽而不留於聲。」〔註121〕這種無滯性肯定了心的超越脫俗性。

第三節　評價——抑小揚盛　瑕難掩瑜

一、正面評價

（一）學說思想

歷來評論慈湖學說思想方面，頗多正面評價的，例如有人從師門的角度而論，稱讚慈湖能得「陸氏之傳」，戴良云：

> 陸文安公之學由《中庸》尊德性而入，……所謂傳心之學是已。斯學也，江右諸公多得其傳；浙水之上，傳之得其宗者惟楊文元公。文元官富陽時，獲見文安，而進拜焉。立談之頃，即領道要，故其所就卓卓。……夫文安之學，聖人之學也。韓子謂求觀聖人者，必自孟子始，予亦謂求觀文安者必自文元始。〔註122〕

潘汝楨云：

> 其後諸儒得陸學最深者，無如慈湖楊先生。〔註123〕

黃宗羲也說：

> 象山說顏子克己之學，非如常人克去一切忿慾利害之私，蓋欲于意念所起處將來克去，故慈湖以不起意爲宗，是師門之的傳也。〔註124〕

戴良認爲陸文安公傳心之學在浙水之上能得其傳者唯楊文元公而已。而文元能領道要，且成就卓卓，故欲觀文安之學者必自文元始，此乃求聖學必經之路。潘汝楨也說慈湖得陸氏最深。黃宗羲則認爲象山以不起意爲宗，更是師門宗旨。另外，袁絜齋則認爲慈湖自得之學「開明人心，大有功於後學。」他說：

> 自象山既歿之後，而自得之學始大興於慈湖。其初雖有得於象山，而日用其力，超然獨見開明人心，大有功於後學，可不謂自得乎？
> 〔註125〕

〔註121〕見〈家記一：汎論易〉，頁262。
〔註122〕見〈戴良題楊慈湖所書陸象山語〉，《慈湖遺書補編》，頁482。
〔註123〕見〈潘汝楨刻慈湖先生遺書序〉，《慈湖遺書補編》，頁485。
〔註124〕見〈慈湖學案〉，頁2479。
〔註125〕見《慈湖遺書新增附錄》，《慈湖遺書》，頁487。

而陳其柱則認爲慈湖之學「羽翼聖眞，以絜紫陽，幾相亞者。」〔註126〕因爲紫陽固爲聖道之功臣，然其力乃不及《家語》,《戴記》諸書，惟慈湖訂其同異，蔚爲大訓。至於錢德洪，王龍溪等則稱讚慈湖之學「直超上悟」:

> 德洪嘗伏讀先生遺書，及竊歎先生之學直超上悟者乎。〔註127〕

> 慈湖之學，得於象山，超然自悟本心，乃易簡直截根源。〔註128〕

以上是歷代學者對慈湖學正面之評價處。

（二）踐履操守

其次，對於踐履操守方面的評論，大抵慈湖都獲得一致的肯定。以朱子爲例，他就屢次稱讚慈湖的爲人，他說:

> 大抵守官一以廉勤愛民爲先。幸四明多賢可以從游，不惟可以咨決
> 所疑，至於爲學，終身亦皆可以取益。熹所識者:楊敬仲、呂子約;
> 所聞者:沈國正、袁和叔，至彼皆可從游也。〔註129〕

> 從陸子靜學，如楊敬仲輩，持守得亦好。〔註130〕

> 先生嘗說:「陸子靜、楊敬仲自是十分好人」。〔註131〕

朱子認爲慈湖「廉勤愛民」,「持守得好」,「是十分好人」,語多欽許。而慈湖爲政期間，愛民如子，政風良善，人民事之如父，去時傾城夾道哭送而咸畫象事之，《宋史》說:

> 簡在郡廉儉自將，奉養菲薄，常曰:「吾敢以赤子膏血自肥乎?」閭
> 巷雍睦無忿爭聲，民愛之如父母，咸畫象事之。遷駕部員外郎，老
> 稚扶擁緣道，傾城哭送。〔註132〕

另外，就連護朱最力的陳淳也不免要稱讚慈湖之行，他說:

> 持循篤而講貫略。〔註133〕

這表示連朱門弟子陳北溪，也是「首肯的」。〔註134〕就是慈湖本人對於外來的

〔註126〕見〈序〉,《先聖大訓》,頁338。
〔註127〕見《慈湖遺書新增附錄》,頁490。
〔註128〕見〈慈湖精舍會語〉,《王龍溪全集》卷五,頁364。
〔註129〕見〈朱子文集答滕粹德書〉,《慈湖年譜》卷一,頁503。
〔註130〕見〈陸氏〉,《朱子語類》卷一二四,頁2984。
〔註131〕見〈陸氏〉,《朱子語類》卷一二四,頁2978。
〔註132〕見《宋史》卷四百七,頁12291。
〔註133〕見〈答陳伯澡問仁之目〉,《北溪大全集》卷三六,頁787。
〔註134〕參見蔣伯潛:《理學纂要》,頁102。

不善亦能寬厚待之，例如：

> 楊簡師事陸九淵，自爲一家之學。施之政事，人笑其迂，而自信益
> 篤。〔註135〕

> 慈湖嘗爲館職，同列率多譏玩之，亦有見其誠實而不忍欺之者。〔註136〕

由此更可見慈湖擇善固執之性情，及其誠實待人之心。

至於全祖望也頻頻稱讚慈湖，他說：

> 文元之齊明嚴恪，其生平踐履，蓋涑水、橫渠一輩人。曰誠、曰明、
> 曰孝弟、曰忠信。聖學之全，無以加矣！〔註137〕

> 慈湖齋明嚴恪，非禮不動，生平未嘗作一草字。〔註138〕

> 慈湖之言不可盡從，而行則可師。〔註139〕

> 慈湖稍近頓悟，特其立言之偏。至其制行則大醇，當略其言而觀其
> 行。〔註140〕

全祖望認爲慈湖生平未嘗作一草字，其齋明嚴恪處乃「聖學之全」，故當捨其
言而觀其行，實是大醇小偏。至於袁蒙齋則說：

> 先生自幼，志聖人之學。久而融貫，益久而純。平生踐履無一瑕玷，
> 處閨門如對大賓，在闇室如臨上帝。年登耄耋，兢兢敬謹，未嘗須
> 臾放逸，此先生之實學也。凡先生之所言者，言此而已；學者之所
> 以學先生者，學諸此而已。若夫外盛而內不足、名似而實未有得焉
> 者，乃先生之所深戒。〔註141〕

蒙齋稱讚慈湖生平踐履「無一瑕玷」，即年登耄耋依然不改敬謹之心，未嘗須
臾放，此即先生之實學。

最後，耿定向也曾反駁眾人之論而言慈湖之學乃重實脩非僅於頓悟而
已，他說：

> 人言二先生（象山、慈湖）之學，其悟頓矣。乃其脩証漸次若斯耶？
> 象山教人諄諄以切己自反，改過遷善爲入路，而慈湖晚年更以稽眾，

〔註135〕見〈羅濬寶慶四明志〉，《慈湖年譜》卷一，頁 501。
〔註136〕見〈葉紹翁四朝見聞錄二則〉，《慈湖遺書補編》，頁 483。
〔註137〕見〈碧沚楊文元公書院記〉，《鮚埼亭集》外編卷十六，頁 679。
〔註138〕見〈淳熙四先生祠堂碑文〉，《鮚埼亭集》外編卷十四，頁 657。
〔註139〕見〈慈湖學案〉，《宋元學案》卷七十四，頁 2466。
〔註140〕見〈淳熙四先生祠堂碑文〉，《鮚埼亭集》外編卷十四，頁 657。
〔註141〕見〈樂平縣慈湖先生書閣記〉，《蒙齋集》卷十四，頁 200～201。

舍己從人為深省。世侈妙悟玄解而劣實脩，然乎？又使承學者流未
能辨志，未能實識本心，不知所謂遷且改，與夫稽且從者，果足適
道否也？〔註142〕

耿定向認為象山切己自反，改過遷善，與慈湖晚年稽眾舍己從人等皆是重實
脩之為，所以後人之論大抵失之偏頗。總之，在踐履躬行這個層面上，慈湖
幾乎是沒有負面的評價，這對一個理學家而言，無疑是最高的讚譽與榮耀。

二、負面訾議

　　儘管有上述這許多稱美，但我們仍可看到慈湖學被人詬病的地方。大抵
最受人非議的莫過於「入禪」的疑議，陳北溪云：

兩浙間，年來象山之學甚旺，由其門人有楊、袁貴顯，據要津唱之，
不讀書、不窮理，專做打坐工夫，求形體之運動知覺者以為妙訣。
大抵全用禪家宗旨，而外面卻又假託聖人之言，牽就釋意，以文蓋
之，實與孔孟殊宗，與周程立敵。慈湖纔見伊川語，便怒形於色，
朋徒至私相尊號其祖師，以為真有得堯舜孔子千載不傳之正統。……
嚴陵有詹喻輩護法，此法尤熾，後生有志者多落在其中。……其或
讀書，卻讀《語》、《孟》精義而不肯讀《文公集註》，讀《中庸集解》
而不肯讀《文公章句》，或問讀《河南遺書》而不肯讀《近思錄》，
讀《周子通書》而不肯讀《太極圖》，而《通書》只讀白本而不肯讀
《文公解本》。〔註143〕

劉宗周云：

慈湖言無意，分明是禪家機軸，一盤托出。〔註144〕

朱子云：

先生嘗說：「陸子靜、楊敬仲自是十分好人，只似患淨潔病底。又論
說道理，恰似閩中販私鹽底，下面是私鹽，上面以養魚蓋之，使人
不覺。」蓋謂其本是禪學，卻以吾儒說話遮掩。〔註145〕

北溪攻擊慈湖等不讀書不窮理，專作打坐工夫，是外儒內禪，與孔孟殊宗，

〔註142〕見〈陸楊二先生學案〉，《耿天臺先生文集》，頁1314。
〔註143〕見〈與陳寺丞師復一〉，《北溪大全集》卷二十三，頁686。
〔註144〕見〈蕺山學案〉，《明儒學案》卷六十二，頁1514。
〔註145〕見〈陸氏〉，《朱子語類》卷一百二十四，頁2978。

周程立敵。而劉宗周更明確指出慈湖言無意就是禪家意思。以及朱子也以私鹽的遮掩來比喻慈湖是明修棧道，暗渡陳倉，葫蘆裡另有天地。這些指控無非是指責慈湖入禪之失，至於是如何入禪，朱子也另有說明，他說：

> 佛者言：「但願空諸所有，謹勿實諸所無。」事必欲忘卻，故曰：「但願空諸所有」；心必欲其空，故曰：「謹勿實諸所無」。楊敬仲學於陸氏，更不讀書，是要不「實諸所無」；已讀之書，皆欲忘卻，是要「空諸所有」。〔註146〕

朱子認爲慈湖不讀書，甚而忘其所學簡直無異於佛學「勿實諸所無」，「空諸所有」之宗旨。也因此在一定程度上朱子認爲慈湖是「好立偏論者」，〔註147〕故其「文字可毀」。（同上）

此外，也有人說慈湖已失陸氏之傳，黃宗羲說：

> 慈湖所傳，皆以明悟爲主。…夫所謂覺者，識得本體之謂也。象山以是爲始功，而慈湖以是爲究竟，此慈湖之失其傳也。〔註148〕

全祖望也說：

> 象山之門，必以甬上四先生爲首，蓋本乾、淳諸老一輩也。而壞其教者實慈湖。然慈湖之言不可盡從而行則可師。〔註149〕

黃宗羲認爲慈湖失象山之傳，全祖望則說慈湖壞象山之教。此外，全祖望也批評慈湖「泛濫夾雜」，他說：

> 慈湖之與絜齋，不可連類而語。慈湖泛濫夾雜，而絜齋之言有繩矩，東發先我言之矣。〔註150〕

而朱子及《四庫提要》認爲慈湖「務談高遠」，不著實際，朱子說：

> 楊敬仲〈己易〉說雷霆事，身上又安得有！且要著實。〔註151〕

> 陸子靜、楊敬仲有爲己工夫，若肯窮理，當甚有可觀，惜其不改也。
> 〔註152〕

《提要》說：

〔註146〕見〈陸氏〉，《朱子語類》卷一百二十四，頁 2984。
〔註147〕見〈陸氏〉，《朱子語類》卷一百二十四，頁 2985。
〔註148〕見〈慈湖學案〉，頁 2506。
〔註149〕見〈慈湖學案〉，頁 2466。
〔註150〕見〈絜齋學案〉，頁 2525。
〔註151〕見〈陸氏〉，《朱子語類》卷一二四，頁 2985。
〔註152〕見〈陸氏〉，《朱子語類》卷一二四，頁 2984。

> 明楊時喬作《傳易考》，竟斥爲異端，而元董眞卿論林栗《易解》亦
> 引《朱子語錄》，稱楊敬仲文字可毀云云，實簡之務談高遠有以致之
> 也。〔註153〕

朱子言慈湖不著實，且不肯讀書窮理，甚爲可惜。至於黃勉齋則說慈湖有德
然「未聞道」，他說：

> 楊敬仲集皆德人之言也，而未聞道。〔註154〕

最後，錢穆也說慈湖是「制行嚴恪」，而「思想放縱」，他說：

> 他生平不作一草字，即此可想其制行之嚴恪。但他的思想卻似極放
> 縱。〔註155〕

　　總括前人的言論，我們知道對慈湖的評價正反兩面俱有。不過值得注意
的是：對慈湖所有負面的評價幾乎都是在學說思想的層次，絕少涉及踐履躬
行方面；然而那些不滿慈湖學說的，卻又都不免要稱許慈湖之爲人操守，甚
至認爲要捨其言而重其行，把踐履躬行的重要性提高到學說思想的地位之
上。比較特別的是，有些學者對慈湖的評價竟也有前後相異而似乎矛盾者，
例如黃宗羲及全祖望就是。

　　黃宗羲認爲「慈湖之失其傳」，卻又說了「慈湖是師門之的傳也」之類的
話；全祖望亦認爲「象山之門，而壞其教者實慈湖」，然又說慈湖之學「非謂
此一悟之外，更無餘事也。」〔註156〕足見其論慈湖之學亦不敢就此遽下斷詞，
而全然非之。因爲是否是師門的的傳是屬一事，然是否是言論一貫、言行一
致卻又另屬一事，慈湖儘管可以不似象山嫡傳，而亦未嘗自許要對象山亦步
亦趨，則當其學說自成體系，而又言行不悖，知行合一時，即不枉爲一理學
家，若在餘枝末節上討分曉，容易落入門戶的偏見。

　　最後，慈湖之踐履操守，實已超越了心學與理學的門戶對立，連程朱派
的理學家也對他稱道不已，這或許正說明了做什麼永遠比說什麼來得深刻，
來得重要，來得更服人心，來得更有力量。而慈湖留給後世的，與其說是其
經學內涵，還不如說是人格特質的典型風範。

〔註153〕見〈四庫全書提要〉，《楊氏易傳》，頁189。
〔註154〕見〈慈湖學案〉，頁2466。
〔註155〕見錢穆：《宋明理學概述》，頁235。
〔註156〕見〈碧沚楊文元公書院記〉，《鮚埼亭集》外編卷十六，頁679。

結　論
——經學的歧出　理學的別傳　心學的奇葩

　　慈湖學基本上是以經學為根基，並吸納、轉化佛道思想，揉合成其特殊樣貌之心學體系。關於其學術之特色，吾人約歸之如下：

一、強烈批判精神之色彩

　　慈湖學之特色最顯著者即是其強烈之批判色彩。不管是對傳統的經學也好，或者是對當世的理學也好，慈湖多數是持反判、歧異與背離的姿態，展現了他與眾不同而獨樹一幟的風格。

　　這種批判性的態度，表現在對《易傳》《詩序》《禮記》《孟子》《大學》《中庸》，甚至《爾雅》等的攻擊與不滿上，種種論述，群經幾無完璧。不過，要說明的是，這種批判性主張的來源，是充滿著主觀認定之色彩的。這並不像宋代其它學者那樣，比較還能從客觀面的事實考證的基礎上對經學提出質疑，儘管其中也或多或少有些個人主觀的判斷在內，但尚不至於流於聽任己意推演論斷的誇大局面。然而，對慈湖而言，對經及經學的懷疑批判，是主於一心，以心為根據的。所以凡是不合其認定之標準，就是非聖者之言，就要加以批判修正。然而，有趣的是這種以心為衡定的唯一標準竟然是來自於《孔叢子》「心之精神是謂聖」一語的覺悟，他把偽書中破綻最大的地方，拿來當作為尺規，以此量裁諸經之合適、地位與價值。除此之外，他大多以偽書或十三經之外的典籍來疑改經典，例如《孔叢子》、《孔子家語》、《大戴禮記》等等，而形成他自家認定的經學版本，形成以偽亂真，真偽相錯的局面。

所以儘管他勤於注疏，但除了某些小學考證的論述外，絕多數有關經文義理處，他是極盡所能地，藉以闡發其思想意涵的。這不管是出於有心或無心，實際上這種解經的重點往往就不是落在經文原意本意的理解探討上，而是在建構慈湖一己之思想體系，所以這種詮解經義的方法，總不免讓人有明修棧道、暗度陳倉的意思，這使得慈湖雖披著經學的外衣，講的卻是另一套心論系統，而形成了外經學內心學的融會統合。

其次，除僞書傳記外，慈湖也多引用與佛道相通之思想，如虛空、直心、自然等來解說經義。所以，《四庫提要簡明目錄》認爲：

> 簡爲陸九淵之弟子，故其說《易》略象數而談心性。多入於禪，錄
> 存其書，見以佛理詁《易》，自斯人始著，經學別派之由也。〔註2〕

他認爲慈湖是經學之別派，這顯然是有別於正統經學而言。

其次，對於理學而言，慈湖也是姿色新穎而別出眾論的。尤其對於《大學》《中庸》二書的反離，使得他與絕多數理學家處於對立而分化的狀態。因爲《學》《庸》是理學家甚爲重視的儒家典籍，也是理學心性論與工夫論所資之據。傳統的理學家多半圍繞在「格物致知」、「誠意正心」、及「中和」上立論，但慈湖卻完全相反，對於這些舊有的學說，他不僅不以爲然，且多半一一駁斥，再另創新說。並且在主一思想的主導下，他認爲《大學》「格致誠正」與《中庸》「中和」之論皆是分裂支離而害道，一一撤回而鄙薄，取而代之的是另從經典中汲取符合其心學意識之概念，例如《易傳》「無思無爲」、「何思何慮」、「蒙以養正」，以及《論語》「毋意」，《孟子》「不學不慮」等，作爲他修養論的中心及基礎。這種論述與當時學界所論者多殊異不類。

此外，在理學的派別中，不管是狹義的程朱理學或陸王心學，雖然在心性理的認定上有了出入，或主張「心即理」，或主張「性即理」，然而基本上此二者以理爲終極是一致的。程朱如是，陸王也不例外。陸象山言「此理充塞宇宙，天地鬼神且不能違異，況於人乎？」〔註3〕「塞宇宙一理耳」〔註4〕等，而所謂心善在象山學說中也因心能呈現義理之內涵而得肯定其地位；至於陽明處處言「存天理、去人欲」的話頭，以天理爲最高指導原則。然而，在慈湖的學說中，理字並沒有很突出的地位，反而以道爲終極義，並且把道

〔註2〕 見《四庫全書簡明目錄》，頁6-10。
〔註3〕 見〈與朱濟道〉，《象山全集》卷十一，頁4。
〔註4〕 見〈與趙詠道〉，《象山全集》卷十二，頁4。

納入心中，內化於心，心道的統合是他的主張，甚至理是由道所派生的，這顯然已由「理」過渡到「道」「心」了。在這個意義上，慈湖是另有開新及創造的。

二、儒釋道三家之會通與整合

理學是儒釋道三家融合後的產物，而觀慈湖心學亦不例外。在這一方面，我們可以從儒學內部的統整及儒佛道三家的會通來作觀察。

理學資於經學。在這一方面，慈湖可說是不遺餘力的。考其學說思想，大體上是來自於對經學創造性批判的詮釋。如對道的體認上，慈湖認為道是平易近人而不假外索的。這種觀點，慈湖認為於經有據：如《易傳》「百姓日用而不知」，《尚書》「王道平平」、「曰彝曰常」，《中庸》之為「庸常」，以及《禮記》「天有四時，春夏秋冬，風雨霜露，無非教也。地載神氣，神氣風霆，風霆流行，庶物露生，無非教也」，《大戴禮》「忠信之為大道」等等，皆明道之至簡至易，如人懷玉般之親切。

其次，在性善的根源上，慈湖認為偽《古文尚書》之言「道心」，《論語》「仁，人心也」，《孟子》「道性善」，與《孔叢子》「心之精神是謂聖」之論亦可明之。所以他認為人心即道，心道是合一的，故人心自明，而自備眾德萬善。而道心之變化應用無窮則來源於《易傳》「變化云為」之旨，認為此心並非總是「寂然不動」、「安汝止」（《尚書》）之靜止不動的狀態；相反的，它是能應酬萬狀而窮極變化的。

此外，即是主一思想的提倡。這與傳統經學也有關聯，如偽《古文尚書》「惟精惟一」之論，《禮記》「禮本於大一」，《中庸》「為物不貳」，以及《論語》「吾道一以貫之」等。並在慈湖的融合擴張下，遍及宇宙天道心性，成為「古今一」、「虛實一」、「有無一」、「動靜一」、「道一」、「死生一」、「鬼神一」、「萬象一」、「萬理一」、「萬心一」、「萬物一」、「天地一」、「晝夜一」、「五經一」的一元主張。

另外，在工夫論方面，慈湖結合了《易傳》「無思無為」、「何思何慮」，《尚書》「不識不知」，《論語》「毋意」、「無知」等，強調道之不可以思慮，知識得之，更不可以人為、造作，有心起意而穿鑿之，因為如此只會愈求愈遠，終致與道背馳。

再者，是儒佛道三家思想的融通上。首先，在工夫論方面，慈湖尚自然

反人爲雕琢的主張，與道家頗有相通之處，而他所主張的道心無爲而無不所通的觀點，與道家無爲而無不爲的思想也有共通之處，且二者同樣認爲知識對求道並無益處，而反有害。其次，在心性論方面，慈湖以空作爲心善的基本依據，顯然有融通禪佛思想的痕跡；但卻又比佛家更進一步，把心空當作是人心之自然、本然狀態而不假修爲的。此外，「直心」、「清明心」、「心鏡」與「太虛浮雲」之論皆有佛學之影子於其中。就是在論學方法上，慈湖靈敏善悟的性格，也與禪宗頓悟，指直本心之論有類似之處。總之，慈湖思想以心爲中心，爲根本，爲最高地位，他強調心的無體空靈、無滯性，並在紛擾的人世間，變化萬狀的現實中，依然能夠保有其道心之清明靈動，不被外物所干擾、所阻礙，而拖著走，這實在與佛教隨緣流轉，而常保此心之不著、不執、不滯的心境是很相似的。

三、唯心論之極致精微——提煉心學

慈湖學說可說是心學界的一朵奇葩。因爲他學說思想的重心就落在「心」上面，並且把心學的心純化、深化了，而入於更極致精微的境地，使心的範疇、作用和變化（如無思無爲、變化云爲、動而未動、泯然無際、神用妙用等）都有了嶄新的面貌及特質，而不全然同於其它心學家的論述觀點。因爲在象山心學中，仍雜有氣、物、勢、習的影響，使心不純然，而易受到外在牽引拖累，以致陷溺不明。另外，就是在情的處理上，慈湖將之納入心的範疇內，使情等喜怒哀樂成爲道心之變化，這把情的地位抬高，使它不僅只是物欲的層面而已。也因此使情不會叛亂而反過頭來戕害心之靈敏良善，這比象山、陽明擔憂恣「情」縱欲之害還要來得更直截徹底地斬斷惡之根源。因此，在心、性、情、意、氣的認知上，慈湖認爲心性情皆善。至於氣物層面，慈湖並不討論，認爲心非血氣之心，而無形體，所以心被架空而能變化自如，廣大無際而絲毫不受影響，只把惡留給「意」，集中在起意之失，因而只著重在去意的修爲上。因爲理學家多半強調「欲」的反面性，及其與「天理」的對立，即使在心學中亦是如此。然在慈湖學說中則甚少提及，轉而較側重「道心」之開明及呈顯；而惡的來源則僅歸諸於「意」之興起，可以比較不涉及後天氣質之性的駁雜。如此一來，心學之心至慈湖更加精粹，更加純淨，而少有雜質之干擾破壞，讓心能如此自在、自主、自神、自明、自家。我們可以說心學之心至慈湖始能如此地有地位、有價值，有作用，從而主宰現象界

的萬狀萬態，萬般紛擾。這是心地位的提升，把心的功能發揮到極致，而無所不能的境界，幾近是一個「應有盡有的寶藏之地」。〔註5〕這樣徹底明確的主張在心學家當中也是很少見到的。所以這種對心多正向、多積極面的提倡及闡發，實堪與陸九淵同為南宋心學之雙璧。所以董金裕說：「在我國思想史上的心學一脈，雖發端於孟子，倡導於陸九淵，然必須直待楊簡才告確立。」〔註6〕

〔註5〕　見高全喜：《理心之間——朱熹和陸九淵的理學》，頁233。
〔註6〕　見董金裕：《宋儒風範》，頁99。

附　表

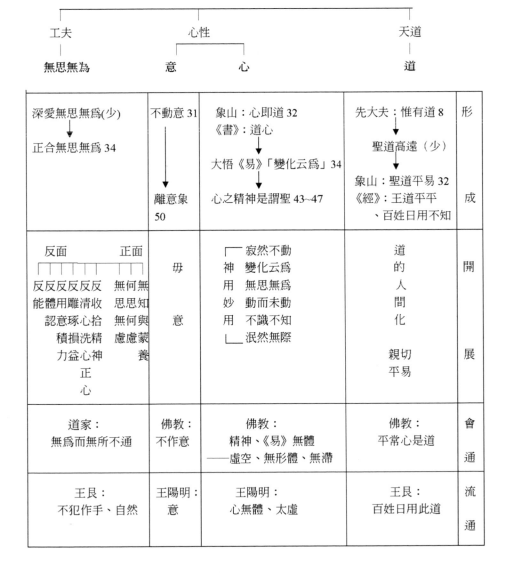

體驗：反觀覺天地一體 28
象山：再答一語便支離 32
經書：惟精惟一、為物不貳、一以貫之、禮本於大一

工夫　　　　　心性　　　　　天道
｜　　　　　┌──┴──┐　　　　｜
無思無為　　意　　　心　　　　道

深愛無思無為(少) ↓ 正合無思無為 34	不動意 31 ↓ ↓ 離意象 50	象山：心即道 32 《書》：道心 ↓ 大悟《易》「變化云為」34 心之精神是謂聖 43~47	先大夫：惟有道 8 ↓ 聖道高遠（少） ↓ 象山：聖道平易 32 《經》：王道平平 、百姓日用不知	形 成
反面　　　　正面 ┌┬┬┬┬┬┐ 反反反反反反　無何無 能體用離清收　思思知 認意琢心拾　　無何與 積損洗精　　　慮慮蒙 力益心神　　　　養 　　正 　　心	毋 意	┌寂然不動 神　變化云為 用　無思無為 妙　動而未動 用　不識不知 └泯然無際	道 的 人 間 化 親切 平易	開 展
道家： 無為而無所不通	佛教： 不作意	佛教： 精神、《易》無體 ──虛空、無形體、無滯	佛教： 平常心是道	會 通
王艮： 不犯作手、自然	王陽明： 意	王陽明： 心無體、太虛	王艮： 百姓日用此道	流 通

引用及主要參考書目

一、慈湖著述

1. 《楊氏易傳》，四明叢書本，新文豐出版社，1988 年 4 月初版。
2. 《五誥解》，文淵閣四庫全書本，台灣商務印書館，1986 年 3 月。
3. 《慈湖詩傳》，四明叢書本，國防研究院印行，1966 年 10 月初版。
4. 《先聖大訓》，四明叢書本，國防研究院印行，1966 年 10 月初版。
5. 《石魚偶記》，四明叢書本，新文豐出版，1988 年 4 月初版。
6. 《慈湖小集》，文淵閣四庫全書本，台灣商務印書館，民國 1986 年 3 月。
7. 《慈湖先生遺書、續集、補編、新增附錄、附慈湖年譜》，四明叢書本，國防研究院印行，1966 年 10 月初版。

二、古代典籍

1. 《周易注疏》，〔魏〕王弼注、〔晉〕韓康伯注，〔唐〕孔穎達疏，十三經注疏，藝文印書館，1993 年 9 月。
2. 《尚書注疏》，舊題〔漢〕孔安國傳，〔唐〕孔穎達疏，十三經注疏，藝文印書館，1993 年 9 月。
3. 《毛詩注疏》，〔漢〕毛亨傳、〔漢〕鄭玄箋，〔唐〕孔穎達疏，十三經注疏，藝文印書，館，1993 年 9 月。
4. 《周禮注疏》，〔漢〕鄭玄注，〔唐〕賈公彥疏，十三經注疏，藝文印書館，1993 年 9 月。
5. 《儀禮注疏》，〔漢〕鄭玄注，〔唐〕賈公彥疏，十三經注疏，藝文印書館，1993 年 9 月。
6. 《禮記注疏》，〔漢〕鄭玄注，〔唐〕孔穎達疏，十三經注疏，藝文印書館，1993 年 9 月。

7. 《春秋左傳注疏》，〔晉〕杜預注，唐孔穎達疏，十三經注疏，藝文印書館，1993 年 9 月。

8. 《春秋公羊傳注疏》，〔漢〕何休解詁、〔唐〕徐彥疏，十三經注疏，藝文印書館，1993 年 9 月。

9. 《論語注疏》，〔魏〕何晏集解、〔宋〕邢昺疏，十三經注疏，藝文印書館，1993 年 9 月。

10. 《爾雅注疏》，〔晉〕郭璞注，〔宋〕邢昺疏，十三經注疏，藝文印書館，1993 年 9 月。

11. 《孟子注疏》，〔漢〕趙岐注，舊題〔宋〕孫奭疏，十三經注疏，藝文印書館，1993 年 9 月。

12. 《大戴禮記》，〔漢〕戴德撰，文淵閣四庫全書本，台灣商務印書館，1993 年 3 月。

13. 《抱經堂本經典釋文》，〔唐〕陸德明著、〔清〕盧文弨，漢京文化事業有限公司，1880 年 2 月。

14. 《文淵閣四庫全書總目：經部》，〔清〕紀昀、永瑢著，台灣商務印書館，1986 年 3 月。

15. 《易程傳易本義》，〔宋〕程頤朱熹，世界書局，1996 年 2 月初版。

16. 《呂氏家塾讀詩記》，呂祖謙著，台灣商務印書館：四部叢刊本，1979 年 11 月。

17. 《詩集傳》，〔宋〕朱熹著，文淵閣四庫全書本，台灣商務印書館，1986 年 3 月。

18. 《四書章句集注》，〔宋〕朱熹著，大安出版社，1996 年 11 月。

19. 《論語集解義疏》，〔魏〕何晏著、〔梁〕皇侃疏，廣文書局，1978 年 7 月再版。

20. 《論語正義》，〔清〕劉寶楠著，台灣中華書局：四部備要本，1981 年 9 月。

21. 《說文解字注》，〔漢〕許慎著、〔清〕段玉裁注，〔民國〕魯實先正補，黎明文化事業公司，1993 年 7 月。

22. 《四朝聞見錄》，〔宋〕葉紹翁著，四庫全書本，台灣商務印書館，1983 年 6 月。

23. 《文獻通考》，〔元〕馬端臨，新興書局，1963 年 10 月初版。

24. 《宋史》，〔元〕脫脫撰，鼎文書局，1983 年 11 月三版。

25. 《宋元學案》，〔清〕黃宗羲著、全祖望補修，華世出版社，1987 年 9 月台一版。

26. 《明儒學案》，〔清〕黃宗羲著，華世出版社，1987 年 2 月台一版。

27. 《慈谿縣志》,〔清〕馮可鏞修、楊泰亨纂,成文出版社。

28. 《四庫全書簡明目錄》,〔清〕永瑢、紀昀等撰,台灣商務印書館,1986年3月。

29. 《孔子家語》,台灣商務印書館,四部叢刊本,1979年11月。

30. 《孔叢子》,台灣商務印書館,四部叢刊本,1979年11月。

31. 《朱子語類,》,〔宋〕黎靖德編,文津出版社,1986年12月。

32. 《六祖壇經箋註》,丁福保箋註,新文豐出版社,1993年12月初版。

33. 《神會和尚遺集》,胡適,中研院出版,1968年12月。

34. 《景德傳燈錄》,〔宋〕釋道原編,彙文堂出版社,1987年6月台1版。

35. 《指月錄續指月錄》,〔明〕瞿汝稷、〔清〕聶先編集,新文豐出版社,1998年5月/一版,五刷。

36. 《老子四種——老子王弼注,老子河上公注,馬王堆帛書老子,郭店竹簡老子》,魏王弼等著,大安出版社,1999年2月初版。

37. 《敦煌寶藏》,黃永武主編,新文豐出版,1986年9月。

38. 《歐陽文忠公集》,〔宋〕歐陽修著,台灣商務印書館:四部叢刊本,1979年11月台一,版。

39. 《欒城集》,〔宋〕蘇轍撰,台灣中華書局,1973台二版。

40. 《張載集》,〔宋〕張載著,里仁書局,1979年12月。

41. 《二程集》,〔宋〕程顥、程頤著,里仁書局,1982年3月。

42. 《象山全集》,〔宋〕陸九淵著,台灣中華書局:四部備要本,1966年3月初版。

43. 《絜齋集》,〔宋〕袁燮撰,台灣商務印書館:文淵閣四庫全書本,1986年7月。

44. 《蒙齋集》,〔宋〕袁甫著,新文豐出版社,1984年6月。

45. 《北溪大全集》,〔宋〕陳淳著,文淵閣四庫全書本,台灣商務印書館,1986年3月。

46. 《深寧文鈔摭餘編》,〔宋〕王應麟撰,四明叢書第一集第二冊,國防研究院印行,1966年10月。初版

47. 《王陽明全集》,〔明〕王守仁著,吳光等編校,上海古籍出版社,1997年8月。

48. 《王龍溪全集》,〔明〕王畿著,華文書局,1970年5月初版。

49. 《重鐫心齋王先生全集》,〔明〕王艮撰,國立中央圖書館善本微捲。明崇禎四年泰州王秉謙等重刊本

50. 《耿天臺先生文集》,〔明〕耿定向著,文海出版社,1970年3月,明萬

歷二十六刊本。

51. 《鮚埼亭集》，〔清〕全祖望撰，台灣商務印書館：四部叢刊，1979 年 11 月初版。

三、近代著作

（一）專　書

1. 《經學歷史》，皮錫瑞著，藝文印書館，1996 年 8 月初版。

2. 《經子解題》，呂思勉著，台灣商務印書館，1996 年 5 月台二版。

3. 《經學史》，安井小太郎著，林慶彰等譯，萬卷樓圖書公司，1996 年 10 月初版。

4. 《群經概論》，周予同著，台灣商務印書館，1997 年 1 月台一版。

5. 《宋代經學之研究》，汪惠敏著，師大書苑出版，1989 年 4 月。

6. 《易學哲學史》，朱伯崑著，藍燈出版社，民國 80 年 9 月初版

7. 《周易研究史》，廖名春等著，湖南出版社，1991 年 7 月一版

8. 《易傳道德的形上學》，范良光著，台灣商務印書館，1990 年 4 月二版。

9. 《象數與義理》，張善文著，洪葉出版社，1997 年 1 月初版一刷

10. 《周易縱橫談》，黃慶萱，東大圖書公司，民國 84 年 3 月

11. 《尚書釋義》，屈萬里著，中國文化大學出版部，1995 年 7 月。

12. 《詩經周南召南發微》，文幸福著，學海出版社，1986 年 8 月。

13. 《詩經語言藝術》，夏傳才著，雲龍出版社，1990 年 10 月台一版。

14. 《詩經的歷史公案》，李家樹著，大安出版社，1990 年 11 月。

15. 《詩經研究史概要》，夏傳才著，萬卷樓圖書公司，1993 年 7 月。

16. 《禮學概論》，周何著，三民書局，1998 年 1 月初版。

17. 《論語異文集釋》，陳舜政著，嘉新水泥公司，1968 年 10 月。

18. 《論語鄭氏注輯述》，鄭靜若著，學海出版社，1981 年 2 月。

19. 《論語譯註及異文校勘》，王書林著，台灣商務印書館，1982 年 5 月。

20. 《論語體認》，姚式川著，東大圖書公司，1993 年 11 月。

21. 《唐寫本論語鄭氏注研究──以考據、復原、詮釋為中心的考察》，陳金木著，文津出版社，1996 年 8 月。

22. 《中庸探微》，陳兆榮著，正中書局，1975 年 7 月初版。

23. 《中庸思想研究》，陳滿銘著，文津出版社，1989 年 4 月再版。

24. 《中庸形上思想》，高柏園著，東大圖書公司，1991 年 3 月。

25. 《中庸誠的哲學》，吳怡著，東大圖書公司，1993 年 10 月。

26. 《中庸義理疏解》，楊祖漢著，鵝湖出版社，1997 年 3 月。

27. 《先秦諸子學》，嵇哲著，洪氏出版社，民國 71 年 1 月再版。

28. 《老莊哲學》，胡哲敷，台灣中華書局，民國 68 年 2 月台七版。

29. 《逍遙的莊子》，吳怡著，東大圖書公司，民國 90 年 2 月初版四刷。

30. 《《莊子》——「道」的思想及其演變》，池田知久著，黃華珍譯，國立編譯館出版，2001 年 12 月初版

31. 《莊子淺說》，陳啓天著，台灣中華書局，民國 60 年 7 月。

32. 《莊學新探》，陳品卿著，文史哲出版，民國 80 年 10 月再版二刷

33. 《莊子集釋》，郭慶藩，台北：天工書局，民國 78 年 9 月出版。

34. 《莊子逍遙境的裡與外》，李日章著，復文圖書公司，2000 年 9 月。

35. 《莊子創造性的學說與思想》，蔡麟筆，台灣書店，民國 83 年 9 月初版。

36. 《莊子的生命哲學》，葉海煙，東大圖書公司，民國 88 年 2 月三版。

37. 《莊學研究》，崔大華著，北京：人民出版社，1997 年 5 月。

38. 《莊子研究論集》，葉國慶等著，木鐸出版社，民國 72 年 4 月再版。

39. 《莊子詮言》，封思毅著，台灣商務印書館，1997 年 5 月二版。

40. 《逍遙自在的人生》，傅佩榮著，幼獅出版社，2001 年 11 月初版。

41. 《殷墟甲骨文引論》，馬森如著，高雄：復文圖書出版社，1997 年 1 月初版一刷。

42. 《說文解字注》，許慎著，段玉裁注，黎明文化出版，民國 81 年 10 月九版。

43. 《南宋高宗偏安江左原因之探討》，張峻榮著，文史哲出版社，1986 年 3 月初版。

44. 《宋史研究集》，國立編譯館，1997 年 12 月初版。

45. 《先秦諸子論叢》，唐端正著，三民書局，民國 84 年 11 月四版。

46. 《先秦道法思想講稿》，王叔岷著，中研院文哲所出版，民國 81 年 5 月。

47. 《中國思想史》，張豈之主編，水牛出版社，民國 89 年 7 月一版五刷

48. 《中國哲學認識論》，羅光著，學生書局，民國 84 年 12 月初版。

49. 《中國哲學概論》，余雄著，復文圖書公司，民國 80 年 7 月出版。

50. 《中國哲學大綱》，張岱年著，藍燈文化事業公司，民國 81 年 4 月出版。

51. 《新編中國哲學史》，勞思光著，三民書局，民國 82 年 8 月七版。

52. 《中國哲學小史》，顧俊，木鐸出版社，民國 75 年 1 月初版。

53. 《中國思想史》，韋政通，水牛出版社，民國 83 年 4 月，

54. 《中國哲學發展史》，任繼愈主編，北京：人民出版社，1985 年 2 月初

版。

55. 《中國哲學概論》，余雄著，高雄復文書局，民國 80 年 7 月初版。

56. 《中國哲學思想史・先秦篇》，羅光，台灣學生書局，民國 85 出版。

57. 《中國哲學思想史・元明篇》，羅光，台灣學生書局，民國 85 出版。

58. 《中國哲學範疇精粹叢書──理》，張立文主編，中國人民大學出版社，1989 年 3 月，一版。

59. 《中國哲學範疇精粹叢書──道》，張立文主編，漢興書局，1994 年 5 月初版一刷。

60. 《中國哲學範疇精粹叢書──心》，張立文主編，七略出版社，1996 年 11 月初版。

61. 《中國哲學範疇精粹叢書──性》，張立文主編，中國人民大學出版社，1996 年 2 月，初版。

62. 《中國哲學範疇發展史（人道篇)》，張立文著，中國人民大學出版社，1995 年 8 月初版。

63. 《中國哲學現代觀》，李日章著，復文圖書公司，民國 86 年 10 月修定版。

64. 《中國哲學大綱》，羅光著，台灣學生書局，民國 85 出版。

65. 《中國人性論史──先秦篇》，徐復觀，台灣商務印書館，1994 年 4 月 4 初版十一刷

66. 《中華道統思想發展史》，蔡方鹿著，中華道統出版社，1996 年 2 月初版。

67. 《中國宋代哲學》，石訓等，河南人民出版社，1992 年 12 月初版。

68. 《兩漢思想史》，徐復觀著，學生書局，

69. 《儒家的心學傳統》，楊祖漢著，文津出版社，1992 年 6 月初版。

70. 《儒家生命哲學》，羅光著，學生書局，民國 84 年 9 月初版。

71. 《儒家哲學》，吳汝鈞著，台灣商務印書館，1995 年 12 月初版。

72. 《儒家哲學片論》，吳光著，允晨出版，民國 82 年 8 月初版二刷。

73. 《儒家哲學的體系續編》，羅光著，台灣學生書局，民國 85 出版。

74. 《孔孟荀哲學》，蔡仁厚著，學生書局，1999 年 9 月初版五刷。

75. 《兩宋思想述評》，陳鐘凡著，商務印書館，1933 年 10 月初版。

76. 《理學纂要》，蔣伯潛著，正中書局，1966。

77. 《理學範疇系統》，蒙培元著，人民出版社，1989 年 7 月初版。

78. 《宋史》，鼎文書局，72 年 11 月三版

79. 《宋元學案》，〔清〕黃宗羲原著、全祖望補修，華世出版社，1987 年 9 月台一版

80. 《宋明心學評述》，甲凱著，台灣商務印書館，民國 56 年 4 月初版。

81. 《宋明理學》，吳康著，華國出版社，1977 年 10 月增訂四版。

82. 《宋儒風範》，董金裕著，東大圖書公司，1979 年 10 月初版。

83. 《宋明理學研究》，張立文著，中國人民大學出版社，1985 年 7 月初版。

84. 《宋明道學》，孫振青著，千華書局，1986 年 9 月初版。

85. 《宋明理學史（上下）》，候外廬、邱漢生，張豈之主編，人民出版社，1987 年 6 月初版。

86. 《心體與性體》，牟宗三著，正中書局，1993 年 2 月初版。

87. 《宋代理概念的開展》，鄧克銘著，文津出版社，1993 年 6 月初版。

88. 《宋明理學——南宋篇》，蔡仁厚著，學生書局，1993 年 9 月增版。

89. 《宋明理學》，陳來著，遼闊教育出版社，1994 年 9 月初版。

90. 《宋明理學‧北宋篇》，蔡仁厚著，學生書局，1995 年 8 月初版。

91. 《宋明理學之概念與歷史》，陳榮捷著，中研院文哲所出版，1996 年 6 月初版。

92. 《宋明理學概述》，錢穆著，學生書局，1996 年 9 月。

93. 《宋明新儒學略論》，馮達文著，廣東人民出版社，1998 年 11 月一版二刷。

94. 《道》，張立文等著，北京人民大學出版社，1989 年 3 月一版一刷

95. 《理》，張立文等著，北京人民大學出版社，1991 年 10 月一版一刷

96. 《張載》，黃秀璣著，東大圖書公司，1987 年 9 月。

97. 《張載思想研究》，朱建民著，文津出版社，1989 年 9 月。

98. 《張載哲學與關學學派》，陳俊民著，學生書局，1990 年 11 月初版。

99. 《程明道思想研究》，張德麟著，學生書局，1986 年 3 月初版。

100. 《程顥‧程頤》，李日章著，東大圖書公司，1986 年 10 月出版。

101. 《程伊川易學述評》，胡自逢，文史哲出版，84 年 12 月。

102. 《象山心學之比較研究，陳德和著，學生書局，1974 年 9 月初版。

103. 《陸象山研究》，林繼平著，台灣商務印書館，1983 年 5 月初版。

104. 《陸象山》，曾春海著，三民書局，1988 年 7 月。

105. 《走向心學之路——陸象山思想的足跡》，張立文著，北京：中華書局，1992 年 4 月，初版。

106. 《南宋陸學》，崔大華著，北京：中國社會科學出版社，1984 年 5 月第 1 次印刷。

107. 《陸象山弟子研究》，徐紀芳著，文津出版社，1990 年 4 月。

108. 《陸王哲學辨微》，胡哲敷著，水牛出版社，1966 年 11 月。

109. 《陸王學述》，徐梵澄著，上海：遠東出版社，1996 年 2 月。

110. 《陸王心學研究》，劉宗賢，山東人民出版社，1997 年 7 月一版。

111. 《陸象山研究》，林繼平著，台灣商務印書館，民國 72 年 5 月初版。

112. 《由陸象山到劉蕺山》，牟宗三，學生書局，1993 年 3 月再版。

113. 《理心之間——朱熹和陸九淵的理學》，高全喜著，錦繡出版社，1992 年 4 月初版。

114. 《朱熹思想研究》，張立文著，谷風出版社，1986 年 10 月。

115. 《朱熹哲學思想》，金春峰著，東大圖書公司，1998 年 5 月初版。

116. 《朱熹哲學論叢》，曾春海著，文津出版社，2001 年 3 月初版一刷

117. 《楊簡》，鄭曉江、李承貴著，東大圖書公司，1996 年 10 月初版。

118. 《陽明學派》，謝無量著，廣文書局，民國 69 年 12 月初版。

119. 《陽明學述要》，錢穆編著，正中書局，民國 68 年 10 月台六版。

120. 《王陽明致良知教》，牟宗三著，中央文物供應社印行，民國 69 年 4 月再版。

121. 《王陽明之生平及其學說》，王禹卿編著，正中書局，民國 69 年 10 月台二版。

122. 《王陽明聖學探討》，鄧元忠著，正中出版，1982 年 9 月台二版。

123. 《王陽明思想之進展》，鐘彩鈞著，文史哲出版，1983 初版。

124. 《王陽明與禪》，陳榮捷著，學生書局，1984 年 11 月初版。

125. 《王陽明哲學》，蔡仁厚著，三民書局，1988 年 7 月。

126. 《有無之境—王陽明哲學的精神》，陳來著，北京：人民出版社，1991 年 3 月。

127. 《王陽明入聖的工夫》，朱秉義著，幼獅出版社，1993 年 4 月。

128. 《王陽明》，秦家懿著，東大圖書公司，1997 年 8 月。

129. 《中國近三百年學術史》，錢穆，台灣商務印書館，1995 年 9 月台二版。

130. 《宋代理學佛學之探討》，熊琬著，文津出版社，1985 年 4 月。

131. 《宋代儒釋調和論及排佛論之演進—王安石之融通儒釋及程朱學派之排佛反王》，蔣義斌著，台灣商務印書館，1997 年 10 月。

132. 《印度佛學的現代詮釋》，吳汝鈞著，文津出版社，1995 年 6 月二刷。

133. 《中國佛學的現代詮釋》，吳汝鈞著，文津出版社，1995 年 6 月初版。

134. 《佛教思想發展史論》，楊惠男著，東大圖書公司，1997 年 8 月再版。

135. 《中國佛性論》，賴永海著，佛光文化事業有限公司，1997 年 9 月初版。

136. 《中國禪學思想研究——宗密禪教一致理論與判攝問題之探討》，何國詮著，文津出版社，1985 年 4 月。

137. 《曹源一滴水——介紹禪宗》，陳光天著，台灣商務印書館，1992 年 8 月。

138. 《惠能》，楊惠男著，東大圖書公司，1993 年 4 月。

139. 《金剛經哲學的通俗詮釋》》，吳汝鈞著，台灣商務印書館，1997 年 2 月。

（二）論　文

1. 《宋人疑經改經考》，葉國良著，台大文史叢刊，1978 年 6 月。

2. 《歐陽修之經史學》，何澤恆著，台大文史叢刊，1975 年。

3. 《王柏之詩經學》，程元敏著，嘉新水泥公司文化基金會研究論文。

4. 《南宋心學易研究》，康雲山著，高雄師範大學國文所博士論文，1994 年。

5. 《陸象山心學之研究》，吳盛林著，師範大學國文所碩士論文，1982 年 5 月。

6. 《象山心學在宋學中之歷史意義》，汪義麗撰，文化大學中文所碩士論文，1983 年 6 月。

7. 《楊慈湖「萬物唯我說」的研究》，蕭錦塘著，師範大學國文所碩士論文，1993 年 7 月。

（三）期　刊

1. 〈季漢荊州經學〉，程元敏著，漢學研究：第五卷第一期，1987 年 6 月。

2. 〈《周易程氏傳》思想研究〉，金春峰：《周易研究論文集》，（北京師範大學出版，1990 年 5 月，1 版）。

3. 〈釋「思無邪」〉，黃永武著，中華文化復興月刊：十一卷九期，1978 年 9 月。

4. 〈孔子思無邪說體認詩的純粹性〉，詹秀惠著，孔孟月刊：二十卷十期，1982 年 6 月。

5. 〈宋代學風變古中的《詩經》研究〉，石文英著，林慶彰編：《中國經學史論文選集》，（文史哲出版，1993 年 3 月初版）。

6. 〈宋儒關於《周禮》的爭議〉，姚瀛艇著，林慶彰編：《中國經學史論文選集》，（文史哲出版，1993 年 3 月）。

7. 〈孔子的四毋〉，陳大齊著，陳百年先生文集：第一輯：孔孟荀學說，（台灣商務印書館，1987 年 5 月）。

8. 〈理學的名義與範疇〉，董金裕著，孔孟月刊：第二十卷，第九期。

9. 〈宋明理學「去欲」觀與佛法「離欲」說的異同〉，邱敏捷，孔孟月刊：

第三十五卷第一期。

10. 〈南宋理學三大系〉，蔡仁厚著，新亞學術集刊：第三集（1982）。

11. 〈程頤、程顥在中國經學史上的地位〉，蔡方鹿撰，《經學研究論叢》：第二輯，（聖環圖書公司，1994 年 10 月）。

12. 〈陸象山之心學流溥脈絡〉，曾春海著，東方雜誌復刊 22：2。

13. 〈楊簡的心學及其評價〉，董金裕著，國立政治大學學報六十一期，1990 年 6 月。

14. 〈楊慈湖的政治思想及其價值〉，李承貴著，古今文藝 22：3，1996 年 5 月。

15. 〈慈湖之「一」論〉，鄭曉江著，鵝湖 22：7=259，1997 年 1 月。